JN328217

地域デビュー指南術
～再び輝く団塊シニア～

シニアライフアドバイザー
松本すみ子　著

東京法令出版

はじめに

　団塊世代の調査・研究・分析に取り組み始めて10年以上が経った。会社を設立した2000年当時は、周りに仕事の内容をほとんど理解してもらえなかった。「介護か福祉関係の仕事？」とか「せっかく起業するならもっと他の仕事があるだろうに」などと言われたものだ。

　それでも続けてきたのは、日本の中で最も人口が多く、社会的な影響を与え続けてきた人たちが、これから何を考え、どう行動し、どのように歳を重ねていくのかを見ていたいという思いがあったからだ。もしかして、この世代によって、今までの日本にはなかった何かがまた始まるかもしれない。それは後世にバトンタッチできる何かかもしれない。そんな役割を果たせる世代であってほしい。これは団塊世代とほぼ同年代の私自身の願望でもある。

　そうこうしているうちに、団塊世代の定年退職が近くなり、2007年問題などと社会的にクローズアップされるようになった。資産や退職金をあてにしたマーケットが活性化し、行政は地域回帰に伴う本格的な対策に取り組み始めた。

　ただ、その注目のされ方には違和感があった。本当に巷で言われているような人たちなのだろうか。マーケットは都合のいい表層部分だけをみて期待しているのではないか。行政は高齢化ということで、必要以上にマイナス要素と見ていないか。

　しかし、いろいろと言われている割には、団塊世代の多くは肝心なところで自らを語らず主張しない。まるで他人事のようだ。だから、誰かが正しい姿を伝える必要がある。また、団塊世代にも会社や仕事に依存せず、もっと自由で広い視野に立った豊かなセカンドステージを考えてほしい。これが私の仕事のメインテーマだ。

　団塊世代が全員60歳を超えた今、マーケットの関心は衰えているように見える。しかし、本文にも書いたように、行政・自治体は今後も団塊世代への取り組みから逃げることはできない。高齢化がさらに進むことで、むしろより重要なテーマになっていくだろう。

ところで、団塊サラリーマンの多くは60歳で定年退職と共に現役を退いたが、まだ65歳からの高齢者には達していない。定年が65歳以上であれば、退職後すぐに年金をもらえるシニアだとあきらめもつくのだが、心理的にも経済的にも、なんとなく中途半端な状況に置かれている。そして、多くの人たちが定年退職は理不尽だと思っている。まだ若いつもりの心と体を持て余しているのが現状だ。このエネルギー・意欲・経験・知恵を日本は無駄にしている。もったいない話だ。

　一方、地域では行政・自治体の手の回らない分野が増えて四苦八苦している。であれば、力と知恵を持て余している人たちの活躍の場は地域にあるのではないか。昔から、「立っている者は親でも使え」という。「活用する」という言葉を使うことを敬遠などせずに、リタイア世代をどんどん使ってほしい。彼らもそれを望んでいるのではないだろうか。

　しかし、リタイア世代を活用する方法を確立している行政・自治体はほとんどない。最初から最後までお世話しなければならない対象であり、それには補助金や報酬に高額な予算が必要だと考えてしまう。その考えはお年寄り扱いであり、"やってあげる"目線である。それではリタイア世代も甘えてしまう。

　団塊世代の場合はまだ若く、会社での実務経験も忘れてはいない。そうした人たちと共に地域の問題について考え、活動し、解決していく場を作ってはどうか。自らの問題と理解した人たちは率先して動くだろう。それをサポートすればいい。そして、自治体は彼らを動かせる人材を育成してほしい。

　時代は今、「年金兼業生活」に入った。この長寿の時代、60歳くらいで隠居なんかしていられない。コミュニティビジネスなどで、小遣い程度でもいいから収入を得ることができれば、個人も地域もハッピーなはずだ。

　団塊世代にはこの本のタイトルのように「再び輝く団塊世代」であってほしい。そして、その生き方がリタイア世代のよき慣行として次の世代に引き継がれてほしいと思っている。

本書を読み解く7つの特色

【1】 （薄い網）　「なぜだろう」……そういった身近な疑問をピックアップしています。その答えやヒントは本文の中から見つけてください。

【2】 （濃い網）　「こうしたらどうだろうか」……そういった筆者からの提案やポイント、ヒントになる箇所をピックアップ。指南のきっかけにきっとなります。

【3】 プラスα　本文では言い尽くせなかった内容を追加。プラスした全部で20のαから、世の中の動きや自分自身をつかみ、次への道標に活用してください。

【4】 （例）ステップ1　第3章の「特色ある市民活動」では、活動の段階が分かるようにしています。事業を拡げていった流れや、今、自分の置かれている立ち位置との比較、成功への秘訣がそこにはあります。

【5】 筆者の目　第3章のそれぞれの事例のあとには筆者からのその活動への評価や思い、願い、さらには今後の必要な要素などが記されています。

【6】 VOICE　現場にて聞こえる生の声がそこにあります。よくある話、そんなこと考えていたんだみたいな話……そこから見える真実があります。

【7】 （例）品川区　他のまちではどんなことをしているんだろう、わがまちの取り組みはどうなんだろう……紹介している取り組みを探しやすいようにしています。

目次

はじめに
本書を読み解く7つの特色

♠♠♠ 第1章　団塊世代の真実 ♠♠♠

- ♠1 2007年が過ぎて……………………………………… 2
  - ◆ 団塊マーケットの失敗………………………………… 3
- ♠2 働くことの意味と意識………………………………… 8
  - ◆ やっかいな生涯現役志向……………………………… 8
  - ◆ 定年後の働き方の選択肢……………………………… 15
  - プラス 高年齢者雇用に熱心な地方の中小企業……………… 21
- ♠3 未知なる世界…………………………………………… 22
  - ◆ 社会貢献型ビジネスへの関心………………………… 22
  - ◆ 地域デビューのハードル……………………………… 26
  - プラス 団塊世代はＩＴで地域回帰をめざす………………… 29
  - ◆ 定年後遺症リハビリ期間はそろそろ終わる………… 30
  - プラス 「私の人生」豊かさ度チェック……………………… 32
- ♠4 団塊世代の人間関係…………………………………… 33
  - ◆ 夫婦関係の見直し……………………………………… 33
  - ◆ 高齢単身者の増加……………………………………… 38
  - ◆ 団塊世代と家族………………………………………… 42
  - プラス 幸せを実感できない「幸福のパラドックス」……… 45

目　次

◆◆◆　第2章　行政の団塊世代対策　◆◆◆

- ◆1　団塊世代はどこにいるのか……………………………………… 48
  - ❖　都市部へ大移動した団塊の世代…………………………… 48
  - プラス　都心にもある「限界集落」……………………………… 52
  - ❖　団塊世代はどこに行くのか………………………………… 53
  - ❖　他地域での変化に富んだ生活願望………………………… 54
  - ❖　リタイア後に住みたい土地の条件………………………… 56
- ◆2　団塊世代争奪戦と地域回帰推進事業…………………………… 58
  - ❖　団塊世代の影響力「経済への波及効果」………………… 58
  - プラス　財政白書づくりに熱心に取り組むシニア……………… 61
  - ❖　移住・定住促進プログラム〈北海道の場合〉…………… 62
  - ❖　移住・定住促進プログラム〈特色ある取り組み〉……… 66
  - ❖　移住・定住促進プログラム〈空き家バンク〉…………… 70
  - ❖　移住・定住促進プログラム〈働く場の提供〉…………… 75
  - ❖　都市型農園の充実拡大……………………………………… 78
  - ❖　滞在型市民農園「クラインガルテン」…………………… 80
  - ❖　欠落している女性活用の視点……………………………… 82
- ◆3　団塊世代地域回帰支援事業……………………………………… 84
  - ❖　団塊世代支援事業が3年で終わる不思議………………… 85
  - ❖　長期的に取り組む東京都・足立区………………………… 86
  - ❖　現実を見て取り組む自治体………………………………… 88
  - ❖　地域デビュー講座「おとうさん、お帰りなさいパーティー」…………………………………………………… 89
  - ❖　50歳、60歳を契機に「盛人式」…………………………… 92
  - ❖　新しいスタイルの生涯学習講座…………………………… 93
  - ❖　大学・研究機関と連携する生涯学習講座………………… 96

プラス	地方の国立大学とＪＴＢが組んだ「シニアカレッジ」終了………………………………………	100
❖	活動への支援………………………………………	101
❖	新しい活動支援システム「ポイント制度」……	105
❖	就業への支援………………………………………	107
❖	起業・創業支援と協働事業………………………	111
プラス	自治体の施設をカフェやレストランに！………	115
❖	啓蒙誌の発行………………………………………	118
❖	ホームページでの情報提供………………………	120
プラス	120以上の市の事業に市民が参加………………	124
◆4	国と関連団体・研究機関の取り組み……………	125
❖	政府のＮＰＯへの注目度と活用策………………	125
❖	政府外郭団体・民間研究組織の取り組み………	127

第3章　特色ある市民活動

♣1	一人の熱意が周囲を動かす………………………	130
★	市民映画館「深谷シネマ」………………………	131
★	退職後に仲間と立ち上げた"コミュニティワイナリー"「東夢」…………………………………	136
プラス	おばあちゃんたちの葉っぱビジネスが成功した理由	140
♣2	愛する町の再生・まちづくりに貢献……………	141
★	近代産業遺産を観光資源に「桐生再生」………	141
プラス	地元の人たちが企画する「着地型観光」………	145
★	地域交流の場・コミュニティカフェを提供する「よろずや余之助」…………………………	146

iv

♣3 シニアだからできる福祉・介護活動……………………………… 150
　　★　車好きが選んだ介護タクシーという仕事……………… 150
　　★　男が始める男のための介護サービス
　　　　「松渓ふれあいの家」……………………………………… 156
　　★　仲間を募ってつくりあげたシニアマンション
　　　　「シニア村」………………………………………………… 162
　　プラス　元鉄鋼マンが創り上げた人気の老人ホーム………… 168
♣4 市民と行政のコラボレーション…………………………………… 169
　　★　シニアの地域参加を促す
　　　　「シニアＳＯＨＯ普及サロン・三鷹」…………………… 169
　　★　シニア市民取材記者「かわさきシニアレポーター」
　　　　………………………………………………………………… 175
　　プラス　都心に住むわが町出身者を応援隊に！……………… 180
♣5 経験と知恵を活かす場を自らつくる…………………………… 181
　　★　シニアと仕事のマッチングシステム「シニア大樂」… 181
　　★　築地の魅力を正しく伝える
　　　　「築地魚河岸ツアーガイド」……………………………… 186
♣6 定年後は家族と共に働く………………………………………… 190
　　★　夫婦でふるさとに地ビール醸造所とパン工房………… 190
　　★　定年後の農業移住を実現した「たんぽぽ堂」の夫婦… 195
　　プラス　定年退職後に移住、地域活性化に取り組む………… 199
♣7 ボランティア精神が成し遂げること…………………………… 200
　　★　クラシック演奏会を学校に出前する
　　　　「子どもに音楽を」………………………………………… 200
　　★　"庶民の生きた証"を集めた「個人史図書館」………… 206
　　プラス　シニアがシニアを支援する資格……………………… 210

v

♥♥♥ 第4章　自治体と団塊世代の今後　♥♥♥

- ♥1　団塊世代を積極的に"活用"せよ……………………… 213
  - プラス　町長の呼びかけで約140人の町民が集合！………… 216
- ♥2　情報は的確に届いているか……………………………… 217
- ♥3　リタイア世代にとっての協働事業……………………… 221
- ♥4　社会福祉協議会とＮＰＯ………………………………… 226
- ♥5　シニアにもほしいインキュベーション施設………… 230
- ♥6　団塊シニアを中心にしたまちおこし………………… 233
  - ❖　可能性１：シニアの住まいから考えるまちづくり… 233
  - プラス　理想の住まいはドラマ「ちゅらさんの家」………… 237
  - ❖　可能性２：住民参加でユニバーサルデザインな
        まちづくり………………………………………… 238
  - ❖　可能性３：シニアが働くまちづくり………………… 240
  - ❖　可能性４：シニアが文化を発信するまちづくり…… 244
  - プラス　「フットパス」による市民協働のまちづくり……… 248
- ♥7　自治体と大学の連携…………………………………… 249
  - プラス　団塊世代の大学教授がつくった地域サロン………… 253
- ♥8　自治体と企業との連携………………………………… 254
  - プラス　都内に広がる新聞販売店との提携…………………… 256

第3章 「特色ある市民活動」にて紹介している事例一覧

★	事　　　例	テーマ	分　　　野		ページ
①	NPO法人 市民シアター・エフ	市民基金の活用	文化・芸術	まちづくり	131
			市民参加	協働	
②	株式会社　東夢	居場所づくり	農業	退職者の就労	136
			産業振興		
③	NPO法人 桐生再生	地域人の発想	地元人材	文化財	141
			観光	まちづくり	
④	NPO法人 よろずや余之助	おとなのたまり場	コミュニティ	ネットワーク	146
			福祉	教育	
⑤	サン・ゴールド 介護タクシー	早めの人生設計	介護	ひとりビジネス	150
			運輸		
⑥	NPO法人 生きがいの会	男性参加の秘訣	介護事業参入	福祉	156
			指定管理		
⑦	株式会社 シニア村	終の棲家建設	住居	介護	162
			コミュニティ	夫婦起業	
⑧	NPO法人 シニアSOHO 普及サロン・三鷹	市民活動が事業に	情報	協働	169
			生涯学習		
⑨	NPO法人 かわさき創造プロジェクト	能力育成活用	広報	協働	175
			生涯学習		
⑩	NPO法人 シニア大樂	マッチングシステム	生涯学習	仕事登録	181
			派遣		
⑪	NPO法人 ゴールデンアカデミー	地場企業との連携	観光	文化・芸術	186
			生涯学習		
⑫	麦雑穀工房 マイクロブルワリー	地域再生・自分再生	農業	産業振興	190
			夫婦起業		
⑬	たんぽぽ堂	都会から地方へ	農業	観光	195
			国際交流	夫婦起業	
⑭	NPO法人 「子どもに音楽を」	経歴・人脈を活かす	文化・芸術	教育	200
			福祉		
⑮	宮城個人史図書館	庶民の目線	文化・芸術	記録・保存	206

MAP 目次

兵庫県◆[88][117][119][122]
神戸市◆[98][112]

大阪市◆[104]
箕面市♥[219]

岐阜県◆[108]
大垣市◆[117]

米子市◆[123]
智頭町α[216]

京都市α[124]

射水市◆[70]

吉備中央町◆[72]

福山市◆[120]
尾道市◆[75]α[180]

島根県◆[67][71][75][121]
北栄町◆[71]

北九州市◆[96][113]

佐賀県α[115]

長崎県◆[59]

八代市◆[122]

愛媛県◆[59][66]

徳島県◆[60]
美波町◆[70]
上勝町α[140]

高知県◆[83]

和歌山県◆[59][69]

名古屋市◆[93][105]♥[231]
豊橋市 ♥[247]

MAPの見方
♠＝第1章
◆＝第2章
♣＝第3章
♥＝第4章
α＝プラスα
[ ]内の数字＝掲載ページ

三鷹市　　♠[12]◆[97][104][113]♣[169]♥[230]
武蔵野市◆[90][98][122]α[253]
八王子市◆[90]
稲城市　◆[105][109]
多摩市　◆[118]
立川市　◆[121]
国分寺市α[61]
町田市　α[248]

viii

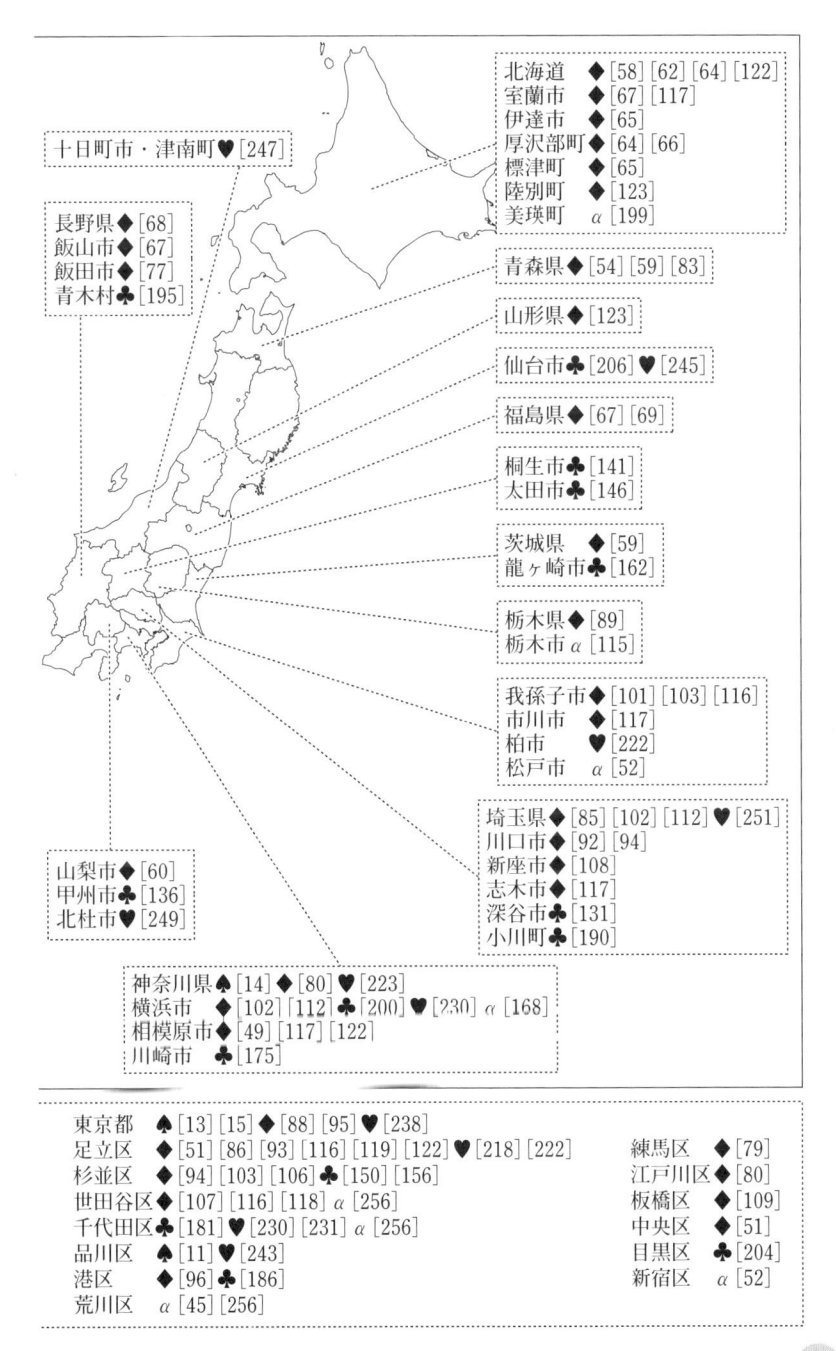

北海道　　◆ [58] [62] [64] [122]
室蘭市　　◆ [67] [117]
伊達市　　◆ [65]
厚沢部町　◆ [64] [66]
標津町　　◆ [65]
陸別町　　◆ [123]
美瑛町　　α [199]

十日町市・津南町♥ [247]

長野県　◆ [68]
飯山市　◆ [67]
飯田市　◆ [77]
青木村　♣ [195]

青森県 ◆ [54] [59] [83]

山形県 ◆ [123]

仙台市 ♣ [206] ♥ [245]

福島県 ◆ [67] [69]

桐生市 ♣ [141]
太田市 ♣ [146]

茨城県　　◆ [59]
龍ヶ崎市　♣ [162]

栃木県 ◆ [89]
栃木市 α [115]

我孫子市　◆ [101] [103] [116]
市川市　　◆ [117]
柏市　　　♥ [222]
松戸市　　α [52]

埼玉県　◆ [85] [102] [112] ♥ [251]
川口市　◆ [92] [94]
新座市　◆ [108]
志木市　◆ [117]
深谷市　♣ [131]
小川町　♣ [190]

山梨市　◆ [60]
甲州市　♣ [136]
北杜市　♥ [249]

神奈川県　♠ [14] ◆ [80] ♥ [223]
横浜市　　◆ [102] [112] ♣ [200] ♥ [230] α [168]
相模原市　◆ [49] [117] [122]
川崎市　　♣ [175]

東京都　　♠ [13] [15] ◆ [88] [95] ♥ [238]
足立区　　◆ [51] [86] [93] [116] [119] [122] ♥ [218] [222]
杉並区　　◆ [94] [103] [106] ♣ [150] [156]
世田谷区　◆ [107] [116] [118] α [256]
千代田区　♣ [181] ♥ [230] [231] α [256]
品川区　　◆ [11] ♥ [243]
港区　　　◆ [96] ♣ [186]
荒川区　　α [45] [256]

練馬区　　◆ [79]
江戸川区　◆ [80]
板橋区　　◆ [109]
中央区　　◆ [51]
目黒区　　♣ [204]
新宿区　　α [52]

ix

第1章

団塊世代の真実

♠1 2007年が過ぎて

　団塊世代の多くは「団塊の世代」とひとくくりにされることを好まない。団塊世代の人口は約700万人。1947年から1949年というたった3年間に生まれた人たちだけで、日本の全人口の5〜6％を占める（図表1参照）のだ。数の多さで目立つからこそ「かたまり＝団塊世代」という名称をもらうことになったのだが、考えてみれば、これだけの人たちを同じ物差しで見ることはやはり無理がある。

　また、団塊世代はシニアという言われ方にも抵抗する。セミナーや講座に「団塊」や「シニア」とあるだけで参加しないと話す人もいるほどだ。そう言われても困るだろう。自治体の担当者はリタイア後の団塊シニア世代を地域に呼び込み、なんとか社会参加してもらいたいと、せっせとイベントやセミナーを企画してきたからだ。では、どうすればいいのか。

図表1　人口ピラミッド

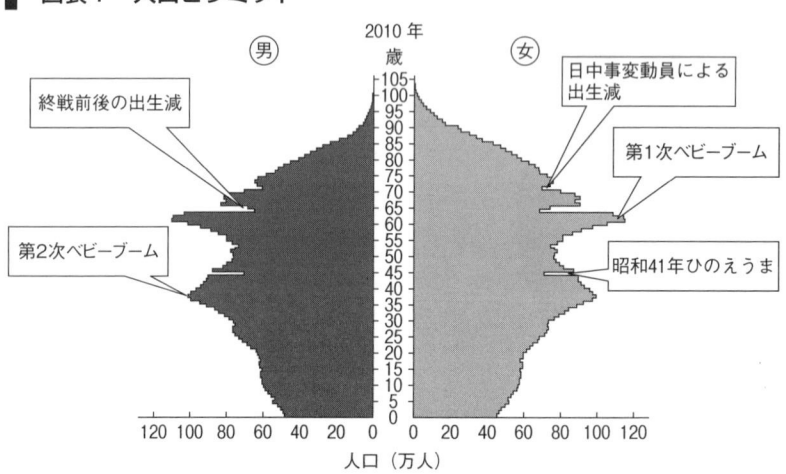

（男）　2010年　（女）

- 終戦前後の出生減
- 日中事変動員による出生減
- 第1次ベビーブーム
- 第2次ベビーブーム
- 昭和41年ひのえうま

人口（万人）

（出典：国立社会保障・人口問題研究所）

団塊世代のいらだちと拒否反応はネーミングが背負ってしまったマイナス要素にもある。自分の意志とは関係なくリタイアを余儀なくされているのに、そのことで「2007年問題」などと、日本の社会体制が危うくなっていく一因のように言われる。そうかと思うと、都合のいい思惑や期待も透けて見える。

　当然だが、団塊の世代はそれぞれ個性のある生身の人間だ。しかも、経験を積んで年季が入っている。かといって、まだ老人ではない。この多種多様でプライドの高い人たちにアプローチしていくのは容易ではない。だが、当の本人たちはもっと悩んでいる。どのようなセカンドライフを過ごせば満足できるのか。

　だから、団塊世代に対応するには、まず、彼らの置かれた現状や意識やその行動の傾向を理解することから始める必要がある。団塊世代は皆同じではないとはいえ、現実に起きていることやその背景にしっかり目を向ければ、まったくの的外れにはならず、方向性やアプローチの方法も見えてくると思うからだ。

❖ 団塊マーケットの失敗

　行政・自治体は、地域の活性化に団塊シニア世代の力を期待している。しかし、それ以上に、彼らに多大な期待を持った人たちがいた。団塊シニアに向けて商品やサービスを提供し、ビジネスとしての成功を求める企業群である。その期待が、今までの日本にはなかった「団塊マーケット」というものを誕生させた。住民の生活を支える行政と利益を追求する企業では目的もアプローチ手法も異なる。ただ、団塊世代への期待に関しては共通するものがあったかもしれない。それは、すぐにも反応が得られ、効果が上がると思ったことだ。

　結論を先に言えば、2007年に向けた団塊マーケットは失敗だった。行政・自治体がその轍を踏まないためにも、ここではまず、団塊シニア市場の動きを振り返ってみよう。

図表2　平均貯蓄額
50代、60代、70歳以上の貯蓄比較

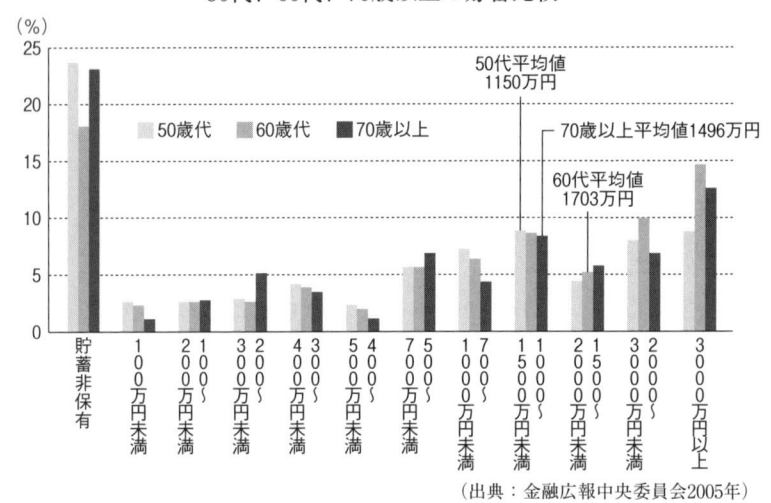

（出典：金融広報中央委員会2005年）

　団塊マーケットは、2004年ころから急速に盛り上がった。2007年の団塊世代第一陣の定年退職がいよいよ間近に迫ったからだ。新聞に「団塊の世代」という文字が掲載されない日はなく、多くの商品やサービスが団塊の世代と関連づけて提供された。さほど関係あるとは思えないような商品まで、「団塊世代向けの」という冠をつけて発売されていた。自由な時間とゆとりある資金。この両方を持ったリタイア組がたくさん出現するに違いないと予想したからだ。

　図表2は、金融広報中央委員会が発表した2005年の50代、60代、70歳以上の貯蓄額である。この時、団塊世代はまだ現役の50代後半。

　「50代の平均貯蓄額は1150万円。これだけの貯蓄がある団塊世代に、さらに今後、退職金が入る。子供は独り立ちしている年代だし、順調であれば住宅ローンも終わっているだろう。これからは趣味に楽しみに、活発な消費活動を行うに違いない」

　これが、マーケットが考え出した団塊世代、期待するアクティブ

シニア像である。多くの企業は人口を見ただけで、間違いなく大きなビジネスチャンスが到来すると考えてしまった。

　しかし、期待に反し、2007年を迎えても、そしていまだに、団塊世代にも市場にも、さしたる動きは見られない。その理由は、もともと彼ら自身にそのようなのんきな将来予測ばかりがあるわけがなく、売り手の側が勝手に創り出した期待値でしかなかったからだ。実際は、貯蓄はそれほど多くもなく、退職金は住宅ローンの返済に回し、子供にはまだ教育費がかかるという家庭も多い。

　団塊以降の世代は、その前のリタイア世代とは状況が異なる。最大の違いは年金だ。団塊世代以降の人は、定年後すぐには満額の年金がもらえない。団塊男性のほとんどは64歳が満額受給開始年齢。したがって、無収入に等しい時期を埋めるためにも、なんらかの形で働かなければならないと考えている人が多い。

　国も年金の空白期間を埋める対応策として、2006年に高年齢者雇用安定法を改正し、定年後の再雇用制度を充実させようとした。高年齢者雇用安定法は、①定年を撤廃するか、②定年を延長するか、③現行の定年制度を継続する場合は、引き続き働くことを希望する人の再雇用制度を整えなければならないとした法律だ。公務員も同様で、民間での「再雇用」に当たるものが「再任用」といわれる。

　改定後、大企業を中心として経済界はいち早く呼応し、企業は再雇用制度を整えたので、期限付き、あるいは契約社員という形ながらも再雇用が進み、定年後も会社に残った人は増えた。

　一方、少し事情は異なるが、小規模企業での再雇用はもっと早くから進んでいた。小規模企業はもともと人材不足。近年は若年層の雇用が特に難しく、募集しても応募者はほとんどない。そういう状況では、定年を迎えたからといって、熟練社員を簡単に手放すことはできない。スキルや経験を伝承する相手がいないのだから、会社の存続のためには引き続き働いてもらう必要があった。改正高年齢者雇用安定法の施行にかかわらず、小規模企業ではとっくに再雇用

が実現していたのである。

したがって、「2007年問題」と言われたものは2007年には起きなかった。もともと生涯現役志向の強い団塊世代は、リタイアするという実感を持たないままに2007年が過ぎていった。団塊マーケットが勝手にどう騒ごうと、ご隠居の道楽のような商品やサービスに関心を示すことはなかったのである。特に、男性は会社と仕事の方を向いたままだった。

だからといって、間違ってほしくないのは、問題が解決したのではないということだ。雇用されている限り誰にもリタイアは必ず来るから、少しだけ先送りされたにすぎない。

団塊マーケット失敗の原因はまだある。企業が新しい商品やサービスを提供しようとするとき、事前のマーケティング・市場調査は欠かせない。若者向けの商品開発などでは、行動パターンや趣味・趣向などを徹底的に調査し、広告手段を駆使し、満を持して発売する。では、団塊マーケットはどうだったのだろう。

まともな調査や意見の収集はほとんどなかったのではないだろうか。前の時代のシニア像を鵜呑みにした代わり映えのしない商品やサービスがほとんどだった。彼らへの訴えかけにしても若者とは違う手段があってしかるべきだが、それすら創り出すことができなかった。手っ取り早く成果を上げたい、囲い込んでしまいたいという意識が強いだけで、人生の大きな転換期を迎えた定年前後の人たちの行動や感情に、あまりにも無頓着だったともいえる。

50年も60年も生きていれば、自分なりの価値観もできているし、裏も見える。高額な製品やサービスばかり提供されることには違和感があり、団塊世代とひとくくりにしたステレオタイプな見方は気にいらない。団塊から上の世代は、すべて同じシニアと呼ばれることも不愉快だ。そして、ただ団塊という枕詞をつけただけで売れると思い込んでいるような商品にも失望した。これでは、大きな動きが生まれるはずもなかった。

ただ、市場はほかもあるから、提供者の変わり身は早い。例えば、団塊ブームのころは高年向けの商品や売り場を充実させた百貨店やショッピングセンターなども生まれたが、動きがないとみるや、あっという間に反応のいい若い女性向けショップなどに転換してしまった。東京の京王百貨店や大阪の阪神百貨店のように、現在も検討しているところもあるにはあるが。

　こうして、団塊ブームは去った。しかし、ある意味、それでよかったと思う。団塊マーケットは今や的外れの狂騒から、地に足のついた取り組みに変化してきている。財布の中身だけを狙った中途半端な商品やサービスは撤退してしまったが、"若くもなく、かといって高齢でもない人たち"という難しい分野があることへの理解が進んできた。そこに可能性があると判断した企業は残るだろう。名称がなんであれ、今まで社会に影響を与えてきた団塊世代は、今後も間違いなく存在感を示すだろうから。

　団塊市場が期待どおりではないと思い知った企業の多くは、シニアマーケットから撤退し、さっさとほかの分野に移った。しかし、自治体・行政は、団塊世代への対応・政策から逃げることはできない。団塊世代の高齢化で生じる様々な現象への対応や問題解決は、今後の自治体・行政運営にとって、最も重要な課題のひとつであることは間違いないからだ。

　これは、団塊世代自身にとっても同じだ。ぴったりこない団塊向け商品にそっぽを向いても何も問題はないが、地域社会とのつながりなしには豊かなセカンドライフを築くことはできないからである。

❷ 働くことの意味と意識

◆ やっかいな生涯現役志向

　マーケット関係者は、2007年以降自由な時間とゆとりある資金を持ったリタイア組がたくさん出現することを期待していたと書いた。しかし、それは自治体の関係者も同じではなかっただろうか。

　ゆとりある資金や資産のほうはともかく、会社や仕事という縛りから自由になったあかつきには、自治体とのパートナーシップを組めるスキルと可能性を持った人材がたくさん地域に戻ってくる。当然、その人たちは拠点となる地元に関心を持つだろうから、「地域サービスの担い手として活躍してくれるに違いない」と期待は大きかった。

　そして、全国津々浦々で、自治体主催の団塊シニア向け地域回帰推進事業という啓蒙活動が盛んになっていった。これは、団塊マーケットが急速に活性化していく時期と重なる。

　地域に戻ってくる人には、生きがいややりがいを持って、豊かなセカンドライフを実現してもらいたい。それは病気や介護状態の予防にもなり、福祉費用や医療費の削減にもつながる。自治体は、こんな期待を持って臨んだはずだ。

　私の場合でいうと、2005年に入るや急に、自治体や関連団体からの依頼で講演や講座講師をする機会が増えていった。2007年を意識した具体的活動が始まったからだ。ところが、これらもあまりうまくいっているようには見えなかった。

　当時、講師として出向いた会場で、申し訳なさそうに、こんなことを言う担当者が多かった。「**団塊世代対象といって募集したんですが、肝心の団塊はあまりいなくて、60歳以上の人がほとんどなん**

です」。

確かに、会場を見まわしてみると、60代も半ばを過ぎたと思しき参加者のほうが多数。中には70代、「まもなく80歳になるんです！」などと自己紹介する元気な方もいた。失礼を承知で言えば、時間があるので、自治体が主催する無料講座に参加してみたという気配がなきにしもあらず。そういう元気はよしとすべきだが。

期待した年代と違うからといって、参加を断ることはできない。また、その人たちを排除してしまったら、開催すらおぼつかないような参加人数の場合もあった。なにはともあれ、最初は開催することが肝心だった。

では、なぜ団塊世代は、自治体の呼び掛けに反応しなかったのだろうか。ひとつ言えるのは、団塊世代への働き掛けが中途半端だったということ。リタイア世代の地域回帰支援は、今後の自治体運営にとって必要不可欠な取り組みという認識のもとに始められた。とはいえ、どこにも前例となるものはなかった。それまでは一般的な高齢者対策で済んでいたからだ。したがって、どの自治体も担当者も、未経験の分野に手さぐり状態で進むしかなかった。

つまり、団塊世代とは何かということをあまり理解しないままに始めざるを得なかったのだ。だから、対象者を絞り切れず、単純な高齢者対策になってしまった。状況をよく理解していればまもなくリタイアはするものの、今までとは全く違う対策が必要だと分かったかもしれない。あるいは、マーケットが勘違いしたように、何かすれば、団塊世代は簡単に反応するはずだと思ってしまったのだろうか。

うまくいかなかったもうひとつの理由は、団塊世代が定年をどう感じているかについての配慮と理解が乏しかったことだろう。当時、まだ現役の団塊世代は、定年を頭の片隅で気にしてはいても、現実問題として、その生活に思いを馳せ、準備するような気分にはなっていなかった。

図表3　理想の退職年齢（平均）

世界26か国・地域の退職後の生活に関する意識調査（2008年発表）

■ 就労者：理想として何歳で退職したいと思いますか？
▨ 退職者：もう一度するなら何歳で退職したいですか？

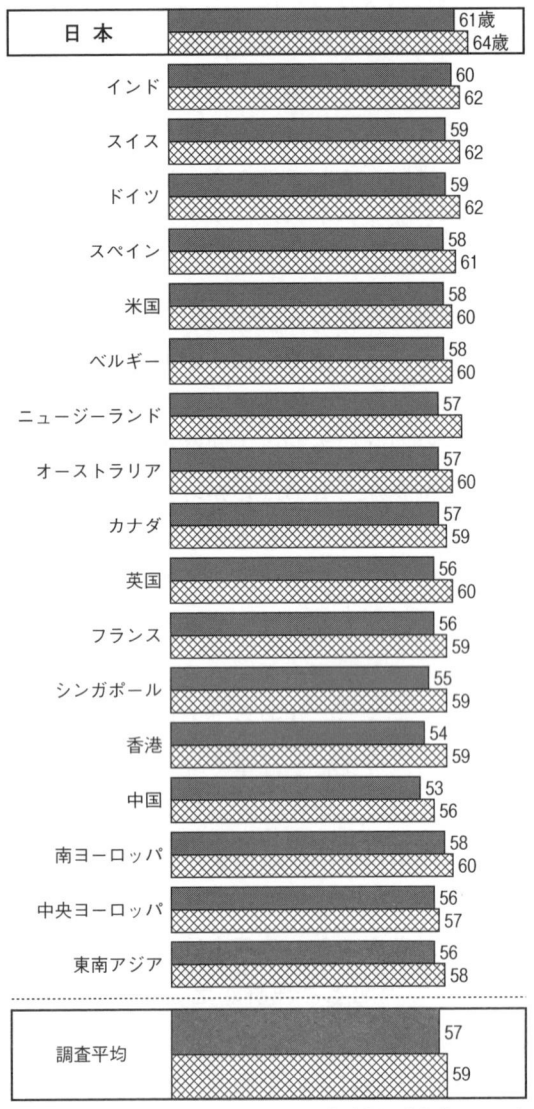

国・地域	就労者	退職者
日本	61歳	64歳
インド	60	62
スイス	59	62
ドイツ	59	62
スペイン	58	61
米国	58	60
ベルギー	58	60
ニュージーランド	57	—
オーストラリア	57	60
カナダ	57	59
英国	56	60
フランス	56	59
シンガポール	55	59
香港	54	59
中国	53	56
南ヨーロッパ	58	60
中央ヨーロッパ	56	57
東南アジア	56	58
調査平均	57	59

（出典：第4回　AXAリタイアメントスコープ2008年度版—変化するリタイアメントの意識）

50歳になったら、第二の人生について真剣に考え、準備を始めるべきだとアドバイスする人は多くいる。その意見は大筋で正論だ。だが、頭では分かっていても、まだ毎日通える会社や仕事があるうちは、大多数は定年後のことなんか考えたくもないというのが本音。定年後も働きたいし、その後のことは、その時になって考えればいい。

　日本人は、世界にまれな勤労意欲の高い民族である。図表3は、アクサ生命が退職後の生活に関する意識を調査したデータだ。2004年から毎年、世界26か国・地域で同時に調査している。

　このグラフは、2008年の調査に基づいたものだが、欧米だけでなく、今をときめく中国や韓国、香港などのアジア諸国も含めて、多くの国の労働者はできれば50代後半で引退し、その後は自分の好きなことをしながら、悠々自適生活に入ることを理想としている。

　一方、日本人は、2004年からすべての調査年度で60歳を超えても働きたいと回答している。2008年の日本人退職者の希望退職年齢は平均64歳。相変わらず、働きたい願望世界一だった。

　日本の自治体が行った調査にも、団塊世代の働きたい願望がはっきりと見えるものがある。図表4は、東京都品川区が2008年1月に集計した区民アンケートの結果だ。品川区に住む団塊世代（総数約1万7700人）約5000人に「何歳まで働きたいか」を聞いている。

　半数が65歳までと回答し、それ以上70歳までが3割以上、70歳以上でも13％もいる。70歳以上と回答した人は、間違いなく生涯現役志向だろう。また、この調査では定年後5年間の活動の優先順位も

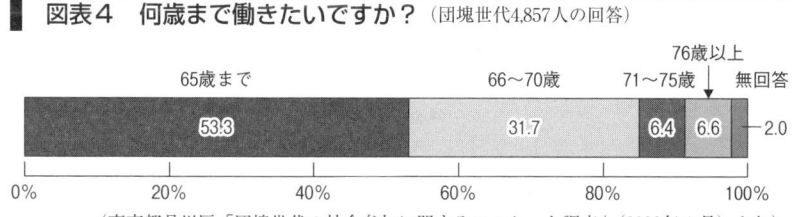

図表4　何歳まで働きたいですか？（団塊世代4,857人の回答）

65歳まで	66～70歳	71～75歳	76歳以上	無回答
53.3	31.7	6.4	6.6	2.0

（東京都品川区「団塊世代の社会参加に関するアンケート調査」（2008年1月）より）

聞いている。そこでも、「働く」を選択した人は6割以上と最も多く、継続して働くことへの関心の高さがうかがえる。

では、なぜそんなに働きたいのだろうか。2008年3月に三鷹市が市内在住の58歳から60歳の市民約650人に行ったアンケートからは、「仕事をしたい理由」が見える（図表5）。

最も多かった回答は「生活を維持するため」（54.6％）、次いで、「自分の生きがいややりがいのため」（47.0％）、「頭や体をなまらせないで、健康を維持したいため」（39.8％）。以下、「社会とのつながりを持つため」（26.7％）、「仕事を通じて、社会に貢献するため」（22.2％）と続いている。

「生活を維持するため」という答えが1位なのは理解できる。定年は60歳だが、多くの団塊世代が年金を満額受給できるのは64歳。その間の収入の空白期間をなくしたいと思うのは当然だ。定年後の生活不安が第一にある。

ただ、注目しておきたいのは、「自分の生きがいややりがいのた

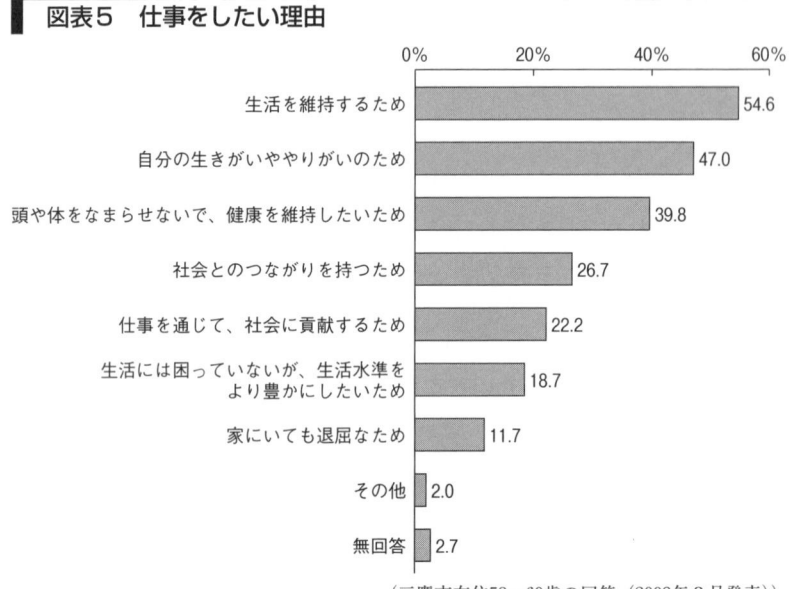

図表5　仕事をしたい理由

理由	%
生活を維持するため	54.6
自分の生きがいややりがいのため	47.0
頭や体をなまらせないで、健康を維持したいため	39.8
社会とのつながりを持つため	26.7
仕事を通じて、社会に貢献するため	22.2
生活には困っていないが、生活水準をより豊かにしたいため	18.7
家にいても退屈なため	11.7
その他	2.0
無回答	2.7

（三鷹市在住58～60歳の回答（2008年3月発表））

め」「社会とのつながりを持つため」「仕事を通じて、社会に貢献するため」という回答も少なくないということだ。仕事をしたい理由が、必ずしもお金だけにあるのではないのだ。

　働きたいと願うのは、悪いことではない。勤労意欲が高いことは、日本が世界に誇るべき特質のひとつだ。多くの日本人にとって、仕事は、単に生活の糧を得るためだけのものではない。誰に指示されるわけでもないのに、一人ひとりが自分なりの工夫と努力を重ねて事に当たる。これが日本人の仕事のやり方である。日本人には当たり前のようだが、そうでもない国はたくさんある。

　仕事は自己表現の手段であり、その間に体験する満足感や高揚感、逆に、失望や喪失感も合わせて、生きている自分を確認できる方法でもある。仕事人間と言われる人ほど、この傾向は強いだろう。多くの調査で、日本人が定年後も働きたいと回答するのは、いきがいとやりがいを仕事に見いだしているからだ。だからこそ、リタイアした後は、今までの仕事に代わるやりがいと生きがいを見つけなければならない。一生懸命、仕事に打ち込んできた人ほど、それは難しく、やっかいなことでもある。

　団塊世代の場合は、労働意欲の高さ、生涯現役願望の強さに、定年延長・再雇用という制度が加わって、定年後も働くのは当然という状況になった。だから、彼らが差し当たって、行政に要望したいことは、実は就労への支援なのである。

　三鷹市が2008年3月に約500人の団塊世代に聞いた調査では、そんな声もまとめてある。働き続けるために必要な支援として「身近な地域に働ける場をつくる」「就労・パートに関する情報提供を充実する」への回答が多かった。

　そういう声を受けて、積極的に団塊世代の再就職をサポートする動きも始まった。東京都は、「エキスパート人材開発プログラム」を2008年からスタートさせた。これは主に大企業出身のホワイトカラー向けプログラム。これまで培ってきた専門スキルを中小企業で

活かしてもらうために、経営戦略など様々なカリキュラムを提供し、働く上での心構えや働き方を教える。講座の最終日には企業との面接会を予定し、実際に就職のサポートも行う。もちろん、必ず就職できるわけではない。

神奈川県も2007年に「シニア・ジョブスタイル・かながわ（通称：ジョブスタ）」を設置した。ジョブスタでは、団塊世代を中心とした45歳以上を対象に総合相談窓口を設けている。ここでは、就職情報を提供するほか、再就職支援セミナー、キャリアカウンセリングや適性診断なども無料で実施している。

このような再雇用のための支援制度のおかげもあり、団塊世代の関心は定年後、どこでどのように働くかに移ってしまった。他方、個人生活の設計や社会参加への関心は薄れる。リタイアは、当面の問題ではないような錯覚に陥った。だから、自治体がいくら仕事中心ではない人生を考えるセミナーを企画しても団塊世代は集まらなかったのである。

定年後もしばらくは、仕事や会社への関心から抜けきれない人が多い団塊世代へのアプローチは、一筋縄ではいかない。定年後の安易な再就職支援は、個人の充実した人生を真剣に考える機会を奪うことにもつながりかねず、いいことばかりとは言えないのである。まずは、どのような第二の人生を送りたいか、個々が十分に考えた上で選択できる機会を作るべきだろう。

✧ 定年後の働き方の選択肢

　もう少し、団塊世代の動きを追ってみたい。定年後も働きたいと思っている団塊世代は、どのような働き方を望んでいるのだろう。また、どんな働き方の可能性があるのだろうか。

　サラリーマンの多くは、たぶん、今までと同じような形で働きたいと思っているのではないだろうか。理想は今の会社に継続雇用されること。慣れた職場で、以前と同じような立場のまま、気心の知れた仲間たちと仕事ができて、安定した収入のある生活をする。

　しかし、リーマンショック後は、再雇用も雲行きがあやしくなってきている。派遣切り、新卒内定取り消し、正社員リストラが現実になっている今、定年後の再雇用だけが安泰であるはずがない。当てにしていた継続再雇用の道が閉ざされたという声も聞こえてきた。ならば、自分で就職先を探すしかない。

◆再就職への挑戦

　では、雇ってもらえさえすれば何でもいいのだろうか。もちろん、そんなことはない。

　私は以前、55歳以上の人の職業紹介事業や就職活動相談を行っている「アクティブシニア就業支援センター」を取材したことがある。東京都と区や市、東京しごと財団などから支援を受けて、地域の社会福祉協議会やシルバー人材センターが運営している組織だ。現在、練馬区、品川区、新宿区など、都内の14か所に設置されている。

　ところで、このセンターといい、ジョブスタといい、同じような目的と活動を行っている組織がいくつもあって、正直、なかなか分かりにくい。ハローワークとどう違うのか。どちらに相談に行ったらいいのか、なぜ、1か所では済まないのか。独自に行うメリットなども含めて、検討をする余地があるのではないか。

それはさておき。取材はリーマンショック以前のことなので、今とは状況が少し違うと思うが、こんな内容だった。
　小さい会社や郊外の企業には若い人はなかなか集まらないため、シニア世代を活用したいと思っている会社はそれなりにあるという。であれば、働きたい団塊世代あたりがたくさん仕事を探しに来るのではないかと聞いたところ、担当者は「**それが、そうでもないんです。求人はあるのに人が来ないんです**」と嘆いた。理由は、その時点では、センターの認知度がまだいまひとつだったこと。さらに「**そこそこの企業に勤めていたホワイトカラーはプライドが高く、こうした仕組みを利用して、自ら就職活動をする気にはなかなかなれないのかもしれません**」というものだった。雇用側と希望者の間にミスマッチがあるのだ。
　しかも、せっかく相談に来ても、決まらないことが多いという。求人はパートやアルバイトが多く、給与も時給や日当制がほとんど。中には、正社員採用で給与も悪くない求人もあるが、やはり専門的な知識や技術を持っている人が対象だ。結局、自分が思っていたような働き口はないと、あきらめて帰っていく。
　さらに、せっかく決まっても、すぐに辞めてしまう人も珍しくない。辞める理由は、仕事の内容よりも人間関係が多いという。新しい職場に行くと、そこには先輩がいる。中小企業ならたたき上げの個性的な経営者がいる。社長や先輩の下について指図されて、時には理不尽なことも言われる……。長年、管理職で部下を指導する立場だった人にとっては勝手が違う。カルチャーショック状態で「**今さら、こんなところで働いていられない**」と思うようになる。
　そして、自分の描いていた職場環境とのギャップに悩んだあげく、半年もたたないで辞めてしまう。ならば、頑張ってまた次を探すかというと、そうではなく、二度と来なくなる。将来不安があるとはいえ、なんとかしなければという切羽詰まった状況ではない人が多いからだろう。

ちなみに、60歳以降を積極的に活用しようという意欲的な会社として、生涯現役シンポジウムなどによく登場するのが前川製作所、マイスター60、テンポスバスターズの3社だ。

　精密機械製造の前川製作所は、定年を撤廃した企業の先駆けとして、マイスター60は中高年を応援する人材サービス会社として有名。また、飲食店向け厨房機器サプライヤーのテンポスバスターズは、定年を設けず、年齢や性別による評価を廃止して、「何ができるのか、何をしたのか」を重視する人事制度を採っているとして知られている。

　厚生労働省は、毎年10月を「高年齢者雇用促進月間」と決め、70歳定年の実現を目指して、雇用開発協会などと協力して、雇用促進大会やフォーラム、全国から選ばれた高年齢者雇用優良企業の表彰などの啓蒙活動を行っている。表彰された会社のリストからは、中小企業における高年齢者活用を積極的に後押ししようという厚生労働省の意図が読み取れる。もちろん日本の企業の約98％は中小企業だから、そこでの雇用を増やさないと、70歳定年の実現は難しい。

◆新しい働き方「シニア派遣」

　しかし、現実はやっぱり厳しい。そこで、リタイア世代の働きたい要望を満たしながら、企業側にもメリットのある仕組みが生まれた。それが、中高年世代の新しい働き方のひとつとして注目された「シニア派遣」である。

　いつまでも現役で働いていたいと思うことは素晴らしいが、それは必ずしも今までの労働市場に居座り続けるということではない。今までの仕事は後進に譲り、自分はその能力を活かせる別の方法を見つけよう。ならば、自分の得意な分野で、自由度を認めてもらえるような働き方がいい。「シニア派遣」はそのひとつのスタイルではないかと。

　若い世代が派遣で生活するのは厳しいかもしれないが、リタイア

組にはメリットがある。派遣は、期間や曜日、時間もある程度選べる。また、派遣元がすべてやってくれるので、派遣先の会社と待遇面に関して直接交渉しなくてすむ。もちろん、需要にあったスキルを持っていればの話だが。中には、紹介予定派遣といって、派遣先と派遣労働者の双方が合意すれば、将来的に正社員になることを前提とした派遣というのもある。ただ、現在の不況下では、シニア派遣も停滞気味であるのはやむを得ない。

そんな中で頑張っているのが高齢社だ。元東京ガスの社員が定年後に立ち上げたシニア専門の人材派遣会社で、年金が減額されない範囲で働くことを基本とし、年々業績を伸ばし、2億円を売り上げるまでになっている。私はこの会社も訪問させてもらったが、70代社長のおおらかさと、自ら派遣先企業を探してくるバイタリティが成功の要因だと思っている。

こうして、今までとは違った働く手段を見つけようとする人たちが出始めた。正社員にこだわらず、報酬や待遇を高望みしなければ、リタイア世代ならではの自由な働き方を創りだすことができる。シニアマーケットもこの点に着目すべきだった。

さて、団塊世代はいろいろだ。一方で、雇われない働き方を目指す人もいる。団塊世代は50歳を迎えたあたりに、リストラの嵐が吹き荒れた。それまで社員を家族のように扱ってきた日本企業が、史上初めてリストラという名で大っぴらに人員整理をしたのである。団塊世代にとっては、大きな衝撃だった。前の世代に倣って、とにかく真面目に勤めていれば、徐々に役職も給与も上がる。そして、定年まで勤め上げれば、その後はそれなりの年金生活が待っている。普通の団塊サラリーマンはそう思っていた。

しかし、梯子は外された。年功序列と終身雇用はなくなり、成果主義とフラットな組織が取って代わった。それどころか、早期退職という日本企業には前代未聞のプログラムが始まり、団塊世代は真っ先にその対象となってしまった。会社の言い方もふるってい

た。「あなたの能力をもっと活かせるところがあれば、そちらで働いたほうがいいのではないですか。そのほうがあなたの幸せにつながるでしょう」。

　当時、商社に勤めていた私の友人は、350人の早期退職者募集プログラムの対象者としてリストアップされ、転職を余儀なくされた。ほかにも、同じような体験をした知人がたくさんいる。周りでそういうことが起きていれば、リストラに関係ない会社にいても、幸運にも自分が対象者にはなっていなくても、会社は今までのようにもう頼れる存在ではないということを身に染みて感じるようになる。

　すると、定年後は、あえて再雇用の道を選ばない人も出てくる。もちろん、そうするためには現役時代から少しずつ準備していなければならない。そのような人たちは会社と距離を置き、OB会などにもあまり近寄らない傾向があるようだ。辞めてからも無邪気にOB会のような上下関係を楽しめるのは、前の世代までといえるのではないだろうか。

◆ひとりビジネスと資格

　雇われない働き方といえば起業だ。起業というと、大掛かりな創業を思い浮かべがちだが、個人事業主として「ひとりビジネス」を始めることもりっぱな起業である。定年後に資格を活かして開業する人も少なくない。人に煩わされることなく、自分で自分の時間をコントロールして働けるから、ひとりビジネスを目指して、定年前後は資格取得に勤しむ。

　ひとりビジネスは、案外、人との必要以上に密接な接触を好まない団塊世代に合った働き方ではないかと思う。ただ、選ぶ資格がファイナンシャルプランナーやマンション管理士、社会保険労務士、キャリアコンサルタントなどと、同じような資格に偏りがちだ。興味の範囲が主に仕事で、情報源が似たりよったりという団塊

世代の特徴がこんなところにも出ているように思う。

　また、資格は取ったものの活かすことができずに、結局、眠らせている人は多い。セミナーなどで、特技や資格を書いてもらうと、実に様々な資格が出てきて驚くことがある。その労力と資金を考えたら、実にもったいない話だ。資格があるからといって、実践で役立つかどうかは分からないが、地域にいる各種有資格者の情報を把握しておいて、可能な分野で発揮してもらうという方法はとれないのだろうか。今のシルバー人材センターは、団塊世代あたりにはまったくフィットしていないから、新たなマッチングシステムを構築する必要があるだろう。

　ひとりビジネスは、文字どおり、何でもひとりでやらなければならないので、仕事そのもののスキルのほかに、企画力と営業力、事務能力など多くの能力と時間を必要とする。そのため家族のサポートが重要だ。ひとりビジネスがうまくいっている男性は、特に妻が強力な助っ人になっていることが多い。

　ひとりビジネスのひとつとして、複数の会社と請負契約を結んで仕事を行う"インディペンデント・コントラクター"というスタイルもある。アメリカから来た概念で、インディペンデント（Independent）は「独立」、コントラクター（Contractor）は「契約する人」の意味。ＩＣとも呼ばれる。専門性のある高い技術・能力と職務遂行能力を持ち、業務単位で企業と業務委託契約を結んで活動する「個人事業主」又は「法人化した個人」のことだ。

　ＩＣは、契約に基づいて仕事をするが、企業などの組織に縛られることはないので、自由に自分で仕事を進めていける。能力をひとつの場所だけでなく多くの場所で活かしたいという人に向いた働き方だ。コンサルタントなどもこの部類に入るだろう。自由度が高く、先生と呼ばれることへの満足度も高いので、とりわけリタイア世代には、憧れの働き方である。

プラス α 高年齢者雇用に熱心な地方の中小企業
高年齢者雇用開発コンテスト受賞企業から学ぶ

　人材不足という事情もあり、中高年の活用に長けているのは中小企業。学ぶべき点は多い。しかし、大企業と違って、なかなかマスコミなどに取り上げてもらえず、知られることは少ない。そういう意味からも、厚生労働省が年に一度、高年齢者雇用促進月間に合わせて実施する「高年齢者雇用開発コンテスト」は中小の高齢化対策を知るいい機会でもある。

　2009年度は、厚生労働大臣表彰として5社、入賞企業として48社が選ばれた。最優秀賞に選ばれた三重県の旅館「湯元榊原館」は、65歳以降の再雇用制度と働きやすい労働環境を整え、地元の自然と文化資源をよく知っている高齢従業員の利点を活かした"おもてなし"に取り組んでいる。

　優秀賞に選ばれた「中村整形外科病院」は定年を70歳まで引き上げ、希望者全員を正規職員として雇用した。病院は高齢の患者が多い。年代が近く、心配りのできる職員を活用した運営は、病院だけでなく、多くのサービス業にとって参考になるのではないだろうか。

　特別賞の「虎屋本舗」は、広島県福山市にある創業400年の老舗和洋菓子製造会社。36名の従業員の定年を60歳から70歳に引き上げた。また、貴重な人材である和菓子職人が勤務しやすいように、早朝から午前中、休日も働けるようにした。高齢者のためのフレックスタイム活用例として参考になる。

　詳しい受賞理由、他の受賞社の情報は厚生労働省サイトで見ることができる。

厚生労働省「高年齢者雇用開発コンテスト」のWebサイト
http://www.mhlw.go.jp/houdou/2009/09/h0928-1.html

3 未知なる世界

❖ 社会貢献型ビジネスへの関心

　リタイア世代の新しい起業スタイルとしては、社会貢献型ビジネスが考えられる。本格的な社会貢献型起業を起こす人は、"ソーシャルアントレプレナー"と呼ばれるが、リタイア世代は起業というよりは、地域社会の問題解決を目指して活動するゆるやかなコミュニティビジネスがふさわしい。

　コミュニティビジネスとは、「市民が主体となって、地域が抱える課題をビジネスの手法により解決し、またコミュニティの再生を通じて、その活動の利益を地域に還元するという事業の総称」（NPO法人コミュニティビジネスサポートセンターの説明）である。NPO法人、組合、公益法人、任意団体、個人事業など、どんな形態をとってもいいのだが、コミュニティビジネスの代表的な組織はやはり事業型NPO（特定非営利活動）法人だ。

　コミュニティビジネスの具体例や取り組みについては、第2章で取り上げるので、ここでは団塊世代が社会貢献活動をどのように理解しているかに論点を置いて話を進めていきたい。

　地域活動で期待されるNPOが日本で生まれたのは、アメリカに遅れること20年後の1998（平成10）年「特定非営利活動促進法」が制定されてからだ。それから10年以上が過ぎ、今では全国に3万8000もの組織が生まれている。

　日本でも、自治体の指定管理者制度の対象事業を請け負ったり、行政・自治体との協働事業を企画・運営するNPOが生まれ始めた。だが、アメリカでは大学、病院、美術館、博物館などといったところまで活躍の場が広がっている。今後は日本でも活動分野が広

がる可能性は大きい。

　しかし、コミュニティビジネスにしろ、ＮＰＯにしろ、それを中心となって担うであろう団塊シニア世代に理解されているとは言い難い。団塊世代にとって、社会貢献という考え方や手法は、現役時代の仕事ではほとんど介在してこなかったものなので、発想の転換が必要となる。40年近い企業人としての発想を変えることは、そう簡単ではない。理解して行動してもらうための啓蒙策が必要である。

　ＮＰＯの理解に関していえば、少し前までは「**ＮＰＯって、稼いじゃいけないんでしょう？**」などと言う人が多かった。ＮＰＯの英文表記は「Non Profit Organization」、日本語でも「特定非営利活動法人」。誤解は、この「Non Profit」と「非営利」の部分にある。つまり、「利益を上げてはいけない組織」「報酬が得られない活動」というイメージが強いのだ。それでは、団塊世代が関心を持つはずがない。

　誤解してほしくないのだが、お金にならないと団塊世代は動かないということではない。ボランティアは、善意から活動するものであり、それは報酬が目当てではないことはほとんどの人が理解している。ただし、仕事の経験から、ボランティア精神だけで続くのかという疑問も持っている。なにより感じるのは、それだけではつまらないということだ。なにかもうひとつ、自分なりに達成感を確認できるものがほしい。それが収入であれば、なおよい。これが正直な気持ちだろう。

　団塊世代向けのセカンドライフセミナーなどで、定年後の地域活動の重要性を説く場合は、ボランティアではなく、コミュニティビジネスやＮＰＯの説明から入ると理解されやすい。その時、私がよく使うのは、「コミュニティビジネスは近くの人を幸せにする活動」という説明だ。ボランティア的な活動をビジネスに高め、金銭的な面も含めて、サービスを受ける人もサービスを提供する人も両

方が満足できる活動。ビジネス的な感覚を持ち続けている人たちには、このような説明のほうが理解と共感を得やすい。

　ＮＰＯの成功例としては、「全米退職者協会（ＡＡＲＰ　American Association of Retired Persons）」が有名だ。ＡＡＲＰは、50歳以上の会員が約3500万人もいる世界最大のＮＰＯである。設立のきっかけは、アメリカ健康保険制度の不備。日本のような国民皆保険の公的制度はないので、個人が自分で民間の医療保険に入るしかない。今、オバマ政権がそれを変えようと努力している。

　高齢者ほど病気になる確率は高いから、保険に入りたい人がいる一方で、保険会社はリスクを避けるため、高齢者を受け入れたくない。だから、病気になったら、高齢者用の高額な保険料を払っている人以外は、個人で医療費を全額負担するか、医者にかからずに我慢するしかないことになる。そこで、退職者が自ら仲間を組織し、保険会社と交渉して高齢者のためのグループ保険を開発させた。これに多くの退職者が反応したのだ。

　ＡＡＲＰは、それで得た利益で様々な関連事業を展開し、今では巨大組織に発展している。ＡＡＲＰの年会費はわずか10ドル程度。企業ではできない部分を補い、多くの人に必要とされる事業であれば、ＮＰＯにもこんな大きな可能性があるという例である。

　では、日本のＮＰＯはどうだろうか。日本のＮＰＯの特徴ある活動に関しては、第4章で触れるので、ここでは詳しく説明はしないが、残念ながら、まだ自立した事業を展開している例はあまりない。社会貢献の意識は高くても、資金や事業者としての知識やスキルが不足していて、自立するのが容易ではないからだ。

　ただ、日本のＮＰＯの歴史はまだ10年ちょっと。成功例が生まれるのはこれからだろう。そのためにも、企業社会での経験が豊富なリタイア世代の参加が不可欠だといえる。企画力、組織運営力、営業力、折衝能力、財務の知識、ＩＴなど、会社経験で培ったスキルを発揮すれば、ＮＰＯは大きく変わる可能性がある。先にも述べた

が、こうしたスキルを把握して、必要なところに紹介するマッチング機能がほしいものだ。

ところで、大きな利益を上げているＮＰＯがあるなどというと、ひと旗あげたいと思う生臭い人たちもいる。これにはクギを刺さなければならない。利益と報酬で実績を計る企業とは異なり、社会のよりよい発展と維持にどれだけの効果をもたらしたか、それが成功の尺度となるということを理解してもらわなければならない。多大な利益を得ること、利益を独り占めすることが目的なら、会社組織として起業すべきであって、ＮＰＯはふさわしくない。話を聞いてみると、案外、こうした勘違いもあるようなのだ。

コミュニティビジネスには、ワーカーズ・コレクティブ、ワーカーズ・コープというやり方もある。これは仲間が資金を持ち寄って、自らが働き手となり、フラットな組織で活動や営業を行う方法。例えば、１人当たり50万円を出資したとして、10人集まれば500万円になる。そのような資金で商店街の空き店舗を利用し、独り暮らしなどの高齢者に健康に配慮したお弁当を、安価な値段で提供する事業を始めるなどということもできる。政府はこれを「協同労働」と定義し、支援するための法案を提出する予定だ。法人格を与えて活動しやすくし、地域密着型の起業を促す。

このような活動が地域のあちこちで実現すれば、本人はもちろん、家族にとっても、社会全体にとってもメリットがある。そのためには、まず、コミュニティビジネスとは何か、地域での需要はどうか、自分が関われる余地はあるのかなどをしっかりと認識してもらわなければならない。

ＮＰＯ設立講座などでよくありがちなのは、いきなりＮＰＯの作り方から入ること。動機と目的を自分なりに明確化する機会がなければ単なるノウハウの勉強で終わってしまうだろう。また、動機や目的を現実に照らして考えることができないと、具体的な活動にはならないと思う。

❖ 地域デビューのハードル

　NPOを立ち上げるにしても、ボランティアをするにしても、まずは地域デビューが必要だ。自宅にいるようになれば、次第に地元に馴染み、地域の事情も分かってきて、自然と社会参加するようになると、簡単にいえるだろうか。必ずしもそうではないはず。地域に馴染めずに、家人だけを相手にして暮らす引き籠り気味のシニアは少なくない。また、町内会や老人クラブという昔ながらの組織も新しい参加者がなく、軒なみ活動が衰退していると聞いた。それはなぜだろう。

　まもなく定年だという男性から、こんな話を聞いたことがある。定年を意識するようになったとき、自宅周辺のことはほとんど知らないし、知人もいない。「これではまずいぞ！」と思った。そこで、地域に知り合いをつくること、自分が活動できるものを見つけることを目標に少しずつ動き出した。

　まず、市役所や市民センター、社会福祉協議会などに顔を出して、地元で活動しているボランティア団体を調べた。そして、興味のある活動をしている同年代のグループに目星をつけ、参加することから始めた。普通、そこまでやる人はなかなかいない。たいしたものなのだが、それでも、最初はうまくいかなかった。

　今まで地域活動で活躍していた同年代には、子育てが終わり、ひと足先に自由な時間を持った女性たちが多い。彼が参加したボランティアグループもメンバーのほとんどが女性だった。この世代は、男性は会社ではほとんど男ばかりを相手に仕事をしているし、女性も女性だけで集まって何かしていることが多い。彼も女性の中で少し居心地が悪かった。女性たちもたぶん勝手が違ったのではないか。

　ただ、親しくなれば、徐々に慣れていくことができる。もっと問題だったのは活動の時間帯だった。主婦の活動は平日昼間。夕方に

は食事の支度もあるので、さっさと自宅に帰る。彼はまだ現役だったから、夜ならまだしも、平日昼間の活動は難しい。でも、せっかく仲間になったのだからと、時には会社を早退して活動したこともあったが、やはり長続きしなかった。

この男性は、その後もめげずにいろいろな活動に参加し続け、退職した今では、自分にあった活動を仲間と楽しく有意義に続けている。彼の場合は、生来の人懐っこさと、あきらめない性格でうまくいったようなものの、同じような状況で意欲をそがれる人は多いのだろう。

問題は、地域活動のモデルとなるような男性が、まだあまりいないことだ。参考にできるモデルがいるのと、いないのとでは参加しやすさが違ってくる。地域活動における男性モデルをまず何人か、様々なパターンで作ることが、地域デビューのハードルを下げることにつながるのではないだろうか。

もうひとつ重要なのは、具体的な活動事例や情報、地域で可能性がありながら、不足している活動の例を具体的に示すことだ。会社人間の多くはボランティアや社会貢献活動には馴染みがない。だから、苦手意識が先に立つ。ボランティアとは無償の奉仕で、介護や子育てなど福祉系の活動がほとんどだと思っている。これから少しは自分の人生をエンジョイしようと思っているときに、さっそく介護、福祉ばかりでは気が重いのだ。

それなら、自分のやりたいことからやればいいと思うだろうが、すぐに自分で見つけることも難しい。「これをやってほしいと言ってくれれば、一生懸命やりますよ」というのは、この年代の人がよく発するセリフだ。

団塊世代に「定年後にやりたいことは？」と聞くと、高い比率でボランティアという選択肢が挙がる。それは具体的にやりたいことがあるからではなくて、定年後はボランティアという選択肢もあるという理解にすぎない。だから「言ってくれればやるよ」になるの

だ。であれば、最初から、こういうことをやってほしいと提案することも、ひとつの活用法（アプローチ）である。
　一方で、女性は無償という形にこだわりすぎる人もいる。女性の場合は、報酬よりも自分自身がその活動でどれだけ満足したかに重きを置く傾向がある。だから、ボランティアにもスムーズに入っていけるのだろう。ただ、ボランティア精神だけでは、ＮＰＯなどの本格的な活動に発展させることは難しい。お金をいただくことに過度な罪悪感を抱く必要はないことを理解してもらうことが必要だ。
　最近は、有償ボランティアが主流になってきた。これはいいことだ。災害などの緊急時はともかく、無償ボランティアは個人の善意に頼りすぎて、危うい場合がある。やってあげているという意識が強いと、少し都合が悪くなったときに、簡単に活動を止めてしまったり、無責任になりやすい。また、個人に過度の負担がかかり、力尽きて長続きしないことがある。有償であれば、そこに責任と覚悟ができ、活動の質も上がる。
　ボランティアの場合は、有償といっても、交通費やほどほどの日当程度であることが多い。最低でも、その程度は払えるような活動にしないと、活動の存続はもとより、効果も期待できない。
　そう考えると、企業戦士と言われた人たちの無償というシステムへの違和感は、案外、当たっているのだ。地域活動の知識がないからといって遠慮することはない。疑問は疑問として、素直に表現することは大事だ。それが地域における新人の役割。すでに活動している人たちも、新メンバーを取り込んで新鮮な意見を取り入れながら成長していくという姿勢が大切である。

プラスα　団塊世代はＩＴで地域回帰をめざす

『シニアよ、ＩＴをもって地域にもどろう』

　『シニアよ、ＩＴをもって地域にもどろう』（ＮＴＴ出版）という本がある。団塊世代がシニアの仲間入りをして地域コミュニティに回帰していくときに、会社生活で身に付けたＩＴスキルが役に立つ。そのＩＴを活かした地域デビューの方法を指南する内容だ。5人の共同執筆で、そのうちの一人が本文（169頁）で紹介したＮＰＯ法人「シニアＳＯＨＯ普及サロン・三鷹」の初代理事長・堀池喜一郎さんだ。

　本には、ＩＴのスキルに関することだけでなく、ＩＴで地域デビューをする際の心構えや準備、どこから始めたらいいか、どんなところに活躍の場があるか、ネットワークづくり、仲間づくりのためのコミュニケーション、行政との付き合い方など、成功へ導くためのノウハウが書かれている。

　団塊の世代は、コンピュータが企業に普及し始めた時代に社会人となり、個人の生活に深く入り込むまでをつぶさに見てきた。日本の情報産業界が大きく成長する時代だったから、ＮＥＣ、富士通、東芝などの日本企業、ＩＢＭといった外資系コンピュータ会社に就職して、第一線で活躍してきた人も多い。土台はしっかり身についている。

　この人材が大量に定年を迎える。彼らがＩＴをもって地域デビューし、活躍すれば、地域のデジタルデバイド解消に貢献するのではないか。自治体も大いに活用を検討すべきである。

◆ 定年後遺症リハビリ期間はそろそろ終わる

　団塊の世代が最も反応するのは仕事だと書いたが、それにも変化の兆しがみえてきた。第一陣の昭和22年生まれが退職した2007年から早くも3年。再就職した人の中には理想と現実の違いに気づき、すでに新たな道を歩みだした人もいる。再雇用や再就職を選ばなかった人も、ゆるやかな日常生活に慣れてきているころだ。そうなるには、それなりの時間が必要だったのだ。

　そもそも会社人間だった人たちが60歳になったからといって、急に趣味人になったり、突然、地域活動などという未知の世界で活躍し始めるはずがない。自分はまだ十分働ける、会社に貢献できると思っているところにつきつけられた定年というカルチャーショックに耐え、新しい世界に馴染むためには、それなりのリハビリ期間が不可欠だったのだ。

　男性の場合、速やかにソフトランディングできた人の多くは、何らかの準備をしていた人だ。だから、2007年問題は、3年後の2010年問題に、あるいは2012年問題に先延ばしされたという意味にも受け取ることができる。3年前に早々にショックに遭遇して、そろそろ、そこから立ち直ってきている人。これからリハビリ期間が始まる人。両方いる。どちらがよかったとは簡単にはいえないが。

　そんな状況をみると、団塊世代が本当の意味でリタイア後の活動を始めるのは、定年後遺症のリハビリ期間が終わったこれからだと思える。マーケットや行政が期待するような動きは2007年にはなかった。しかし、本番はこれからなのだ。

　団塊世代には早期退職した人が少なくない。定年まであと2、3年程度なら、早めに新たな人生を始めたほうがいいと決断した人たちだ。当然、彼らはセカンドライフ計画をきちんと立てて辞めている。それにそって、すでに、それなりの活動と成果を上げている人は多い。

私は、日経ＢＰ社のシニアサイト「セカンドステージ」で、定年後の起業も含め、新境地を開いた人たちを多数取材してきた。会って話を聞いてみると、実は早期退職組でしたという人が非常に多かった。定年までそう遠くはないという年齢ではあっても、背水の陣で辞めるわけだから、それなりの覚悟を持って踏み出している。やるべきことが明確だし、準備万端。うまくいく確率が高いのは当然だ。会社にしがみつかない生き方の例をいくつも見せてもらった。

　日本人の平均寿命は、男性が79.19歳、女性は85.99歳。平均余命はもっと長く、60歳以降の人生は男性でも約23年もある。図表6にあるように、定年後の自由時間は10万時間近くある。これは、20歳から60歳までの40年間の平均的な生涯労働時間と同じだ。何かを新たに始めるのに、決して足りない時間ではない。

　この十分な時間をいい意味で持て余して、もぞもぞと動き出す団塊世代がいることを期待したい。仕事もよし、趣味もよし、地域社会での貢献活動よし、コミュニティビジネスよし、起業よしである。何をして悪いということはない。人口の多いこの世代が動き出すことは、地域社会にも、マーケットにも波紋を投げかけることになる。2007年と期待されたことが、少しばかり遅れてやってきたということになってほしいものだ。

図表6　生涯労働時間と定年後の自由時間

◆ 生涯労働時間　　　10時間×250日×40年間＝ **100,000時間**

◆ 60歳～80歳の平均的な自由時間

　◇ 睡眠時間　　　　8時間
　◇ 生活基本時間　　2時間30分　　　合　計＝ 10時間30分
　　（＊生活基本時間 ＝ 食事、入浴、トイレなど）
　◇ 1日の自由時間　24時間－10時間30分＝13時間30分
◆ 20年間の自由時間　13時間30分×365日×20年＝ **98,550時間**

「私の人生」豊かさ度チェック

ダイアグラムでこれまでの人生を自己分析！

◆診断方法
6つの診断ジャンルそれぞれで、5段階評価のうち自分が当てはまると思う数字のところに〇をつける。すべての項目をつけ終わったら、〇を線でつなぐ。

◆6つのジャンル
家族・夫婦：夫婦でお互いの人格を尊重していますか。困ったときに家族に相談することがありますか。会話や団らんはありますか。

友達・知人：友人と会って、楽しい時間を過ごしたり、異性や世代の違う人と交流していますか。知らない人と話せますか。

趣味・学習：いつも学ぶことを心がけていますか。趣味や特技がありますか。

社会貢献活動：ボランティアや地域の活動などに興味があり、参加したことがありますか。町内会などの役員経験は？

健　　康：心身ともに元気ですか。生活のリズムは整っていますか。健康診断は定期的に受けていますか。

収入・仕事：仕事で自分の個性が生かされていると思いますか。自分なりに工夫して仕事をしていますか。仕事は楽しいですか。

◆5段階評価
5　とても満足している　　　4　満足している
3　どちらともいえない　　　2　あまり満足していない
1　満足していない

◆診断の方法
できた形はアメーバのようになっているはず。バランスの取れたアメーバもあれば、いびつなアメーバもある。大きなアメーバも小さなアメーバもある。いびつだからよくない、小さいからよくないということではなく、今までの自分の生き方がひとつの形として表現されたということ。自分を客観的に見るきっかけにして、今後、それをどのような形にしていきたいかを考えることが大事。

◆豊かさダイアグラム

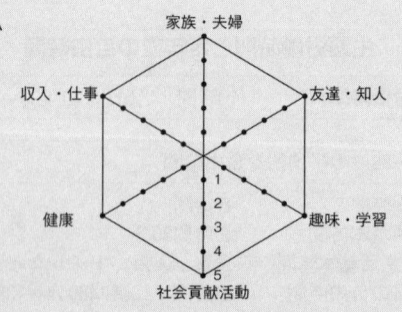

④ 団塊世代の人間関係

夫婦関係の見直し

　リタイア後の生活で最も大事なのは、夫婦の関係である。大多数の夫婦は、子供が独立した後に二人だけの生活が待っている。その際、長年連れ添ったのだからと同じ気持ちで向かい合えればいいが、多少の温度差も存在する。夫は、妻と二人の穏やかな家庭生活をイメージすることが多いかもしれないが、妻のほうはもう少し複雑だ。今までの生活ペースが乱されるのではないかと、憂鬱な気分もないわけではない。

　図表7は、2007〜2008年に夫が60歳になる夫婦に「60歳以降で増えるもの」を聞いた結果だ。夫の80％以上は自由時間が増えると答えているが、妻の回答は30％程度。つまり、70％もの妻が自由時間は増えないか、少なくなると思っているということだ。

　逆に、家事時間が増えると答えている妻は30％もいるのに、妻の家事時間が増えると思っている夫は12％しかいない。夫がいつも家にいるようになれば、毎回食事をつくらなければならず、何かと世

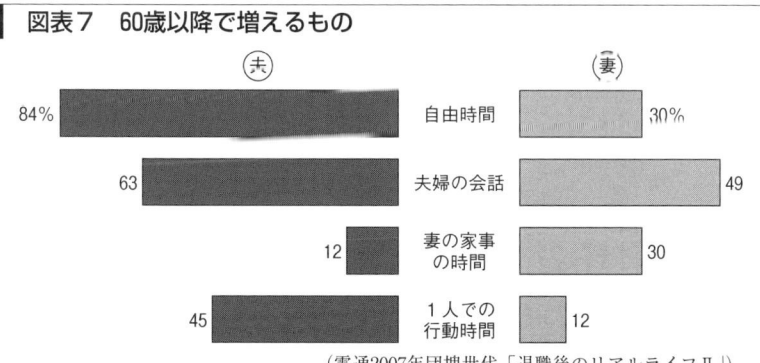

図表7　60歳以降で増えるもの

	（夫）	（妻）
自由時間	84%	30%
夫婦の会話	63	49
妻の家事の時間	12	30
1人での行動時間	45	12

（電通2007年団塊世代「退職後のリアルライフⅡ」）

話も必要だ。妻はそれを負担に思っているが、夫はあまり気づいていない。そんな状況が見てとれる。

この世代の女性は専業主婦が多いので、夫や家族を送り出した後の家は妻の城となった。昼間、食事などは手早く済ませて、自分の趣味に没頭したり、友人との外食や習い事で外出したりと自由だった。時には、友人たちとお互いの家を訪問し、お茶やお菓子で会話に花も咲いた。

しかし、定年後は、その城で多くの時間を夫と共有しなければならない。それだけでも違和感があるのに、好きなように外出することが難しくなり、友人も遠慮して来なくなったりする。そんなストレスが原因で起きるのが「亭主在宅ストレス症候群」だ。

夫婦の会話にしても、妻は夫が思うほど増えるとは思っていない。現役時代、あまり会話のなかった夫婦が、二人になったからといって、スムーズな会話が復活するはずもなく、子供が巣立った後では、共通の話題も見つけにくい。

夫婦の関係に関しては、総じて、女性のほうがシビアで現実的な見方をしているようだ。

ただ、このような定年後の夫婦の温度差は、以前からマスコミなどで誇張して言われているので、夫の側もよく分かっている。今はむしろ、妻のご機嫌をとる夫のほうが多いというのが私の見方だ。

50代半ばから60代半ばの男性を集めて座談会をしたことがある。意外にも、男性たちが語る妻への配慮と努力には涙ぐましいものがあった。興味深かったのは、座談会出席者の年齢が上から下までたった10歳程度の差しかないのに、夫婦関係の世代間格差が顕著に表れたことだ。

最年長65歳の男性は、定年後、妻に「**家にいないで働いてほしい。旅にも、いつも一緒に行きたいわけではない**」と言われ、ショックだったと打ち明けた。それまで、妻がそう思っていることにはまったく気づかなかったそうだ。「**休日も仕事ばかりで、ほと**

ん ど家のことはかまわなかったからなあ」と、反省の弁。

一方、団塊世代の参加者は、「若いころは妻に家のことを任せて仕事三昧の日々だったが、定年や早期退職などを意識するようになったとき、妻の存在の大きさに気がついた」と言う。それ以降は、「何かと気遣いや会話に努めるようになり、妻の予定を聞いてから、自分の予定を決める」と語っていた。

最年少55歳の参加者は、「昔から自分は妻との会話を欠かさないようにしてきた。妻がいなくなったら、本当に困りますからね」と臆面もなく話す。こういうセリフは、なかなか65歳男性あたりからは出てこない。日本人の夫婦関係は短い間に、微妙に変化しているということだろう。

妻がいないと困るというのは、男性の正直な意見だと思う。「団塊の世代」の名付け親・堺屋太一さんはこんなことを言っていた。

「**家庭に閉じこもっているように思われている女性の方が、男性よりもはるかに変化に飛んだ環境の中で生きており、適応性がある。女性は結婚で親元から離れ、他人の家に入り、子供を生んで育てる過程で新たな世界をいくつも経験し、子育てが終わると、お稽古事や地域貢献などで、また別の世界と仲間を作り上げる。一方、男性は一度就職すると、ほとんど同じような考えをもった仲間と同じような話をして、ひとつの社会での経験しかない人が多い**」。

現役時代は威勢のよかった男性も、職場の人間関係が切れた定年後はなにかと妻が頼りとなる。妻に愛想をつかされて独りになることは避けたい。だから、妻への気遣いや会話が復活するのだ。新聞にも、妻から1日1回は外食してきてほしいと言われ、不本意ながら、そうしているという団塊男性の投書が載っていたりする。

ところで、妻が夫に「**働いてほしい**」「**家にいないで外出してほしい**」と言うのは、なにも、収入の不安だとか、亭主在宅ストレス症候群で夫を避けたいからという理由ばかりではない。「**趣味もないし、知り合いもいないし、この人は退職したら、どうするのだろ**

う」と、亭主を心配している妻は多い。普通の夫婦はそういうものだろう。いずれにせよ、妻は、夫にはなるべく外に出て生き生きと活動してもらいたいと思っている。

　見方によっては、妻のこの願望は男性の社会参加を推進することにつながるので悪いことではない。以前、定年後に地域の中心となって活動している男性に、どういうきっかけで活動を始めることになったかと聞いたことがある。答えは、「**自治体主催のリタイアセミナーに妻が申し込んだから**」という単純なものだった。知り合いもいないし、今さら面倒なことは嫌だと、自分は乗り気ではなかったが、妻が「**参加してみたら**」といって、さっさと申し込んでしまったのだそうだ。

　男性は仕方がないので参加することにした。ここが大事だ。仕事では、約束や契約は守るべきものと肝に銘じて働いてきた。リタイアしても、それは残っている。義務感と責任感が後押しし、申し込んだ後で迷惑はかけられないと参加した。結果、これがきっかけで担当職員と親しくなり、今では市民活動のリーダーとして忙しくも、充実した日々を送っている。一番喜んだのが奥さんであることは言うまでもない。

　団塊世代の結婚生活は、「友達夫婦」の関係と言われた。戦後民主主義の自由な雰囲気の中、学生時代は男女平等の精神で付き合っていたので、「ニューファミリー」という新しい関係を築くのではないかと言われた。しかし、現実はそう甘くはなく、男性はすぐに会社と仕事に取り込まれ、女性の多くも職場にはいられず、寿退社をして専業主婦となった。

　やり残し感を抱え、こんなはずではなかったと思うのは男性だけではない。そう思っている女性は、子育てが終わると動き出す。団塊世代の女性もまだ若くて元気だ。そして、女性には生活者としての目線、子育て・家事の能力、旺盛な好奇心、ここぞと思ったときには力を出し惜しみしない性質が備わっている。地域で、この能力

を取り込む仕組みを作れば、コミュニティビジネスの大きな担い手として期待できる。不足しているビジネス感覚の部分は、男性がサポートしていけばいいのである。

　専業主婦ばかりではない。男性同様、仕事に生き、定年を全うした団塊女性もいる。以前、団塊世代のためのブログ講座を開催したときに、アシスタントとしてサポートしてくれた女性はコンピュータ会社を定年退職したばかり。得意分野だから生き生きとして受講者の間を動き回っていた。女性の活躍分野を介護・子育てに限定しないで、それまでの経験を発揮してもらうための取り組みも必要である。そうしないと、男性に負けじと仕事三昧で生きてきた女性もまた、定年後の生き方に迷うことになるからだ。

　夫婦関係では、離婚についても触れておかなければならない。厚生労働省の人口動態統計の離婚統計（図表8）によると、2002年をピークに離婚全体は減少しているにもかかわらず、熟年離婚は増えている。同居後20年以上の夫婦の場合、離婚は1975年に全体の6％

図表8　同居期間別離婚件数の年次推移

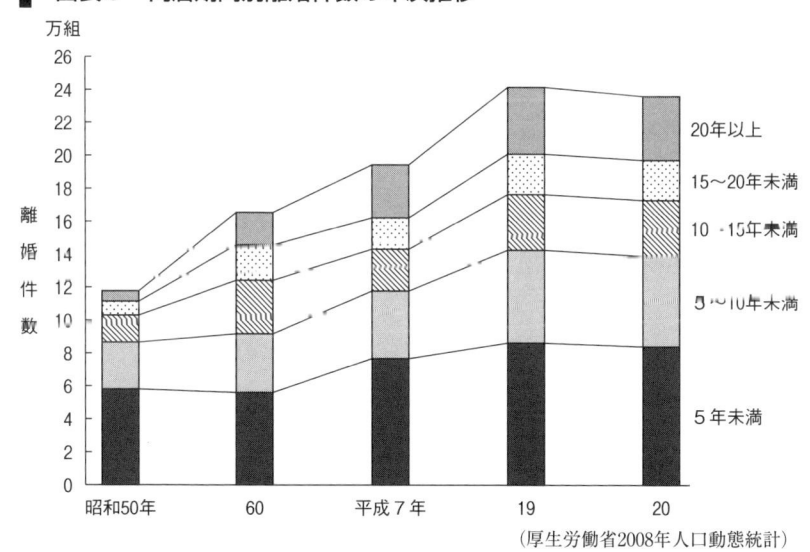

（厚生労働省2008年人口動態統計）

だったが、2008年には15％となった。実件数にしても、熟年離婚は同居5年未満や5〜10年未満の若い夫婦に次いで多い。生活のために、ひたすら我慢して意にそわない結婚生活を続ける時代ではなくなったのだ。

　退職金というまとまったお金を手にする定年を機に離婚する夫婦が増えるだろうという予測があり、離婚時に配偶者の年金の半分をもらえる厚生年金分割制度もできた。昔ほど女性が不利にならずに離婚できて、自立につながる環境は整いつつある。

　ただ、年金分割制度は、妻の側が無条件に夫の年金の半分をもらえるという単純な制度ではない。たとえ半分を手に入れたとしても、普通のサラリーマンの年金はそれだけで生きていけるような金額ではないから、仕事を持たない女性が離婚後生きていくのは相変わらず難しい。妻だけでなく、夫の方も、少ない年金で生活を賄う貧乏生活になってしまうかもしれない。そんなことは調べればすぐ分かるから、安易な熟年離婚は増えないだろう。年金分割制度は、マスコミが騒ぐように離婚を推進するものではなく、やむにやまれぬ人の背中を押すものである。

❖ 高齢単身者の増加

　熟年離婚はできれば避けてもらったほうがいい。それは高齢単身者の増加につながるからだ。日本は核家族どころか、さらに進んで、独身者や単身世帯が増加傾向だ。高齢単身者が増えれば、生活支援や介護の社会的負担はさらに増す。

　みずほ総合研究所の「単身世帯の増加と求められるセーフティネットの再構築」（2008年12月発表）は、日本の単身世帯、特に中高年世代の単身者について調べた報告書だ。それによれば、日本では1985年以降、単身世帯の増加が顕著になった。1985年と2005年を比べる（図表9）と、まず80歳以上の年齢層の単身世帯が男女ともに5〜7倍に増えた。ただ、これは長寿になったことが要因でもあ

図表9　男女別・年齢階層別にみた単身世帯数の変化

1985年：男性

年齢	万人
80歳以上	4
70-79歳	12
60-69歳	16
50-59歳	34
40-49歳	49
30-39歳	90
20-29歳	204
20歳未満	33

1985年：女性

年齢	万人
80歳以上	12
70-79歳	50
60-69歳	67
50-59歳	53
40-49歳	30
30-39歳	31
20-29歳	83
20歳未満	22

2005年：男性

年齢	万人
80歳以上	22
70-79歳	49
60-69歳	78
50-59歳	124
40-49歳	106
30-39歳	156
20-29歳	205
20歳未満	26

2005年：女性

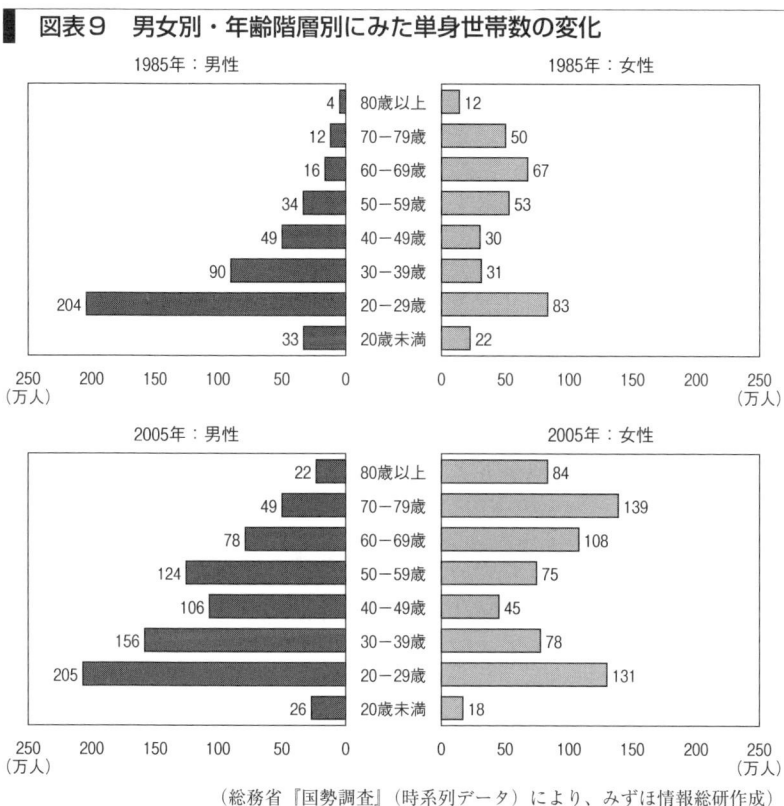

年齢	万人
80歳以上	84
70-79歳	139
60-69歳	108
50-59歳	75
40-49歳	45
30-39歳	78
20-29歳	131
20歳未満	18

（総務省『国勢調査』（時系列データ）により、みずほ情報総研作成）

るので、それほど驚くことではない。

　注目すべきは、50代と60代の男性単身世帯が4〜5倍に増えていることだ。特に、男性50代では3倍増となっている。その主な原因は、「未婚」と「離別（離婚）」である。

　単身世帯になる要因には、配偶者との「死別」と「離別」、「未婚」があるが、このレポートでは、離婚の増加にもまして問題なのは、団塊男性の「生涯未婚」だと述べている。「生涯未婚」とは一生のうち一度も結婚をしない人のこと。子供たちがいっこうに結婚しないと嘆いている団塊世代がいる一方で、結婚しない団塊世代がたくさんいるという皮肉な現象もあるのだ。

この傾向はさらに進み、国立社会保障・人口問題研究所は2005年から2030年の25年間で単身世帯数は26％増加し、男性60歳以上は2倍に、50代と60代の男性のほぼ4人に1人が単身者になるという予測をしている。「未婚大国ニッポン」の到来といえるだろう。
　私が、内閣府の人口統計を基に独自に計算したところでは、団塊世代の単身者は男女ともに18％という数字が出た。女性の方が多いかと思っていたが、そうでもない。
　単身であっても、仕事を持ち、健全な社会生活を営んでいるうちはそれほど問題ではない。会社や職場に行っていれば、組織のサポートや周りの人たちとの交流の中で、不便さや不安、問題などがあってもある程度解消できる。心配なのは、それが途絶えた退職後の生活だ。
　特に男性は地域社会とのつながりが希薄なところがあり、隣近所との交流が少ない。現役時代は会社以外に友だちや仲間を作る機会が少なく、その必要性も感じることがなかった。これは単身者に限らないが。
　単身者の場合は頼りどころとなる家族がいないので、より孤独感が顕著になり、引き籠りになる可能性が高い。また、男性は一般に日常の家事能力が女性に比べて低いので、掃除・洗濯・炊事がおろそかになり、不衛生・不健康な生活に陥りやすい。そして、退職とともに、健康診断を受診する機会を失い、健康への配慮が行きとどかなくなる。健康を害すれば、早く介護状態になる可能性も高まる。
　昨今は、独り暮らしの男性が結婚をほのめかされ、親切に世話をしてくれると近寄ってきた女性にお金をだまし取られ、挙げ句の果てに、殺されるという事件が起きている。怖いのは、中高年男性の場合、詐欺や被害にあっても、プライドや羞恥心から、警察に届けたり、仲間に訴えたりしない傾向があるということだ。水面下に隠れているだけで、もっと多くの男性が被害にあっているのではない

だろうか。

==社会的弱者には障害がある人や高齢者、独り親世帯などが挙げられるが、これからは、独り暮らし、とりわけ男性中高年の独り暮らしも弱者と認識されるべきだろう。==定年後の高齢男性単身者へのサポートは、これからの地域社会の重要な課題である。

さて、女性単身者の場合は、日常生活ではそれほど問題がないとしても、経済的な問題が大きい。国は、2009年国民の貧困層の割合を示す「貧困率」を初めて発表した。「貧困率」とは、所得を世帯人数に振り分けて高い順に並べたとき、真ん中の所得を基準にして、その半分に満たない人が占める割合を示したものだ。具体的にいえば、2007年時点で、年間所得124万円に満たない層を指す。2007年の日本の貧困率は15.7％で、経済協力開発機構（OECD）加盟30か国中4番目に多かった。豊かだと思っていた日本に、こんなに貧困層がいたのかと、みな驚いたはずだ。

その後、内閣府から、65歳以上の高齢女性の貧困率は約2割に達するというデータが発表された。単身者に限ると52.3％にもなるという。この年代の収入といえば、ほとんどが年金である。高齢女性の半分は少ない年金を頼りに貧しい生活を送っているということだ。「高齢社会をよくする女性の会」代表の樋口恵子さんは、若いころの低賃金や老後の低年金で、貧しい生活を送らなければならない高齢女性を「貧乏おばあさん」と名付けて、警鐘を鳴らしている。

ちなみに、高齢男性の場合も貧困率は15％を超え、単身の場合は38.8％となっている。一般的に、単身世帯は複数世帯よりも収入が少ないといえるようだ。

貧困率を少なくする方法はただひとつ。収入の道を確保することである。地域社会であれば、元気な高齢者が参加して、収入につながる方法を創り出すことである。その手段のひとつがコミュニティビジネスだといえる。すでに高齢になっている人たちには間に合わ

ないかもしれない。しかし、団塊世代などがリタイア後の早い時期から社会参加を果たし、地域に活動と補助的な収入の道を見いだすことができれば、将来的には、高齢者が安心して生きていける道の確保から、介護予防にまでつなげることができる。

特に、おひとりさま向けのサービスは同年代が助けあう「お互い様ビジネス」として有望株だ。今までは若い共働き世代をターゲットにしていたハウスクリーニング業界などは、高齢者向けの生活支援サービスとし、この分野に力を入れるようになってきた。ただ、こうしたサービスは派遣されてきた見知らぬ人よりも、顔も素性も、所属している組織もよく分かっている近隣の住民に頼んだほうが安心だ。地域に有利なビジネスだといえるのではないだろうか。

地域社会には、料理、家事、子育て、介護のスキルを持った女性たちがたくさんいる。男性も、ちょっとした住宅の修理や庭の手入れ、買い物時の車の運転と付添いなど、いくらでも仕事は開拓できるはず。自治体は生活サポート分野を具体的なコミュニティビジネス、協働事業の分野として認識すべきである。

❖ 団塊世代と家族

長寿の日本では、団塊世代の親もまだかなり存命だ。高齢だから、程度の差はあれ介護状態にあるといえるだろう。したがって、団塊世代の介護経験者は女性だけでなく、男性にもたくさんいる。

介護における問題点は、高齢者に対する虐待が増えていることだ。2008年度を例にとれば、被害者の78％が女性。80～84歳が最も多く、半分近くが認知症だった。虐待者と被害者が同居していたのは86％。虐待者は、息子が最も多く（40％）、ついで夫（17％）、娘（15％）、嫁（9％）、妻（5％）の順となっている。

息子が群を抜いて多いという背景には、一人っ子だったり、独身だったりした息子が、親の介護をすべて引き受けざるを得なくなり、慣れない世話でどうにもならなくなってしまったという事情が

見て取れる。少子化、未婚化の問題でもある。

　息子に次いで夫が多いのは、日本の高齢化と関連づけて考えることができる。年長でしかも寿命の短い夫が、年下の妻の介護を受けながら、先に寿命を全うする。今までの日本では、これが順当なところだと思われてきた。しかし、今では男性の寿命もほぼ80歳。しかも、団塊夫婦の場合は、同年齢若しくは年上の妻も珍しくない。夫婦ともに長寿であれば、どちらが先に介護が必要な状態になるか分からないのだ。

　なのに、夫は介護される側、妻は介護する側という古い常識から抜け出せていない。これがあるので、夫たちにはほとんど心の準備も物理的な準備もできていない。普段から家事の経験があまりない男性が、妻を介護しながら暮らすのは容易ではない。誰かに助けを求める手段を見つけることもできずに、介護中の妻や親を思い余ってあやめる、あるいは心中するという事件になってしまうのだ。

　男性の家事分担というと、妻の負担を減らすための夫の気遣いや思いやりととらえられがちだが、男性が家事や生活能力を向上させることは生きていくための必須条件だと考えるべきである。また、妻の側も認識をあらためる必要がある。夫が万一独りになった場合、あるいは、妻の介護が必要となった場合、夫が自分で生活していけるような能力を身につけてもらわなければならない。

　また、この世代の特徴として、親の介護は子である自分の責任であっても、子供には自分たちの介護で苦労させたくないと思っていることが挙げられる。いざというときに、誰に介護してもらいたいかというアンケートがあった。夫の回答で最も多かったのはやはり「妻」だが、妻は老人ホーム入居やヘルパーの活用など公共サービスを第一に挙げていた。一方、「子供」という回答は男女ともに公共サービスよりも少ない。

　いずれにせよ、介護は家族だけが頑張ってすむ問題ではない。地域で孤立させない仕組みが求められる。ここにも、リタイア世代を

活用する道があるのではないだろうか。いずれ誰にでも、大なり小なり、介護を必要とする時期がくる。リタイアしたら、できるうちにできる範囲で、介護に関わるという意識を高めたいものだ。

そういう意識は案外、すぐに高まるのではないかと思う。ただ、何をどうしていいか分からない人が多い。行政が具体的かつ積極的に情報を提供して、糸口やモデルケースを作って示すことが重要である。

子供との関係でいえば、団塊世代には、ニートやフリーターという自立しない子供を抱えている人がいることも認識しておく必要がある。子供がすでに自立した年代と言われるが、子供への負担は、様々な形で続いているといえるだろう。

また、団塊世代の子供たち、いわゆる団塊ジュニアはなかなか結婚しないし、子供もつくらない傾向がある。だから、孫も少ない。以前は60歳くらいだと、孫の1人や2人いるのは普通だった。しかし、これからは「孫のいない60代」が増えるだろう。それがセカンドステージの生き方に与える影響も少なくない。

従来のステレオタイプなシニア像には当てはまらない新しいシニアがこれからたくさん現れる。このことを頭に入れて、対応策を考えていかなければならない。

プラス

幸せを実感できない「幸福のパラドックス」
荒川区が取り組む「区民総幸福度」の試み

　幸福とはなんだろうか。「幸福のパラドックス」という現象がある。先進国に多い現象で、国が豊かになっているのに国民の生活満足度は上昇しないこと。逆に、低下することもある。先進国に共通の現象とはいえ、各国の幸福度を測った「世界価値観調査」で、日本は調査対象国約100か国の中間あたり、先進国では低い方だ。

　トルストイの言葉に「一切の不幸は欠乏から来るのではなく、むしろ過剰から来る」というのがあるそうだ。幸福はもはやモノの豊かさでは実感できない時代に入っている。では、現代人は何を幸福に思うのだろうか。人によって違うはずだから、これを知るのは難しい。ただ、新しい試みが始まっている。

　ブータンは、ＧＮＰ（国民総生産）の代わりにＧＮＨ（Gross National Happiness 国民総幸福）という考え方を使って国づくりに取り組んでいる。1980年代に国王が提案した考え方で、次の４つを主要な柱として掲げている。①持続可能で公平な社会経済開発、②自然環境の保護、③有形・無形文化財の保護、④よい統治。この概念が今、世界の注目を浴びている。

　日本でも、東京都荒川区が取り組みを始めた。2009年、ＧＡＨ（荒川区民総幸福度）を指標化する研究会を発足させ、区民へのアンケートを実施し、2010年２月に発表している。その結果は、下記のページで見ることができる。2011年度末の取りまとめを目指しているそうだ。区民の真の幸福を模索する荒川区の試みに期待したい。

荒川区「第34回荒川区政世論調査結果」のWebサイト
http://www.city.arakawa.tokyo.jp/kusei/chosa/yoronchosa/index.html

第2章

行政の団塊世代対策

自治体や行政は、団塊世代の定年退職に伴う2007年問題に向けて、取り組みの大小はあるものの、様々な政策・施策を行ってきた。その推進力は、なによりも高齢化に伴う自治体運営の危機感だった。しかし、リタイアしたとはいえ、長寿国日本で60代はまだ若い。団塊世代が地域社会参加を果たし、地域活性化に貢献できる可能性を見つけ出すことができれば、危機感は期待感に変わる。

　先進社会ではすでに、中国のように今後のさらなる発展が期待されている国々でも間もなく、確実に少子高齢社会がやってくる。その時、日本が行ってきた数々の試みが先進事例として、世界の国々の役に立つ時がくるかもしれない。

　そういう意味も含めて、この章では、行政が行った、あるいは今も行っている数々の取り組みと、その工夫や努力の跡を探ってみたい。

1 団塊世代はどこにいるのか

❖ 都市部へ大移動した団塊の世代

　東京人の多くが地方出身者だといわれているように、東京に住む団塊世代の多くは1960年代の終わりから1970年代初めに、就職や進学で、都市部に移動してきた人たちだ。図表1は、1950年に０歳から４歳の、まさに生まれたばかりの団塊世代が、30年後の1980年にどこに住んでいたかを国勢調査を基に調べたもの。

　これをみると、1950年には地方に741万人、都市部に379万人いた団塊世代が、1980年には地方が530万人、都市部には547万人と人口の逆転現象が起きていることが分かる。約170万人、約17％もの団塊世代が都市部に移動したのだ。この図表１でいう都市部とは、東京、神奈川、埼玉、千葉、愛知、大阪、京都、兵庫、福岡のことだ

図表1　団塊世代の人口移動

(単位：万人　(　)内は割合)

	合計	地方部	都市部	都市部のうち東京・大阪・愛知
1950年の0～4歳	1,121	741　(66.1)	379　(33.9)	172　(15.4)
1980年の30～34歳	1,077	530　(49.2)	547　(50.8)	258　(24.0)
差	−44	−211　(−16.9)	168　(16.9)	86　(8.6)

(出典：総務省「国勢調査」より大和総研作成、日経新聞掲載)

が、そのうち半数近くが東京、大阪、愛知の三大都市圏に移動した。まさに団塊世代は都会を目指したのだ。

　では、それからさらに約30年を経た現在、団塊世代はどこに住んでいるのだろうか。それを知るために、神奈川県相模原市の『さがみはら都市みらい研究所』(以下『さがみはら研究所』)が発表した「団塊世代と自治体」(2006年作成)を参考にしたい。

　この「団塊世代と自治体」は、団塊世代の規模や居住地域と意識、大都市圏との関係を述べた5回シリーズの分析報告書。そのうち、4回目と5回目が人口に関するものとなっている。ちなみに、人口70万人の市が独自に政策研究機関を持って、地域の調査研究活動を継続している例は全国でも珍しいのではないだろうか。2010年4月、相模原市は全国で19番目の政令指定都市に移行した。

　さて、前に団塊世代の人口は約700万人と大雑把な数字で表現したが、『さがみはら研究所』が2005年の国勢調査から拾った数字では約678万人、総人口の5.31％となっている。そのうち86.04％が市区部に住み、残りの13.96％が町村部に住んでいる。ご存じのように、その後、さらに市町村合併が進み、多くの町村が市部に組み込まれた可能性があり、以前のように、都市部、町村部という単純な分類では難しくなってきているのが現状だ。

　『さがみはら研究所』は、都会であれ、地方であれ、団塊世代が占める人口割合はほぼ一定だと結論付けている。それによれば、市区部で占める団塊世代の割合は5.29％、町村部でも5.41％。全人口

に占める割合も5.31％だから、地域による割合の違いはほとんどない。日本全国どこにでも、同じ割合で団塊世代がいるということになるらしい。

もちろん、同じ割合とはいっても、母数が違うから、極端な例でいえば、100人の村では約5人、20万人の市では1万人と数の差は歴然だ。やはり人口の多い都市部に団塊世代が集中しているのは間違いないところだ。

図表2は、『さがみはら研究所』が同じく2005年の国勢調査を基に、地域ごとの団塊世代の人口を表したグラフだ。予想どおり、大都市のある首都圏、中部、近畿の三大都市圏だけで63.2％（約428万人）と半数以上を占める。そのうち首都圏には32.8％（約222万人）、さらに1都3県（東京都、神奈川県、埼玉県、千葉県）だけをとっても21.6％（146万人）と、大都市圏に集中していることが分かる。

ただ、大都市圏にも差はある。東京23区を例にとってみれば、中央区や千代田区といったオフィス街・繁華街が主要な部分を占める

図表2　国土ブロックの団塊世代居住人口

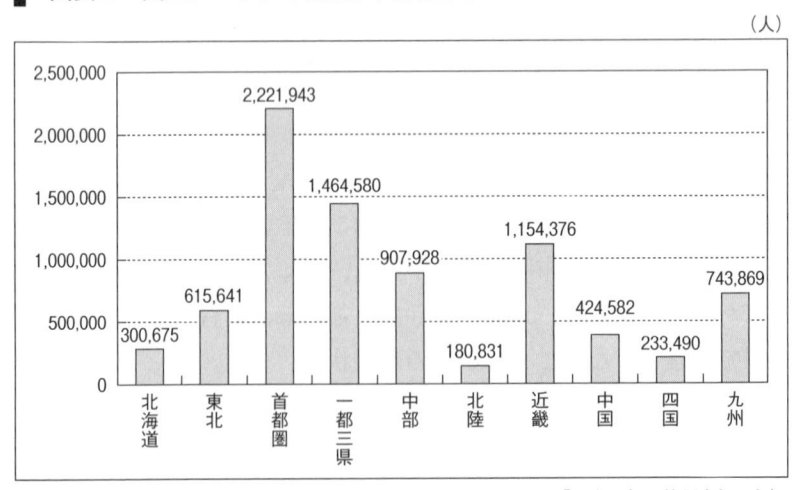

(人)

北海道	300,675
東北	615,641
首都圏	2,221,943
一都三県	1,464,580
中部	907,928
北陸	180,831
近畿	1,154,376
中国	424,582
四国	233,490
九州	743,869

（出典：『平成17年国勢調査』より）

区は、昼間の人口は多いが、居住している人は少ないから、当然、団塊世代の数も少ない。一方、主に住宅地の世田谷区、大田区、江戸川区、杉並区、練馬区、足立区などは多いはずだ。

　人口の少ない例として、中央区を調べてみると、総人口は2009年12月時点で約11万3800人。団塊世代と思しき60〜64歳は約6800人。5.9％となっている。狭義の団塊世代3年間に絞れば、割合はもう少し少なくなるだろう。試しにもうひとつ。人口が多い区の中から足立区を見てみると、2009年12月時点での総人口は約64万人、62歳から60歳の人口は約3万2000人。ちょうど5％だ。全国どこでも5〜6％程度の割合で団塊世代が住んでいるという『さがみはら研究所』の指摘は間違いではなさそうだ。

　みなさんの地域はいかがだろう。すでに限界集落のようになっているところは別として、人口割合が大きく違うとしたら、よきにつけ、悪しきにつけ、それはその地域の特徴を表現しているのではないだろうか。団塊世代の割合がある種のバロメーターになるということだ。

プラスα

都心にもある「限界集落」
東京都戸山団地、千葉県常盤平団地の実態と今後

「限界集落」とは、高齢者（65歳以上）の人口割合が50％を超えた地域のこと。冠婚葬祭などの共同生活や農地などの維持が困難になり、やがては「消滅集落」になる可能性が高い。ちなみに、65歳以上の高齢者が過半数を占めている自治体は「限界自治体」。

「限界集落」といえば、地方の山間地や離島を思い浮かべがちだが、一定の高齢化を経た地方よりも、今後はむしろ、団塊世代が多い都市部で高齢化が進むとみられており、「限界集落」は新たな都市問題となっていくだろう。

その代表格が東京のど真ん中に位置する新宿区の戸山団地。昭和30年代に建設された総戸数2300戸の大規模都営団地だ。2008年の調査で高齢化率が51.6％に達したことが判明した。75歳以上の約6割が独り暮らしとみられ、孤独死も発見されたため、盆踊りや親睦旅行など住民参加イベントの充実を図っている。

高齢者の孤独死が問題になったのは千葉県松戸市の常盤平団地。高齢化率はまだ30％程度で「限界集落」とはいえないが、2001年に死後3年も経過した50代の男性遺体が見つかった。その後も孤独死が相次いだことで、自治会などが対策に取り組み始め、「孤独死予防センター」や交流の場「いきいきサロン」を開設した。サロンは年中無休で、誰でも100円で利用できる。利用者は月に延べ1000人を超えるという。2010年には外部との連携も視野に入れたＮＰＯ法人「孤独死ゼロ研究会」を立ち上げた。

独り暮らしが増えれば、孤独死が起きるのはやむを得ない。独り暮らしをむやみに哀れだと思う時代でもない。むしろ常盤平団地のように「死後3日以内に発見できる」対策が急務だ。

❖ 団塊世代はどこに行くのか

　都市部に住む団塊世代が、リタイア後にゆったりとした田舎暮らしを好むなら、「**ぜひ、わが町に移住してきてほしい**」。人口減少傾向にある地方の自治体などがそう思うのは当然だ。しかし、団塊世代が多い首都圏の自治体であっても、思いは同じ。引き続きわが町に住んで、社会参加を果たし、地域を盛り上げてほしいと考えている。団塊争奪戦は"地方 vs 地方"の綱引きと思われがちだが、"地方 vs 都市"という構図もある。

　肝心なのは、彼らが今後、どのようなところに住みたいと思っているかだ。図表3は、国土交通省が三大都市圏に住む団塊世代に、「今後10年間はどこに、どのように住むか」を聞いたアンケート結果である。最も多い回答は、「現在の住まい1か所に住み続ける」だった。特に、中京圏は7割以上の人がそれを希望している。住み慣れた場所から移動したいと思う人はそれほど多くないようだ。

　ただ、アンケートというのは、どこを重視するかで見方が変わる。国土交通省は、「現在の住まい1か所に住み続ける」以外の回答が東京圏で40％以上あったことをピックアップし、「移動希望は東京圏で移住・複数居住合わせて40％もいた」という移住への希望

図表3　今後10年間の希望する暮らし方

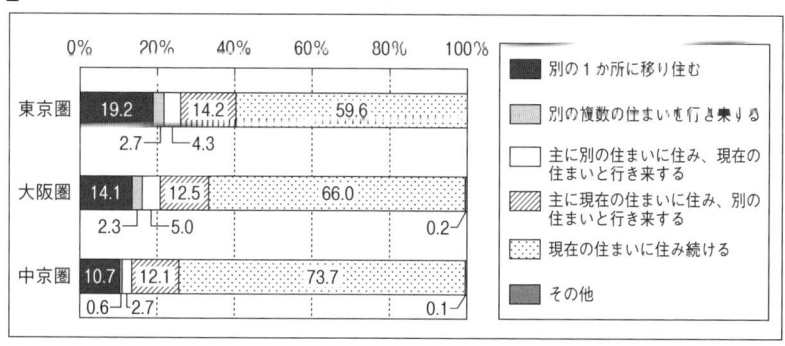

	別の1か所に移り住む	別の複数の住まいを行き来する	主に別の住まいに住み、現在の住まいと行き来する	主に現在の住まいに住み、別の住まいと行き来する	現在の住まいに住み続ける	その他
東京圏	19.2	2.7	4.3	14.2	59.6	—
大阪圏	14.1	2.3	5.0	12.5	66.0	0.2
中京圏	10.7	0.6	2.7	12.1	73.7	0.1

（国土交通省「都市・地域レポート2006」より）

的観測を報告している。確かに、「1か所に住み続ける」以外の回答の合計は首都圏40％、大阪圏で34％、中京圏でも26％と無視できない数字ではある。

　ただ、その希望が実現可能とみている人は、さらに半分の46％に減る。つまり、首都圏なら20％、大阪圏で17％、中京圏で13％となる。実際に移動する人たちはもっと少ないだろう。

　そして、その移動も、必ずしも「都会から地方」とはいえない。「別の住まい」の場合、戸建から同じ地域内のマンションという場合もあるだろう。また、逆に、地方に住んでいる団塊世代が都会の便利さを求めて、あるいは、子供家族と距離の近い場所に住むために、都会に移り住むこともあると思われる。

　とはいえ、団塊世代の10％がなんらかの形で移動すれば、60〜70万人という数になる。1970年前後に起きた大移動の3分の1程度の規模だが、やはり大移動に違いない。自治体の期待は大きいだろう。地方都市に住む知人は、最近、定年を機に戻ってきて、この地で再出発という人もちらほら見受けられると話していた。

❖ 他地域での変化に富んだ生活願望

　注目すべきは、選択肢の中に含まれている「住まいを行き来する」という部分である。「住まいを行き来する」という意味を含んだ選択肢を合計すると、どの地域でも移動希望者の中では最も多くなる。これは、いわゆる「二地域居住」「デュアルライフ」「複数居住」を希望する人が多いという意味にとっていいと思う。

　であれば、キーワードは「地方への定住・移住」ではなくて、むしろ「セカンドハウス願望」「第二のふるさと志向」だろう。

　青森県が県出身者に行ったアンケートに、興味深いものがあった。定年後に青森県で暮らすことに関心を示した人のうち23.4％は、「季節ごとに現居住地と青森県とを住み分けたい」と回答したという。今の暮らしを根本から変えることは希望しないが、ときど

き変化に富んだ生活もしてみたい。だから、別の場所に別荘やマンションを所有し、週末や季節ごとに住み分けたいというのである。

このように、都市に住みながら、年間1か月以上を地方で暮らす「二地域居住者」はすでに100万人以上いるという推計もある。

もはや「**田舎暮らしと都会暮らし、どちらを選ぶ？**」という質問は意味がない。事情が許せば、どちらの生活も手に入れたいということだ。だから、移住・定住を性急に求めるのは、かえって逆効果だといえる。むしろ、二地域居住の候補地として、あるいは国内ロングステイ先として、頻繁に訪問できるふるさとのような場所として選択してもらうことのほうが得策だということだ。

主たる居住地ではなくても、土地や住宅の固定資産税などの収入は増える。また、人は移動すれば必ずなにかしらのお金を使う。地元の住民との交流を通じて地域に親しみ、何度も訪問するリピーターとなり、うまくすれば仲間を連れてやってくる。この過程を経ずして、いきなり移住する人はあまりいないのではないだろうか。

さらに、阪神淡路大震災などの災害をきっかけに、現在の居住地以外にもうひとつの居場所を確保したいと考える人たちがいると聞いた。これもヒントになるだろう。

海外に関しても同じことがいえる。ひところは海外移住がブームだったが、結局、少々長めの滞在という海外ロングステイにとどまり、移住・定住したという人の話はほとんど聞かない。逆に夫婦のどちらかが亡くなった時点で戻ってきたとか、高齢になったので帰国したという人は多い。

「移住・定住」という言葉は、団塊世代には少しばかり重い。旅人の要素を残したまま、いざとなったら帰れる場所がある「ロングステイ」、あるいは、気が向いたときに行き来できる「別荘スタイル」。これがちょうどいい。多くの自治体がそのことを理解するようになり、それに合ったプランをつくるようになってきている。

❖ リタイア後に住みたい土地の条件

　定住するにしろ、ロングステイするにしろ、どのような場所を好むのだろうか。先の国土交通省の調査には、「現在の住まい以外にどのようなところに住みたいか」という質問があった。最も多かったのは「海に近いところ」（22.7％）、以下、「地方中小都市」（20.3％）、「山に近いところ」（19.5％）、「三大都市圏の都市部」（17.9％）、「規模の大きい地方都市」（14.3％）と続く。

　案外、都市部とした回答が多く、ブームだといわれている「田舎暮らし」を連想させる「農村」は8.4％だった。ただ、「海に近いところ」、「山に近いところ」を田舎暮らしと考えれば、かなりの数字にはなる。

　では、何を基準として住みたいと思うのだろうか。博報堂生活総合研究所の調査に「現在住んでいる地域への満足度」（図表4）というものがある。これらの選択肢が参考になるかもしれない。ちな

図表4　現在住んでいる地域への満足度（10エリアの全体平均）

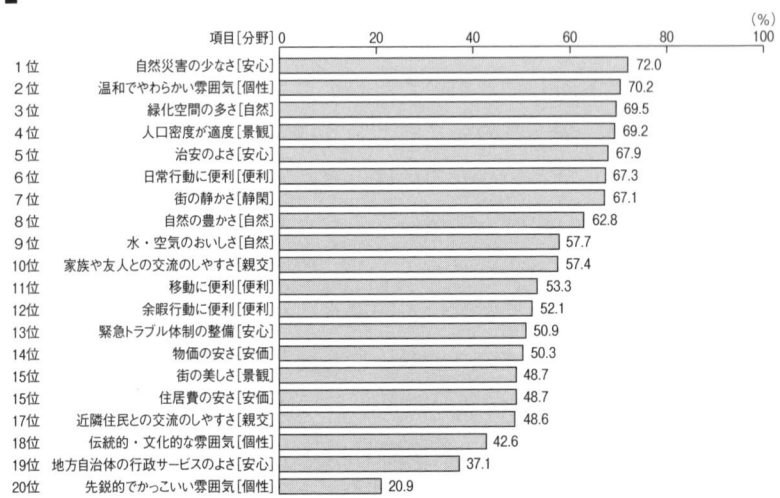

順位	項目［分野］	（％）
1位	自然災害の少なさ［安心］	72.0
2位	温和でやわらかい雰囲気［個性］	70.2
3位	緑化空間の多さ［自然］	69.5
4位	人口密度が適度［景観］	69.2
5位	治安のよさ［安心］	67.9
6位	日常行動に便利［便利］	67.3
7位	街の静かさ［静閑］	67.1
8位	自然の豊かさ［自然］	62.8
9位	水・空気のおいしさ［自然］	57.7
10位	家族や友人との交流のしやすさ［親交］	57.4
11位	移動に便利［便利］	53.3
12位	余暇行動に便利［便利］	52.1
13位	緊急トラブル体制の整備［安心］	50.9
14位	物価の安さ［安価］	50.3
15位	街の美しさ［景観］	48.7
15位	住居費の安さ［安価］	48.7
17位	近隣住民との交流のしやすさ［親交］	48.6
18位	伝統的・文化的な雰囲気［個性］	42.6
19位	地方自治体の行政サービスのよさ［安心］	37.1
20位	先鋭的でかっこいい雰囲気［個性］	20.9

（10エリア：北海道、東北、関東、甲信越、北陸、東海、近畿、中国、四国、九州）

（出典：博報堂生活総合研究所調査）

みに、この調査で最も満足度が高かった地域は「北陸」、次いで「北海道」「東北」「甲信越」と、なぜか北国が上位だった。

　とはいえ、移住するに当たって何を希望し、何を重視するかは人によって違う。ここにある選択肢以外にも、「地震が少ない」「物価水準が低い」「無医地区でない」「介護保健施設が充実している」などもある。さらに、「演劇やコンサート施設がある」「医療機関が充実している」「買い物が便利だ」「スポーツ・娯楽施設が多い」「歴史・文化度が高い」などという選択肢も重要かもしれない。団塊シニア世代が自然や農作業ばかりを好むとは限らないからだ。

　「地方自治体の行政サービスのよさ」の満足度が、下から２番目と低いのは気になるところか。この項目で最も高い満足度を得たのは「北海道」42.1％、最低は「中国」で30.1％だった。不満ということは、住民がいかに自治体の効果的な施策に期待しているかということの裏返しでもある。そう考えれば、自治体がサービスの質を改善したり、独自のサービスを提供することができて、それを効果的にアピールすれば、好印象に転換できるということだ。

　北国に住む人の満足度が高かったというアンケート結果で思い出したのがイメージ戦略だ。北国のイメージは、日本人の心情に訴えかけるものがあるという。演歌の世界では、圧倒的に北を目指す歌が多いと聞いた。最近はその逆で、沖縄にも人気が集中しており、暖かい地方を好む傾向が出てきた。人気の地域は北の北海道、または南の沖縄と、両極端の場所。どちらも地域の特性を理解しやすく、リゾートとしてのイメージもある。

　自治体にとっても、イメージ戦略は非常に重要な要素だ。団塊シニア世代に向けて、わが町はどのようなイメージ戦略でいくか。それをどのような手段で訴えていくか。一度、考えてみてもいいのではないだろうか。

❷ 団塊世代争奪戦と地域回帰推進事業

❖ 団塊世代の影響力「経済への波及効果」

　自治体の団塊世代対策は大きく分けて2種類ある。ひとつは移住・定住促進事業、もうひとつは住民への地域回帰推進事業だ。移住・定住促進事業は幅広い年代が対象だが、地域回帰推進事業の主要な対象はリタイアした世代である。

　2007年以前、特に2006年あたりまでは、自治体の積極的な移住・定住促進事業が話題を集めていた。しかし、その後は、主に都市部の自治体の地域回帰推進事業が目立つようになってきた。移住・定住促進事業がなくなったということではないが、団塊世代だけに過度の期待をせず、若年層を含めた幅広い対象に戻ったということだろう。

　団塊世代の移住・定住に力を入れる理由のひとつは経済への波及効果である。北海道「北の大地への移住促進戦略会議」は、2007年から2009年までの3年間に、毎年1000世帯ずつ、合計3000世帯の60歳夫婦二人世帯（高齢者無職世帯）が移住した場合、生涯にわたる波及効果は5700億円（当初3年間では約800億円）になるという試算を行った。社会保障費に関しては約1200億円（当初3年間では約55億円）。高齢化で生じる負担を考えても、経済効果は大きいという結論である。

　北海道ばかりではない。2006年から2007年にかけて、わが県・市・町への団塊世代の経済波及効果を試算した地域はたくさんある。以下、ピックアップしてみた。

◇財団法人えひめ地域政策研究センター

1年目の2007年に100世帯、2年目と3年目には200世帯、合計500世帯・1000人の団塊夫婦世帯が移住した場合、初年度の転入者が90歳に達するまでを試算。その結果、総額500億円、1世帯当たり1億円の効果、さらに、軽作業や社会活動を行った場合の消費支出、子や孫が訪問することによる消費支出が加わると計算。

◇財団法人ながさき地域政策研究所

長崎県への60歳人口の自然な転入傾向を基にした「A」と、UIターン促進政策を行った場合の「B」の2種類を算出。「A」の場合は年間150世帯300人転入で485億6000万円。「B」は年間200世帯400人転入で647億1000万円と計算。

◇和歌山県

2007年からの3年間で計500世帯1000人が移住してくると考え、経済波及効果を730億円、医療費負担などの公的負担を150億円と計算。

◇青森県

2007年から2016年までの10年間で合計5000世帯1万人が移住するとして、経済波及効果5600億円、医療費負担などの公的負担330億円と算出。

◇茨城県

350世帯700人が週に2日間を過ごす交流・二地域居住を開始して、10年後にその半数が移住。さらに別途、毎年50世帯が移住してくると仮定して、経済波及効果552億円、公的負担12億円と見積もった。

◇徳島県

　最小502世帯、最大1184世帯が移住してくると予想。最小の場合は波及効果513億円で公的負担が56億円、最大の場合は波及効果1205億円、公的負担131億円とした。

◇山梨市

　土地と住宅を購入して補修する場合、土地を購入して新築する場合、住宅を賃借して補修する場合など、いくつかのパターンに分けて計算している。

　日本全体としては、電通が2006年に試算した「団塊世代の退職による消費経済波及効果」がある。この報告では、直接的な消費押上効果は7兆7762億円、波及効果全体は15兆3233億円。そのうち移住に関連ある住み替えやリフォームなどの不動産関連だけで4兆円と、消費押上効果の半分を占めるとの予想をしている。

　これらの試算が合っているかどうかは、まだ分からない。2010年以降に、これらの数字の実態が次第に明らかになっていく。おそらく期待どおりにいってはいないと思われるが、その結果がどの程度のものなのか、ぜひとも知りたいところである。

プラス 財政白書づくりに熱心に取り組むシニア
東京多摩地区、山梨県大月市、高知県安芸市などでも

　市民による財政白書づくりが全国で始まっている。市民講座などで財政問題を学んだシニア層が熱心に取り組むケースが多い。自治体の税金の使い方を監視する人たちを市民オンブズマンという。「全国市民オンブズマン連絡協議会」も組織されており、約6000人が加入している。背景には夕張市の財政破綻があるといわれている。

　『日経グローカル』2009年4月20日号には、4ページにわたり、市民による財政白書づくりの記事が掲載されている。それによれば、先駆けは1991年に始めた東京都八王子市。その後、日野市、国立市、多摩市、狛江市、町田市、東村山市、昭島市、西東京市など、周辺の多摩地区に広がった。現在は全国に波及し、札幌市や山梨県大月市、石川県加賀市、千葉県鎌ヶ谷市、高知県安芸市などでも行われている。

　白書は100ページ以上の大作が多く、書店での販売も行っているところもある。2009年には、東京都国分寺市で発表会や講演会などを行う「市民による財政白書　完成・出版のつどい」が開催された。

　このような会で活躍するのは、元銀行員や企業の経理出身などのシニアが多い。地域社会への恩返しという意味で取り組む場合もあるだろうが、なによりも、もしも、わが町の財政が破綻という事態になっては、老後の生活設計に影響する。関心が高くなるのは当然だ。これからも参加者は増えるだろう。

◆ 移住・定住促進プログラム〈北海道の場合〉

◆「オール北海道」としての取り組み

　団塊世代が実際に移住してきてくれないことには、経済波及効果も皮算用でしかない。そこで、2006年ころから、地方の自治体は盛んに各種の移住促進策を開始した。熱心な自治体が最初に行うのが、首都圏に暮らす地元出身の団塊世代を対象にしたアンケートだ。

　団塊世代をターゲットにした移住促進事業に積極的に取り組んだのは北海道。東京、大阪、名古屋などに住む50〜60代の1万人を対象にして調査し、「首都圏等からの北海道への移住に関する意識調査報告書」を公表した。そして、回答者の7割が「関心を持っている」という結論を導き出した（図表5）。先に紹介した経済波及効果も、このアンケートを土台に算出したものである。

　これを基に、意欲的に団塊世代移住促進策を展開し、キャンペーンやプロモーションを継続展開している。まずは北海道を例に、移住促進事業の様々な取り組みをピックアップしてみよう。

　北海道の特徴は、各自治体が個別に対応するのではなく、「オール北海道」としての体制を整えたことだ。その基盤となったのは、道内の市町村が集まった「北海道移住促進協議会」。現在では80以上の市町村が参加し、共同で活動をしている。また、民間との連携も強化し、ＮＰＯ法人「住んでみたい北海道」推進会議を立ち上げた。参加企業は協賛企業・団体を合わせて240以上になる。

　移住促進策の目玉は、体験型のプログラムだ。その名称は「北海道ちょっと暮らし」。移住希望者からの関心が高い北海道でも、実際に暮らすとなれば、不安もあってなかなか実際の行動には結び付かない。そこで、"ちょっと暮らし"という呼び掛けでハードルを低くし、各市町村に体験の場を用意した。

　とりあえず住んでみたい、複数の市町村を試したいという利用者のニーズに合わせて、戸建、マンションやホテルなど、長期滞在で

第２章　行政の団塊世代対策

図表５　大都市圏以外と北海道への移住の意向

① 大都市圏以外への移住の意向
首都圏を中心とした方の約５割が移住に前向きな意識をもっている。
（季節移住も含めると７割）

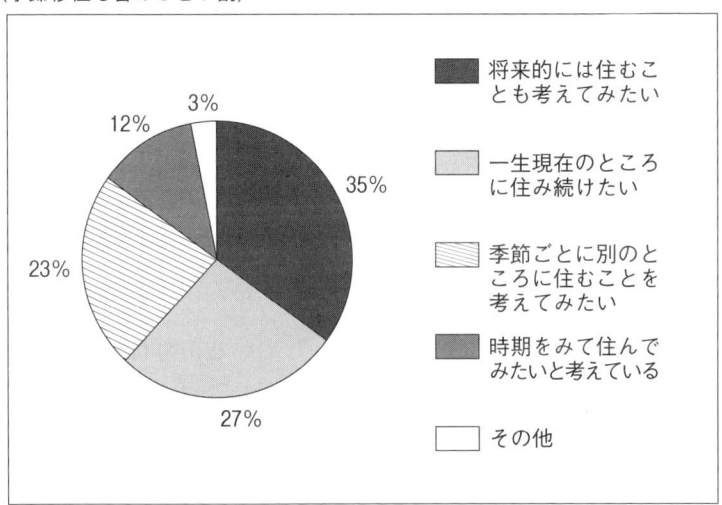

- 将来的には住むことも考えてみたい：35%
- 一生現在のところに住み続けたい：27%
- 季節ごとに別のところに住むことを考えてみたい：23%
- 時期をみて住んでみたいと考えている：12%
- その他：3%

② 北海道への移住の意向
「北海道に住んでみたい」「北海道に一時的に住んでみたい」を合わせると約５割が北海道への移住を前向きに考えている。
「北海道に住んでみたい」だけでも１割に達する。

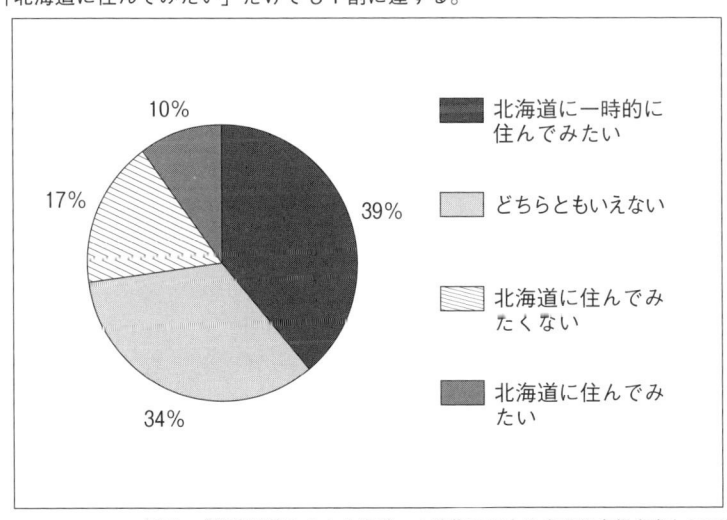

- 北海道に一時的に住んでみたい：39%
- どちらともいえない：34%
- 北海道に住んでみたくない：17%
- 北海道に住んでみたい：10%

（出典：「首都圏等からの北海道への移住に関する意識調査報告書」2005年）

きる様々なスタイルの体験施設を用意し、2008年までに800人以上が利用した。首都圏での説明会も頻繁に行っており、大阪では、定期的に開催している。

問い合わせや相談への対応策としては、「北海道移住交流総合案内窓口」を設けている。さらに、参加市町村それぞれに専用の「市町村ワンストップ窓口」を設置し、あらゆる相談に対応できる体制を整えている。函館に近い厚沢部町では、町100％出資の「素敵な過疎づくり株式会社」を設立し、ホームページも作成して、独自の取り組みを行っている。

また、「ちょっと暮らし　ちょっとワーク」として、特定のスキルを持った人と、そのスキルを必要としている市町村のマッチングシステムも始めた。農産品の加工品製造のアドバイスができる人、販売ルートの開拓ができる人、雪山散策の技術を持っていて新たな冬の楽しみ方のアドバイスができる人、ヨガの資格がある人といった具合。

そもそも移住した後、そこで何をするかがリタイア世代にとっては非常に重要。したいことも農作業ばかりではないはずで、地域への貢献的な仕事もあっていい。例えば、地元の学校のパソコン授業でサポーターをする、会社経験を生かして地元企業で若手社員研修の講師をする、など。リタイア世代ならではの活躍の場を創り出すことができれば、関心は高くなる。この取り組みは、始まったばかりのようだが、その効果と成果に注目したい。

◆**熱心なプロモーション活動**

いくらいい取り組みを作っても、ターゲットとなる団塊世代に知ってもらわなければ意味がない。そこで、団塊世代の60％以上が住む首都圏などでのプロモーション活動が重要となる。北海道は首都圏で開催されるイベントに積極的に参加している。例えば、「ふるさと回帰フェア」（ＮＰＯ法人ふるさと回帰支援センター主催）、

「海外ロングステイ　国内デュアルライフフェア」（財団法人 ロングステイ財団、日本経済新聞社主催）、「新・農業人フェア」（全国新規就農相談センター主催）、「アクティブシニアフェア」（中日新聞社主催）など。百貨店の北海道物産展には「移住相談コーナー」を置く。

　プロモーション活動は、上記のような既成のイベントだけではない。北海道と関連団体が連携して「北海道暮らしフェア」を毎年、東京、大阪、名古屋で開催している。独自のイベントが開催できるのは、オール北海道ならではのスケールメリットである。

　北海道での成功例として有名なのは、伊達市だ。伊達市のキャッチフレーズは「北の湘南」。首都圏の人たちに分かりやすく、効果的なキャッチフレーズだ。伊達市は北海道の中でも比較的温暖な気候ということもあり、もともと道内では移住先として人気があったという。なぜか教師OBの移住者が多いのも、そうしたクチコミ効果ではないかといわれている。

　その伊達市が、県外の中高年を対象に移住・定住に本格的に乗り出したのは2003年と早い。「ウェルシーランド構想」を打ち上げ、市民農園を併設した住宅地「田園せきない」の分譲に取り組んだ。これは、市有地を地元企業に譲渡し、住宅を建設した企業が移住希望者に販売するという方法。官民一体型の取り組みといえる。

　伊達市は、新千歳空港からJRで1時間ほどのところにあるので、首都圏にある自宅と行き来したり、子供世代や友人が訪問しやすい。また、函館と札幌まで電車を使っても2時間以内で行くことができるため、ときには都会的な雰囲気を味わえることも有利な条件といえるだろう。

　北海道内では、標津町（しべつ）が移住者に無償で土地を提供すると発表して話題になった。2006年からスタートしたプロジェクトで、3年以内に住宅を建設し、標津町に住めば、1区画当たり120坪から140坪（320～390万円相当）の区画を無償で分譲するというもの。この定

住促進団地は2007年に「美郷団地」という名称となり、現在も分譲中である。

　標津町の人口は6000人弱。2009年には、さらなる定住促進策として、旧教職員住宅3棟にユニットバス、システムキッチン、簡易水洗トイレ、ウッドデッキなど整備し、居住者を募集している。2LDKで、賃貸料は1万5000円から2万円。

　先に紹介した厚沢部町のキャッチフレーズは「世界一素敵な過疎の町を目指す！」。マイナス要素を逆手に取った、思い切ったネーミングには意気込みが感じられる。人口は約4700人。住宅を新築購入した場合は50万円、その施工を厚沢部町の業者に依頼した場合は50万円を追加支給するという持家建設促進奨励金制度を設けている。さらに、老人世帯と同居すると30万円追加。2010年まで実施している。

◆ 移住・定住促進プログラム 〈特色ある取り組み〉

◆移住促進専門組織の設立と出身者へのアンケート

　資金的、物理的な支援だけで人は集まらない。その地域に関心を持ってもらうための魅力的な要素や施策がなくてはならない。

　愛媛県は、団塊世代の大量退職を契機として、定住拡大だけでなく、中・長期滞在なども視野に入れた総合的な移住・交流促進の取り組みを進めている。「えひめ移住交流促進協議会」を設置し、移住希望者に移住先の斡旋や市町の取り組みに対する指導助言を行う「愛媛ふるさと暮らし応援センター」を開設した。また、移住支援ポータルサイト「e移住」をオープン、各市町に「移住者支援チーム」を置き、空き家情報バンクを整備した。移住者誘致リーフレットやWebサイトでは移住者の体験談や本音も読める。

　このような移住交流推進の専門部隊の組織化、相談窓口の設置と情報提供、専用ポータルサイトの開設、リーフレット・パンフレッ

ト作成などは、多くの自治体が取り組む際の基本的な支援策だといえる。

　福島県は、「ふくしまふるさと暮らし情報センター」を東京・東銀座に開いた。福島県はほかにも、団塊の世代や現役世代の大都市住民に定住・二地域居住を誘導するため、福島に関心を持つ人たちの会員組織「ふくしまファンクラブ」を運営し、情報提供を行っている。

　島根県も「ふるさと島根定住財団」を設立し、早くから取り組んだ県だ。ユニークな取り組みとして知られているのは、2005年、県外に住む県出身者2万人に、知事自ら手紙を送ったこと。ふるさと島根へ帰ってきてほしいという思いを直接伝えるとともに、Uターンの意思があるかどうかのアンケートを実施した。

　その結果、1割強の2100人（50代29.9％、60代以上64.5％）から回答があり、団塊世代を含む50代以下の4割から「関心を持っている」という回答を得た。また、2007年にも同様の取り組みを行い、このときも約3割からUターンに関心があるという回答が寄せられている。これらのデータを基に、仕事、住まいなど、定住に関する相談に応じるサービスを開始した。

　また、将来、島根へのUターン、Iターンを考えてもらうために「ふるさと情報登録制度」を設け、氏名、住所などをデータベース化し、島根の情報誌を定期的に郵送している。

　室蘭市も市出身の団塊世代を対象に、Uターン促進を図るための取り組みを行った。市内の高校同窓会と共同で「ふるさと室蘭そよ風メール」を郵送し、室蘭の近況や移住についての情報を提供する。定期的に情報が届き、ふと思い出す。こうした地道な取り組みが、案外、実を結ぶのだろう。

　長野県飯山市は「ふるさと回帰支援センター」を設け、一時滞在の「すこしだけいいやま」、長期滞在の「たっぷりいいやま」、定住の「ずっといいやま」の3つのパターンに分けて、支援策を組んで

いる。

「すこしだけいいやま」は、「飯山まなび塾」と「百姓塾」の二つのプログラムからなる。「飯山まなび塾」は、年に4回開催される体験メニュー。春は山菜・アスパラ採りと田植え、夏はそば撒き・夏野菜収穫、秋は干し柿・きのこ採り、冬はそば打ち・かまくらなど、季節ごとの飯山を体験できる。

「百姓塾」は、文字どおり農業体験で、5月から11月までの7回実施される連続講座。"田畑を耕し、植え付け、草取り・草刈り、収穫といった行程を体験して、農業の楽しさ・大変さ・喜びを実感"してもらう。

「たっぷりいいやま」には、1泊3000円からの農家民宿素泊まり、コンドミニアム型滞在、1か月から滞在できる「お試し田舎暮らし体験ハウス」などが用意されている。「ずっといいやま」には、空き家バンク、空き家物件見学会、最高150万円までを援助する移住定住住宅建設支援のほかに、地元の建設業者を利用すれば2000万円で土地と家を手に入れられる住宅建設プランなどもある。

3パターンに分けたことで飯山市の支援内容が分かりやすくなり、希望者は自分の状況に合わせた選択がしやすい。また、気軽に問い合せできそうだという印象にもつながる。どうしたら分かりやすく行政の意図を伝えることができるかを考えることは重要で、施策を列挙するだけではアピールしない。最近、そのようなキメの細かい工夫をする自治体が増えているようだ。

◆田舎暮らし案内人

長野県は、田舎暮らし「楽園信州」推進協議会を設け、団塊の世代をはじめとする都市圏生活者をターゲットにした活動を行っている。特徴は「田舎暮らし案内人」を認定して、どんな質問や相談にも応じるマンツーマンの体制をとっていること。Webサイトには「案内人のご紹介」として、担当者の氏名、年齢、写真を掲載して

いる。

　福島県も地域と移住者を結ぶ「ふるさと暮らし案内人」制度を設け、地元の農業従事者などを案内人として認定している。認定されている人の顔写真やプロフィールをWebサイトに掲載、活動の様子は紹介ビデオなどで見ることができる。

　ワンストップサービスを掲げる自治体は多いが、ほとんどは部署名や電話番号のみ。長野県や福島県のように、担当者の顔の見える対応は、相手に安心感と親近感を与え、親しみが持てる。どちらも全員が男性のようだが、地元のおかあさん的な女性の案内人がいてもいいかもしれない。

　和歌山県ふるさと定住センターは、定住を考えている人を対象とした田舎暮らし生活体験研修に絞った活動を展開している。支援サービスはあれもこれもと拡大する方向にあり、実は分かりにくくなっている。どれかに絞ってアピールするのもひとつの方法だ。ひとつに絞るといっても、実際に始まれば、活動は結局多岐にわたる。入口を分かりやすくするということだ。

　和歌山の研修には、「農山村体験研修」と「田舎暮らしサポート研修」の2コースがある。「農山村体験研修」は、山村生活の疑似体験を通じて定住のためのアドバイスを提供する入門コース。

　一方、「田舎暮らしサポート研修」には、作物の定植（種まき）から収穫までの一連の作業を体験する「ビギナーズファームコース」、農産物の加工や細工技術を体験する「田舎の知恵習得コース」、そして、すでに定住している人に生活技術習得のための研修を行う「農的田舎暮らし実践コース」の3つがある。定住後のサポートにも力を入れていることをアピールするのは重要なポイントだ。いずれも受講料は無料で、交通費、宿泊代、食事代などは自己負担となる。

移住・定住促進プログラム
〈空き家バンク〉

　定住する人向けの土地提供や住宅資金補助などの支援は、多くの自治体で行っている。富山県射水市は、市が指定する住宅団地に宅地を購入し、購入から１年以内に住宅を新築した人には60万円を上限とした助成金を３年間交付する。また、市内に自ら居住するための住宅を新築・購入した人には、1500万円までの住宅購入資金を融資する。

　徳島県美波町は、U・J・Iターン者が移住して空き家を改修する場合、工事費の３分の２、上限200万円を補助する。ほかにも自治体独自の基準で策定された支援策がいろいろある。ふるさとに帰りたくなったときに、こうした支援策があれば、背中を押す効果はあるだろう。

　その際の住まい物件探しに関して、自治体が行う活動に「空き家バンク」がある。「空き家バンク」は、不動産業者などが活動していない過疎地とか、商売になりにくいので民間が手がけない空き家を賃貸・売買物件として紹介する自治体の事業。移住定住促進策として昔からあったようだが、ここ数年、真剣に取り組む自治体が増えてきた。

　自治体は、まず地元の所有者に呼び掛けて、空き家情報を提供してもらい、その情報をホームページなどに掲載して、利用希望者を募る。希望者は、氏名、年齢、家族構成、勤務先、利用目的、定住か短期滞在か、その土地を選んだ理由などの情報を事前に登録申請する。登録しないと、詳細情報を見ることができない。自治体は登録の確認後、審査委員会などで内容を協議し、受け入れに問題ないと判断すれば、所有者と希望者の橋渡しを行う。自治体は具体的な交渉には関与せず、当事者間での話し合いに委ねるのが一般的。

　その後の契約までに至る方法には２種類のやり方がある。ひとつは所有者と希望者が直接交渉するもの。自治体によっては、役場の

職員が物件まで案内し、現地の状況を説明したり、リフォーム業者なども紹介してくれることがあるが、契約内容には関わらない。

　2つ目は、地元の宅建業者や不動産業者に委託して仲介してもらう方法。業者への連絡までは自治体が行い、以後の所有者と希望者との連絡や交渉はすべて業者を介して行われる。行政による地元企業活用策ともなっている。

　問題は、どこの自治体が「空き家バンク」を採用しているかが、利用者には分かりにくいことだ。ただ、最近では、移住・交流推進機構（ＪＯＩＮ）がWebサイトで「空き家バンクとは何か」、「先進的な空き家バンク事例」、各地域の住まい物件情報などを提供している。また、総務省の外郭団体が運営する「全国田舎暮らしガイド」のサイトにも空き家バンクの情報が掲載されている。

　雑誌『田舎暮らしの本』（宝島社）も「全国の空き家バンク物件紹介」といった特集をしている。同誌の2010年１月号には全国の自治体「空き家バンク」が扱う約1200軒（売り家・賃貸合計）が掲載されていた。なかなかの数である。

　同誌によれば、「空き家バンク」を展開する市町村が最も多いのは山口県で65％、以下、福井、島根、鳥取が50％を超えている。物件数が最も多かったのは島根（122件）、以下、長野、北海道、山口、富山の順となった。このあたりが、「空き家バンク」を利用した定住促進に熱心な県といえるだろう。

　積極的に展開している島根県で探してみると、確かに、大山町（だいせん）、石美町、北栄町、日南町などで、空き家情報が公開されていた。北栄町では、空き家提供者と移住者の双方に移住奨励金20万円を用意しているという。

　移住希望者にすれば、自治体が紹介元なら何より安心だし、地元の様々な情報も得やすい。自治体にとっても、事前の登録制度があることで、単なる安易な田舎の物件探しとは違う質の高い移住希望者を選べるというメリットがある。

しかし、いろいろと問題もありそうだ。細かい事前登録手続きをしなければ詳細を知ることができないが、利用者は、家賃や販売価格などの物件詳細を知って、比較検討し、ある程度めどをつけてから動きたいと思うだろう。また、今現在、どこの自治体に物件があるのかがつかみにくい。全国の「空き家バンク」一覧のようなものがインターネットなどで常時公開されていれば、便利なのではないだろうか。

◆民間活用で自治体の負担軽減を

　一方、手がけている自治体にとっても、決して楽な事業ではないようだ。岡山県吉備中央町のサイトに、町民に向けた「空き家情報提供のお願い」という一文があった。少し長いが、この中から行政の意図や熱意、問題点などが読み取れるので引用させていただく。

> 　町では、まちづくりの人材確保対策と過疎対策の一環として、町民皆様のご協力をいただき「空き家情報の収集と提供」を行っています。
> 　吉備中央町は豊かな自然と温かい人情や思いやりの心が溢れる町であることから、団塊の世代を中心に空き家情報の問い合わせがたくさんあります。
> 　空き家はあっても、貸してもよいという情報はなく、これまで情報提供はできませんでした。そこで、町が窓口になり、空き家情報の収集、提供を行うことにしました。
> 　町では、この事業に取り組むに際し、ただ単に、定住を促進し、人を増やすのではなく、地域を支える、地域に必要な人材の確保を考えています。定住を促進する中で、地域の医療や福祉、まちづくりなどのあらゆる分野でのエキスパートの方を求めたいと思います。
> 　田舎暮らしを希望する団塊の世代の方の中には、色々な方が

> おられ、また、お元気で地域づくりに力を貸してくださる方がおられると思います。
> 　今後一層、人口の減少、高齢化が進展する中、地域でお互いに協力して、いかに豊かに暮らせるかが今後の大きな課題と言えます。
> 　ただ、定住したいという方ではなく、空き家周辺の状況や地域コミュニティの状況等を見て体験した上で、本当に地域に馴染み、がんばっていただけると思われる方にお貸しするよう努めたいと思います。
> 　空き家といえども所有者の貴重な財産であり、所有者以外のものが干渉する問題ではないと思われるかもしれません。しかし、新しい風が入ることにより、地域の人口が増えるばかりでなく、活気が出ます。また、周辺の景観もよくなると思えます。地域（ふるさと）を守り続けるという視点でのご協力をお願いします。

　この文章からは、町の維持・発展のために物件を提供してほしいという自治体の切なる願いが読み取れる。確かに、物件がなくてはこのシステムは機能しない。では、空き家などたくさんありそうな田舎で、なぜ、これほどお願いしなければならないのか。

　空き家バンクで扱う物件は、特に賃貸の場合、賃貸料が安く、あまり儲かるビジネスとはいえない。家主はたいして儲からないことに手間暇をかけたくないし、売ったり貸したりしなくても、当面困ることはない。だから、自ら手を挙げて物件を提供してくれる所有者は少ないのが現状だ。

　『田舎暮らしの本』の調査によれば、空き家バンク売家の平均販売価格は、最も安い三重県で100万円、高い物でも800万円以下。貸家にいたっては、島根県の平均家賃が月額1万1600円、以下、奈良県が1万5000円、鹿児島が1万8300円である。そういう状況で所有

者を動かすためは、自治体の担当者が直接会って趣旨を説明し、理解を得るしかない。担当者にとっては、なかなか厳しい仕事だといえる。

　しかし、それでも「空き家バンク」に取り組むのは"ふるさとを守り続けるという視点"があるからだ。そして、できれば、ふるさとの発展のために、"地域の医療や福祉、まちづくりなどのあらゆる分野でのエキスパートの方を求めたい"からでもある。だから、前述した島根県北栄町は、借りる人だけでなく、空き家提供者にも20万円の奨励金を出すことにしたのだろう。

　しかし、こうした自治体の努力にもかかわらず、「空き家バンク」があることは、あまり知られていない。自治体は、利益を追求しているわけではないので、それでもいいのかもしれない。ただ、将来につながるロングステイを期待するのであれば、世間一般に広く知らせ、興味のある人たちにそういう方法があるということを理解してもらう必要がある。登録制度ももう少し柔軟な対応を考える余地がありそうだ。

　ところで、このような事業にこそ、団塊・シニア世代の移住希望者の力を活用したいものだ。定年を契機に、資格をとる団塊世代は増えている。人気資格は第1章でも紹介したように、ファイナンシャルプランナー、社会保険労務士、マンション管理士などである。もうひとつ追加するとしたら、宅地建物取引主任者の資格も人気だ。お金と不動産に関する資格を持っているリタイア世代が多いのだから、そうした人たちに活躍してもらい、NPOを組織して、コミュニティビジネスとして展開することもできるのではないか。

　利益が薄いビジネスに、民間の不動産業者は協力しにくい。今、仲介業者として委託されている不動産業者や宅建業者も、おそらくは自治体からの協力依頼ということで、ボランティア精神を発揮してやっているのではないだろうか。

　ならば、いっそのこと、地域における「空き家バンク」全体をN

POなど市民グループに委託して運営したほうがいい。自治体の担当者が汗水たらして不動産を探しまわり、借り手に対応するよりも、元気でやる気のある団塊世代あたりの移住者を地域に呼び込んで、地域活性化に活用したほうが得策だという気がする。それは働く場の提供にもつながる。

　実際、そうした例が誕生した。広島県尾道市は空き家物件の新規登録がうまくいかないので、2009年にまちおこしで実績のあるNPO法人「尾道空き家再生プロジェクト」に運営を委託。新たに50件以上の空き家物件が集まり、成約も始まっているという。

移住・定住促進プログラム〈働く場の提供〉

◆なぜこの場所を選ぶのか

　移住促進策のひとつとして就職支援がある。例えば、「ふるさと島根定住財団」では、県外から島根県へのUターン・Iターン就職を考えている人と島根県内の企業との仲介役として、無料職業紹介を行っている。ただ、これは主に若い層のための取り組みだろう。リタイア組が移住して再就職できると思われたのでは、自治体も大変だ。団塊世代に向けてのアピールは、職業紹介ではなく、今まで培った能力や経験を活用できる可能性と場所を提供することである。

　団塊ブームのころ、中高年移住者の就職斡旋で話題になった自治体がある。この村は、前村長が大規模に開発した土地が売れず、膨大な借金を抱えていた。そこで、都会の中高年世代を呼び込んで住宅地として分譲するという策を打ち出した。村長自ら、地元企業に就職を斡旋したり、首都圏への通勤定期代を3年間補助するというプログラムを発表し、注目を浴びた。

　この取り組みを紹介したテレビ番組を見たことがある。就職斡旋を期待した50代後半の男性は、土地を買い、家もすでに完成させ

た。しかし、地元企業への就職がなかなか決まらない。最後に、村の支援で食品会社に就職がかない、移住はひとまず成功という内容だった。

　しかし、この話にはたくさんの疑問点がある。この村は移住者に何を期待しているのだろう。村にとっては、土地が売れて、住民が増えて、税収が増えることはいいことに違いない。しかし、その後に何があるのか。数合わせだけになってしまっていいのか。移住促進の目玉が再就職先の紹介というのもどうなのだろう。もともと地方には、再就職可能な企業は少ないのだから、このプランが継続可能とは思えない。

　一方、移住者もこの村に何を求めているのだろうか。そもそも、なぜ、この村に住みたいのかがよく分からない。村が斡旋をしてくれるので楽に就職先がみつかると思ったのか。それでは単なる"転職と引越"だ。そんな人が、この村で地域に溶け込んで、満足できるセカンドライフの田舎暮らしが可能なのだろうか。

　移住する人にとっての理想は、単なる田舎暮らしではなくて、個々の持つ能力や経験を基に、自分なりの夢をその地で実現することだろう。そういう人材に来てもらうには、そのためのプログラム作りが必要だ。リタイア後のゆるやかな起業への支援策、地元サポーターの育成、地域の大学との連携による活動など、地域特性を活かした受け入れ策が不可欠となる。

　最近は、リタイア後の生きがい探しのために、ボランティア情報を提供していますという自治体も増えてきた。しかし、もう一歩進んだ取り組みがほしい。例えば、「わが町ではこんな活動や対策が求められている。ついては、こういう能力があれば、わが町はあなたの活躍やいきがいの場となる可能性があります」というアピールをする自治体はまだあまりない。

　地域の変革には、「よそ者、ばか者、若者」が必要だといわれる。この3要素に共通するのは、異なった発想とそれによる刺激の

取り込み、それによる変化である。行政の発想は、すぐに優遇措置という資金援助的な方向に行きがちだ。団塊シニア世代に向けてはことさら、金銭的な支援だけでなく、この地をなぜ選ぶかという動機付けが必要だ。その要素をいかに整えられるかが重要なのである。

◆中高年にも関心の高い「ワーキングホリデー」

　さて、地域で働く場を見つけるといえば、「ワーキングホリデー」という方法がある。以前はワーキングホリデーといえば、若者が数年間海外に滞在し、働きながら見聞を広め、語学を身に付けるためのものという印象が強かった。最近では、国内の田舎にも広がり、さらに中高年層にまで利用が拡大している。

　国内ワーキングホリデーは、農業に取り組んでみたい人や農家での暮らしを体感してみたい人と、農繁期の手助けを必要としている農家を結びつける制度だ。一定期間、あるいは週末などに農家などに滞在し、基本的には無償ボランティアとして農作業を手伝う。交通費などは自前だが、食事と宿泊は農家が提供する。中には、時給などが決まっていて、報酬を得ることができるものもある。

　最も熱心に展開しているのが長野県飯田市の「ワーキングホリデー飯田」。1997年から取り組んでいる。参加希望者は、まずインターネット、ＦＡＸ、郵送のいずれかで登録する。2010年1月現在の登録数は、参加登録が約1600名、受入農家は約100戸。実績の方は、2009年度を例にとると、参加者延べ468名、受入農家数延べ342戸となっていた。

　長野県の特徴として果樹栽培の仕事が多く、実施期間は4、5月の植付や受粉期、10、11月の収穫時期に集中している。滞在日数は基本的に3泊4日。農作業がある場合に限り、最大1か月まで受け入れている。参加者全員にボランティア保険を適用し、制度もしっかりしているようだ。

飯田市の場合、参加者は各年代に散らばっているが、50代、60代の参加者も少なくない。もちろんワーキングホリデー参加者の定住・就農も視野に入れており、農家と参加者の交流会や相談会なども開催している。

　短期間であっても、一度でも宿泊して農作業を手伝った地域への愛着はひとしおだ。都会に帰ってから、その体験は必ず周りの友人・知人に話す。地域のＰＲ効果、クチコミ効果もあるだろう。

　ほかにも自治体が手掛けるワーキングホリデーとしては、福島県「ツーリズムワーキングホリデー in 福島」、山形県「やまがた農業ワーキングホリデー」、和歌山県「田舎暮らしワーキングホリデー in 和歌山」、おばあちゃんの葉っぱビジネスで有名な徳島県の「上勝町ワーキングホリデー」などがある。これだけ農業体験を好む中高年が増えているのだから、もっと中高年向けのワーキングホリデー・プログラムが増えてもいいように思う。

❖ 都市型農園の充実拡大

　地方での体験型滞在といえば、ワーキングホリデーのような農業体験が中心だ。一方、住民に出て行ってほしくない都市圏の自治体でも、「**農作業には興味があるが、住み慣れた土地から離れたくない**」と思う人や、「**田舎に溶け込む自信がない**」と不安な人に向けた農業体験の取り組みを始めている。

　それは市民農園、レジャー農園、ふれあい体験農園などと呼ばれるものだ。このようなサービスは以前からあったが、最近は、都心に近い農地を貸し出す方法も始まり、手軽に始められる市民農園や区民農園などが充実してきた。都道府県・市町村などの自治体、農業団体、ＮＰＯ、個人農家など運営母体が多様化し、利用も拡大している。

今、全国にある市民農園の数は3000を超えているという。個人開設の市民農園を含めれば6000以上あるといわれ、その半数以上が関東地方に存在する。都市近郊での農業体験の機会はさらに拡大しているといっていいだろう。

市民農園は、農地を所有して作物を作ってみたいが、出荷するなどという大それたことは考えていない——という人のプチ農業願望に合致する。自分や家族、友人・知人で楽しむためのレクリエーションとしての傾向が強い農作業だ。とはいえ、こうした傾向は遊休化した農地の利用や農業への理解を深めるなど、提供者側にもメリットを生み出している。そのため、農林水産省は、「市民農園整備促進法」を制定して、市民農園の普及と活用、整備に力を注いでいる。

ということは、農作業体験はいまや都会でも十分できるということだ。だから、今後、地方が農業や農作業をキーワードに人を呼び込みたいと思ったら、都市型農業とは違う、本格的な農業就業や地域のオリジナリティを出す必要があるだろう。

市民農園の形態には、自宅から通って利用する「日帰り型」と、農村に滞在しながら農園を契約利用する「滞在型」の2つがある。当然ながら、日帰り型では通うのが便利なように、自宅のある地域か、その近くに借りることになる。

東京23区では、練馬区が熱心に都市型農園を展開している。「南大泉やさい村」「楽農くらぶ」「百匁の里」「井頭体験農園」「どろんこ・わぁるど」をはじめとして、多くの体験農園がある。世田谷区にも「羽根木農園」「千歳台体験農園」、杉並区には「ファーム荻窪」などがある。このあたりは、もとは東京区部でも農地の多かったところ。年間を通して、東京では貴重な存在の都市型農家から指導を受けることができるうえに、年間使用料は3〜4万円と手ごろなので人気がある。

さらに、ユニークな農業体験を提供しているのが、江戸川区だ。農家の指導を受けながら、特産の江戸川小松菜の栽培を通じて、農業を学ぶ体験農場「ファーマーズクラブ東葛西」を2009年に開設した。区内の農家から無償で借り受けた農地を1区画40平方メートル程度（平均的な区民農園の3倍近く）に分け、50区画を用意した。小松菜やトマトなど、育てる野菜を指定し、農家の指導も受けられる。種、苗、肥料、農機具の貸出料、水道代などを含んで、利用料は年間5万円。

　神奈川県では、荒れた農地を復元して都市住民に貸し出す「中高年ホームファーマー制度」が2003年から始まった。耕作する見込みのない耕作放棄地を県が農家から借り受けて整備し、希望者に貸し出す制度だ。市民農園と違うのは、専門家の指導のもと、通常の市民農園の10倍はある100〜500平方メートルもの広い耕作地で本格的に農作業に携われることである。

　参加費は1区画当たり、農園使用料や研修教材費などを含めて年間1万5000円。ほかに、種や苗、肥料代などが年間10〜20万円ほど。この金額で本物の農業体験ができるなら、安いものである。ただし、初年度参加者100人のうち25人が脱落したというから、やはり本格的な農業となれば、生半可な気持ちで取り組めるものではないようだ。

❖ 滞在型市民農園「クラインガルテン」

　都会人向けにはもうすこし気軽な農作業体験もある。滞在型市民農園といわれる「クラインガルテン」である。発祥はドイツで、クラインガルテンは「小さな庭」という意味のドイツ語。日本では1990年代から各地で展開されるようになった。

　クラインガルテンにはラウベと呼ばれる宿泊施設と農園がセットになっていて借主が専用で利用できるものと、宿泊棟を共同使用す

る形式の2種類がある。宿泊施設は、キッチン・バス・トイレ付き。棚田を提供するところもある。

　年間利用料は平均40〜50万円で、別荘を借りるよりも安くすむため、予約待ちの人気クラインガルテンもある。ここでは、主に都市部に住む人たちが週末などにやってきて土いじりを楽しんでいる。したがって、立地は都市部から車で2時間以内が理想だ。

　利用者は農作業の未体験者が多いので、近所の農家からのアドバイスや農業指導は必須。したがって、運営には近隣農家の協力が不可欠である。農具なども貸与可能とし、種や苗も販売する。また、お祭りや各種イベント開催など、地域住民との交流の機会づくりなどのプランも必要だ。

　契約は1年単位で、継続利用はおおむね5年まで。ほとんどの利用者が5年間の継続利用を選ぶため、その間、地元の人たちとは馴染みの間柄となる。すると、5年間を過ぎても、親しい農家から農地を貸してもらい、近くのアパートなどを借りて、同じように通ってくる人がいたりする。これこそ、移住促進への足がかりといえるだろう。

　クラインガルテンの運営者はほとんどが自治体。実際には、新たに設立された公社やNPOなどが行っていることが多い。利用者が農園にいない間には、水やりなどのサポートも運営者が行う。

　現在、全国には60近いクラインガルテンがあり、断然多いのは長野県で17施設、兵庫に7施設、ほかには三重に4施設、福島、山梨、岐阜に3施設となっている。調べてみたところ、クラインガルテンがある都道府県は31で、存在しない県のほうが少ない。ニューオープンや現在建設中のところもあり、特に、中高年の週末田舎暮らしブームもあるので、今後も増えていくだろう。

❖ 欠落している女性活用の視点

　団塊シニア世代へのアプローチで、もうひとつ忘れてほしくないのは、妻の存在である。前述した経済波及効果はリタイアした夫婦二人を基本として算出している。であれば、移住者のうち半分もいる女性に向けた施策というのも必要なのではないだろうか。その点が、どの自治体も欠落している。

　団塊世代あたりの女性は、だまって旦那に付いていくだけの存在ではない。女性たちも夫と同じく、今までの社会生活を通じて、多くの経験と知恵、意欲を持っている。自治体は、この女性たちの活用も視野に入れるべきだ。

　田舎暮らしを希望するのは、実は男性が圧倒的に多い。妻は、今まで暮らした地域に友人や知人などとのコミュニティをつくり上げており、知り合いのいない地域に移ることは好まない人が多い。しかし、夫の熱意に引き込まれて付いてくる。たとえそうであっても、女性のよいところは、自分なりの居場所や仲間を見つけられること。少し時間をかければ、新しい環境に溶け込むのもそう難しいことではない。

　最近、農村の女性たちが起業に励む姿が多く見られるようになった。道の駅や地元物産販売所で地元産品の加工品などを販売し、収入を得るようになっている。中には会社組織にして、それなりの売上を上げているところもある。ここに都会暮らし経験のある女性が加われば、そのセンスやアイデアも盛り込んで、都会の消費者向けの製品を企画することができるかもしれない。インターネットを使えば、遠方にも販売できる。

　夫婦はお互いの協力がなければ、田舎暮らしは無理だし、それぞれがつないでくれる仲間との交流も貴重だ。自治体は、団塊世代の移住者を確保することは、「配偶者というもう一人の人材を確保すること」というくらいの認識を持って迎えてほしいものだ。

さて、今まで紹介した例は、現在も団塊世代の移住促進に力を注いでいる自治体である。2007年に向けて、多くの自治体が団塊シニア向けの移住・定住事業を盛んに展開したが、今では終了してしまったプログラムも少なくない。

　例えば、青森県が人材派遣業のパソナと共同で2006年に始めた「あおもりツーリズム団塊ダッシュ事業」。パソナが持つネットワークを活用し、都心の大企業に勤める団塊世代を中心とする層から、青森県への移住希望者を募るとしていたが、残念ながらサイトもすでに閉鎖されている。また、高知県は四万十市や中村市を中心に「リタイアメントタウン」構想を持っていたが、まだ実現したとは聞いていない。

　団塊シニアをターゲットとした移住・定住プログラムは2007年以降、団塊世代も含めた幅広い世代に訴える活動に変化してきている。ただし、団塊シニア世代を外したということではない。先にも述べたように、団塊世代が本当の意味で動きだすのはこれから。また、移住・定住ではなくて、国内デュアルライフ志向が高いとみる。であれば、団塊シニア世代を通じて、その子供や孫世代につながる取り組みを考えることが必要なのではないだろうか。

❸ 団塊世代地域回帰支援事業

　団塊世代が期待されるのは、地方への移住による経済的な効果だけでなく、まちおこし、産業振興、地域活性化、住民サービスなどに活躍してもらい、直接的に地域に果たす役割にもある。とりわけ団塊世代の居住者が多い都市部では重要なテーマとなる。だが、地方であっても、今後リタイア世代は増えるから、彼らが地域社会で活躍できる場づくりやサポートは不可欠である。

　地方では外部からの移住・定住促進に熱心だが、もともと、そこに住む団塊シニア世代にどう活躍してもらうかのような施策はおろそかにしがちだ。来るのかどうか分からない人たちの施策に頭を痛めるよりは、既に住民である人たちにエネルギーを振り分けることも必要かもしれない。まずは足元の人材活用を図るべきだろう。

　とはいえ、ある程度の人口がないと、支援策は組みにくい。まずは、人口の多い都市部の特徴的な取り組みを見ていこう。

　2007年に向けて多くの自治体が地域回帰推進事業を立ち上げたが、その多くは花火のように打ち上がり、花火のように消えた。第1章にも書いたように、その時点では団塊世代の反応がはかばかしくなく、成果が出ないことで予算も確保できずに、単年度で止めてしまったということだろう。

　しかし、このような対策は継続が大事だ。これから紹介する自治体も、参加者が集まらない、思ったほどの反応がないと悩みつつもプランを立て、じっくり取り組んできた。おそらく本当に成果がでるのはこれからだろう。そして、何度も言うようだが、団塊世代が支援を必要とするのも、これからなのである。

❖ 団塊世代支援事業が３年で終わる不思議

　最初は、団塊世代支援のための専門窓口を立ち上げた埼玉県。埼玉県には団塊世代が40万人近く住んでいる。そこで、さいたま新都心の一角に「団塊世代活動支援センター」を設け、2007年より本格的な活動を開始した。「経験が豊富な団塊世代の力を借り、埼玉県の活力アップにつなげていく」ことを目指していた。

　このセンターができるとき、すでにリタイアしていた埼玉在住の60代知人からメールをもらった。センターの開設に当たって非常勤職員の募集があったので、応募したところ、採用されたというのだ。元県職員も含め、初年度は８人が合格したという。「**自分の人脈を使って、どんどん企画を作ってくれ**」と言われ、「**こんな形でご奉公ができるとは思っていなかったので、嬉しい**」と弾んだ内容のメールだった。

　「団塊世代活動支援センター」の活動内容は、相談事業に講演やセミナーの開催と、さほど目新しいものではない。ただ、従来なら、行政や社会福祉協議会がプランし運営していたことを、団塊と同じ世代のリタイア組に委ねたことに特徴がある。まさに、"埼玉のエキスペリエンツ　団塊の８人"が中心となって運営していくということだ。

　支援「する側」と支援「される側」、この両方の立場がはっきり分かれている活動は、あまりうまくいかないのではないだろうか。==同世代が当事者としての観点で企画・運営し、同じ目線でアドバイスを行い、地域に根ざしたリアリティのある活動が求められる。==

　私もこのセンターで、起業セミナーの講師を２度ほど担当させてもらった。平日の夜にもかかわらず、サラリーマンを中心に100人ほどの受講者が集まり、関心の高さをうかがうことができた。

　このセンターは就業に力を入れており、キャリアカウンセラーによる就職相談、県内で新たに農業を始めたい人に向けての休日農業

相談などもあった。センターでは就職先紹介はできないが、中高年世代の就職支援に強く、職業紹介免許を持つNPOに委託し、後日、NPOの事務所に行けば、無料で紹介を受けることもできる。

　仕事関係だけでなく、「会社人間のための定年準備支援講座」「福祉の現場レポート」「市民防災セミナー」「マネー学」などの真面目なものから、パソコン教室、料理教室、街道を歩くなど、生活を豊かにするカルチャー的なテーマまで、幅広く開催していた。

　しかし、この「団塊世代活動支援センター」は2010年3月で終了となった。退職後すぐに、新たな世界で動ける人は少ない。今までの人生を振り返り、これからの人生に思いをはせる猶予期間が必要だ。そういう期間を経て動き出したときにこそ、相談できる場所がいる。先進的な活動だっただけに残念だ。

❖ 長期的に取り組む東京都・足立区

　東京都足立区は2006年から2008年までの3か年計画で、「団塊世代の地域回帰推進事業」を展開した。それに先立つ2005年には、団塊世代にアンケート調査を行っている。郵送によるアンケート調査のほかに、回答者の一部に個別ヒアリングを実施。また、主要な活動団体を訪問し、団体活動の状況や団塊世代を含む地域人材に担ってほしい事項などについても聞き取りをした。

　その結果を踏まえ、団塊世代に関心の高い講座・セミナーの企画・提供、地域活動に関心が高い人にはボランティアやNPOとのマッチング支援も行った。また、NPOやコミュニティビジネスを興したいと思う人向けに起業の実践講座なども提供する。足立区シニアのネットワークづくりも、この事業を通して行う。

　団塊世代支援事業で、足立区のようにあらかじめ数年にわたるプランを決めて実施した自治体は案外多くない。このプランの背景には、2005年に策定した「協働で築く力強い足立区の実現」を目指す

という区の基本構想・経営理念がある。その理念を実現するリーディングプロジェクト事業として選ばれたのが「団塊世代の地域回帰推進事業」だった。2005年には「足立区における区民等との協働事業実態調査報告書」も作成している。

事業の実施に当たっては、区内を3地区に分けて、毎年異なる地区に住む団塊世代を対象として、講座を実施した。足立区の団塊世代は3万3000人と多く、区域ごとの特性もあるので、一度に対応するのは難しい。毎年、地区ごとに少しずつプランを修正しながら実施していった。優秀な起業プランには、助成金も用意するなどの施策も取り入れた。

私は2005年のプレ講座の講師を担当した縁で、以後毎年かかわらせてもらい、2008年と2009年には一部講座のプランづくりと運営にも協力した。自己表現や活動を発表する場が必要と、ブログ作成講座なども企画。1度限りの講師ではなく、連続してかかわることで、市民と行政とのあり方や、行政の意図、団塊世代の実態などをよりリアルに知ることができ、私自身にとっても、大変よい経験であった。

当初計画の3か年を経過した今も、足立区の団塊プロジェクトは完全に終わっていない。2009年には、今までの参加者と活動をフォローする意味で、「シニア世代まち暮らし・事始め講座」という連続講座を開催した。今まで学んだことを土台に、これからは、いよいよ実際の活動に入ってもらいたいと、コミュニティビジネスやNPOの活動に関する内容を中心としたセミナーだった。団塊シニア世代の活躍の場づくり、区との協働を目指して、足立区は今後も何らかの形で支援事業を続けていくことだろう。

❖ 現実を見て取り組む自治体

　兵庫県が、団塊世代地域回帰支援事業を活発に始めたのは2007年度。他の自治体に比べて遅かったものの、むしろ、2007年以降の実態をよく認識してから始める兵庫県のタイミングも悪くはない。

　兵庫県はNPOと協働で「団塊世代等地域づくり活動きっかけづくり支援事業」を立ち上げ、NPOやボランティアグループなどでの「地域づくり」の体験機会を提供し、新たな仲間づくりを支援することを目標に掲げている。

　2008年2月には、「団塊世代の地域づくり活動支援フォーラム」を開催した。趣旨は、「地域づくり活動支援を行う行政やNPO法人等が、団塊世代を対象に、地域づくり活動参加へのきっかけづくりや、地域づくり活動の実践力の向上にむけた多様な支援策を展開しているが、団塊世代をメインターゲットとした事業に人が集まっていないのが現状。それはなぜか、その原因を検証し、今後よりニーズにあった支援を行う」というもの。後から始めただけあって、団塊世代支援に関する問題意識が明確である。

　ワークショップでは「ぶっちゃけトーク」と題して、地域活動などの経験がなく、退職後の過ごし方を検討中の団塊世代が語り合う時間が設けられた。「**生活の基盤を確保することが重要事項だから**」「**団塊とひとくくりにされたくない**」「**ボランティアってどんな事をするのかよく分からない**」「**女性中心の活動が多い**」など、本音の意見交換がなされた。

　このフォーラムに続き、「団塊世代等活動支援相談・窓口案内」リーフレットの作成、活動事例集『60歳からの見本市』の発行などを行い、県と協働で事業を展開できる団体の募集なども始めている。

　東京都は団塊世代や元気な高齢者向けに地域の活動などを紹介する情報発信サイト「Tokyo　シニア情報サイト」を2009年12月に開

設した。「高齢者が自らの経験や能力を生かし、多様な分野で社会参加ができ、"支えられる存在"から"社会を活性化する存在"へと、これまでの高齢者像を一新すること」を目標に掲げている。サイトでは地域のコミュニティサロンやボランティア活動、NPOのホームページを紹介しているほか、全国の行政の取り組みなども検索できる。

また、中高年の地域デビューを応援するため、2010年には「中高年のための地域デビューのすすめ ～あなたも地域の即戦力」と題したイベントを、有楽町の東京国際フォーラムで開催した。

栃木県も、2007年に「とちぎ団塊世代対策推進本部」を立ち上げ、県庁全体で団塊世代対策に総合的に取り組んでいる。「団塊の世代に着目した"とちぎ"の元気づくりについて」というWebサイトも作っている。

地域デビュー講座
「おとうさん、お帰りなさいパーティー」

定年後の団塊世代、特に男性が、どうしたら地域デビューを果たせるか。それは、自治体にとっても大きな課題だ。「まずは、セカンドライフに関する知識や地域の情報を提供して、仲間づくりにつなげることが大事」と、団塊世代のための地域デビュー講座を開催する自治体が相次いだ。

地域デビュー講座は団塊世代のためだが、市民サービスの一端を担える人材を見つけ出すいい機会でもあり、自治体にとってもメリットがある。地域活動がうまくいくかどうかは、リタイア世代であっても、結局、人材が決め手だからだ。思い通りにいくものではないが、市民と直接触れ合う機会を持たないことには、何も始まらない。

行政がかかわるユニークな地域デビュー講座として話題になったのが、東京都武蔵野市と八王子市などで開催されている「お父さん

お帰りなさいパーティー」、通称「おとぱ」だ。

　最初に「おとぱ」を開催したのは武蔵野市。2000年6月に、主に定年前後のお父さん（もちろん女性も含めて）と、すでに活動しているボランティアや地域活動団体との交流を図るために始めた。「長い会社生活から地域社会に戻ってきたときに、"お帰りなさい！ようこそ！"と仲間に迎えてあげよう」という趣旨のイベントである。

　武蔵野「おとぱ」は、市の支援を受けて、武蔵野市民社会福祉協議会ボランティアセンター武蔵野が運営している。年に一度の「おとぱ」のほかに、2005年からは毎月開催する「おとぱサロン」も始めた。こちらは、手打ちうどんやそば打ち、武蔵野ウォーキング、ボランティア談義など、バラエティに富んだ内容の少人数セミナーとなっている。

　武蔵野市に習い、八王子市でも2001年に「おとぱ」が始まった。こちらは年に1度の開催のみ。八王子市民活動協議会、八王子市協働推進課、八王子市民有志のボランティアの3組織で共催している。八王子市の人口は約55万人。団塊世代人口は2万8800人で、毎年1万人程度の市民が60歳を迎えるという。

　私は、2009年3月に開催された第8回「おとぱ」を取材し、2010年の第9回では基調講演をさせていただいた。どちらも会場には約200人の熟年男女が集まり、盛況だった。

　八王子市には福祉や環境保全、文化活動など様々な活動を行っている市民団体が500〜600あるという。その中でも積極的に活動している100以上の団体を選び出し、当

八王子おとぱの開催風景

日の配布資料に掲載。さらに、その中の30ほどの団体が実際にブースを出展する。活動中の市民団体にとっても、活性化や継続には仲間が必要。ルーキーたちを取り込もうと張り切って説明していた。

関心の高いテーマのブースを回れば、現場のリアルな話を聞くことで1対1の会話ができ、すでに活動している人と顔見知りにもなれる。ブースを周る時間をたっぷりと取るのが、八王子「おとぱ」のやりかたのようだ。

第2部は懇親交友会である。参加費は1000円。第1部で聞けなかったこと、聞きにくかったことなどを、アルコールや軽い食事を取りながら確認し、交流する。

参加者はどのように感じたのだろうか。最近、八王子に転居してきたという人は、「**何か活動できることがあればやってみたいが、未知の土地なので、事情が分からない。だから、『おとぱ』のような機会を作ってもらえるのはありがたい**」と話していた。外部から移住してきた人にとってみれば、「いらっしゃい」という意味もあるようだ。このあたりは、都会からの移住者に向けた地方の取り組みとしても参考になるのではないだろうか。

まだ定年まではあと2年あるが、定年後のことを考えて、地域のつながりを持ちたいと思って参加したという人もいた。福祉関係の活動に興味があり、2年の間にどうするか決めようと思っているという。今回の参加をきっかけに、福祉に関する勉強を本格的に始めようと思ったというから、参加した意味はあったようだ。

9年間続いてきた八王子の「おとぱ」だが、やはり問題点もある。ターゲットである定年前後の参加者が、実は全体の半分程度であること。すでに活動している人たちが自分たちのブースの担当として参加しており、年に一度のお祭り的なイベントになってしまっていること。それも悪いことではないが、初期の目的から少しずれてきたことは否めない。そのため、2010年の「おとぱ」では初参加者をグループ化し、先輩市民がガイドしてブースを周るといった新

しい試みもなされた。

　こうした行事は長く続けば続くだけ、定着しつつもマンネリ化していくのが悩み。今までとは少し違うタイプの団塊という新リタイア世代をどのように取り込めるかが課題。2011年は「おとぱ」も10回目の節目を迎える。実際に運営を担当しているシニア世代自身の力も試されるときだ。

　「お父さん、お帰りなさいパーティ」や「おとぱ」という名称は、地域回帰支援プログラムの代表的な名称として浸透していった。その後、大阪府岸和田市、石川県内灘町、神奈川県横須賀市、東京都文京区などで、同じ名称で開催されている。同種のイベントは全国各地で開催されているが、「おとぱ」が広がったのは、市民目線で、目的を的確に表現したネーミングの効果ともいえるのではないだろうか。

❖ 50歳、60歳を契機に「盛人式」

　60歳の記念式典を行う自治体もある。埼玉県川口市は2005年から「盛人式」を開催している。きっかけは、50歳以上を「盛人（せいじん）：成熟した盛んなる人」と称し、2001年に50歳になった人たちを集め、「第1回きらり川口盛人式」を開催したこと。4回目からは団塊世代も加え、50歳と60歳の人生の節目を祝う盛人式として、隔年で開催するようになった。開催前には「五十歳と私」、「六十歳と私」をテーマとしたエッセーを募集する。

　「きらり川口盛人式」は2009年11月で5回目の開催となった。この回では、盛人エッセーコンテスト表彰式と朗読、盛人コーラス隊による歌声広場、盛人大学報告、プロのミュージシャンによる記念コンサートなどが行われた。式典の終了後は、オールディーズやグループサウンズ、ディスコミュージックでダンスパーティーと、この年代らしいはじけたプログラムもある。ちょうど50歳、60歳に当

たる人には特別なプレゼントも用意された。

運営は、市民有志からなる「きらり川口盛人式実行委員会」。市民有志とはいえ、母体の「かわぐち市民パートナーステーション」は市民ボランティアを支援する川口市市民生活部の事業である。

足立区も2007年度から毎年、前述した「団塊世代の地域回帰推進事業」のプログラムの中のひとつとして、「盛人式」を開催している。講演会のほかに、ボランティアや協賛企業のブースを設けたり、歌声喫茶など区民主導のイベントを実施したり、ワークショップや参加者全員スピーチタイムを設けるなど、毎年、工夫を凝らしている。

❖ 新しいスタイルの生涯学習講座

今まで会社のことしか頭になかった人たちに、いきなり地域活動といっても難しい。まずは、ソフトなプログラムの提供から始まり、次第に、地域を理解してもらう方法が効果的だろう。学習の機会を提供するのも、そのひとつ。多くの自治体が生涯学習講座を提供している。

高齢者を対象とした生涯学習講座は昔からあるので、ここではユニークな企画や団塊世代の退職を契機に始まったと思われる比較的新しい企画を中心に取り上げたい。

名古屋市は、社会福祉協議会と協働で「名古屋市高年大学鯱城学園」を運営している。受講資格は、健康で学習意欲のある60歳以上の市民。生活、文化、園芸、陶芸、健康、国際、環境、福祉など10の学科があり、就業年限は2年。入学金は1万円、授業料は年間2万円である。全学科共通のクラブ活動もあり、全員がいずれかのクラブに所属する。修学旅行や文化祭、体育祭もあって、もう一度、若き日の学生時代に戻ったような生活を味わえるのが魅力のようだ。

「盛人式」を開催している川口市は「盛人大学」という名称で生涯学習講座も開催している。主に盛人世代（50代、60代）が対象で、「地域創造」をテーマに、様々な人物や歴史、地域・社会に関する講座を用意した。3か月にわたる12回の講座で、16単位以上取得し、レポートを提出した人に卒業証書が授与される。「盛人式」と同じで隔年開催のせいか、すぐに満席となるようだ。

　東京都杉並区の「すぎなみ地域大学」は、2006年4月に開講した。「地域活動に必要な知識・技術を学び、仲間を拡げ、区民自らが地域社会に貢献する人材、協働の担い手として活躍する」ことを目的に始まった。ただ、特に団塊シニア世代に限っているわけではなく、社会貢献活動に興味のある在住・在勤、在学の区民なら誰でも受講できる。

　特徴は、杉並区立郷土博物館管理運営講座、認知症高齢者家族安らぎ支援員講座、小学校理科支援員講座、住民登録実態調査員講座など、ほとんどが地域のニーズに根ざした杉並区独自の資格認定講座であることだ（図表6）。各講座には、修了後の活動の可能性が記載してあり、受講者は実際の活動や就業をイメージして学ぶことができる。

　例えば、小学校理科支援員講座の修了後は、「教育委員会が実施する『理科支援員』（非常勤職員等）の選考を経て、理科支援員として区立小学校の理科授業で教員とともに活動」とある。必ず採用されるということではないようだが、単なる趣味・教養講座とは一線を画した内容となっている。市民活動に直結する内容は、受講する市民にも、区側にもメリットは大きい。

　どの講座も定員は20～30人で、受講料は無料から9000円までと負担にならない金額だ。これまで85講座、約3600人が学び、NPO団体や区の登録ボランティア事業などを通して、多くの区民が地域活動に参加しているという。

図表6　すぎなみ地域大学2009年度後期講座の例

講　　座　　名	定　員	受講料
杉並区立郷土博物館管理運営講座	25名	9000円
認知症高齢者家族安らぎ支援員講座	30名	1500円
小学校理科支援員講座	30名	2500円
住民登録実態調査員講座【緊急雇用】	25名	無料
小学校英語活動サポーター講座	25名	4000円
健康づくりリーダー講座	30名	4000円
介護予防サポーター講座	30名	3500円
地域の高齢者を見守るあんしん協力員講座	30名	無料
障害者スポーツボランティア講座	30名	2000円
区民ライター講座	20名	4000円
みどりのボランティア講座	30名	無料
杉並どうぶつ相談員講座	30名	無料
福祉車両運転協力員講座	20名	1500円
救急協力員講座	各回30名	500円
〔NPO活動実践講座〕環境学習サポーター講座	20名	500円
〔NPO活動実践講座〕シニア向けパソコンリーダー講座	20名	1000円
〔NPO活動実践講座〕コミュニティビジネス入門講座	30名	1000円

　もっと進んだ取り組みには「多摩発遠隔生涯学習講座」がある。それは、生涯学習講座をインターネットによるライブ中継やVOD（ビデオ・オン・デマンド）で配信するもの。NPO法人全国生涯学習ネットワークと財団法人東京市町村自治調査会多摩交流センターが共同で運営し、武蔵野市が後援している。地域・国内外を問わず、いつでも、どこでも学べる仕組み。今後はこれが自治体のPR手段になっていくのではないだろうか。

❖ 大学・研究機関と連携する生涯学習講座

　新しい取り組みとして興味深いのは、地元の大学や研究機関などと協力して生涯学習講座を運営する自治体が増えてきたことだ。

　東京都港区は、区内にある明治学院大学に運営を委託し、「チャレンジコミュニティ大学（高齢者大学）」を開講している。入学資格は60歳以上の区民。講座の内容は社会福祉、健康増進、一般教養、区のしくみ・行政課題などと、少々固め。明治学院大学のキャンパスで、大学らしい授業を体験できる。定員は60人、受講料は2万円となっている。

　北九州市は2006年から50歳以上を対象にした「生涯現役夢追塾」を開催している。メインターゲットは団塊世代で、「退職後も現役時代に培った知識や技術、経験や人脈などを活かし、経済・産業、社会貢献活動などの担い手として活躍できる人材を発掘、育成する」事業だ。北九州に縁のある"わたせせいぞう"のイラストをシンボルにして、親しみやすさを演出している。

　講座は1年間で完結するスタイルで、受講締め切りは4月末、書類審査、面接の選考を経て、合格者は6月に入塾。6月から9月は全受講生を対象とした「基礎講座」で、夢探し、自分探し、夢の方向確認など12講座を受講する。まずは、これまでの自分をリセットしようということだ。

　9月から翌年1月までが新しいスキルを身につける「専門課程」。NPOコース、コーチングコース、コミュニティビジネスコース、起業独立コースに分かれ受講。共通で、マネージメント、夢語り（プレゼンテーション）の講座もある。そして、2月はインターンを経験し、3月に卒塾となる。

　講師は、九州大学、北九州私立大学など地元大学の教授陣、地元で活動実績のあるNPOの代表、地元起業トップなど。授業を受けるという経験を忘れてしまった中高年世代のために、授業内容に関

する相談、将来の進路相談、業界の動向などの情報提供をするナビゲーターとして、担任制度を取っている。

　卒塾後は、市内大学・高校などの講師や企業などでの技術系指導者として活躍する道がある。また、ＮＰＯ法人の設立、コミュニティビジネスへの展開、独立コンサルタントとしての活躍なども期待しているという。

　東京都三鷹市には2006年４月、「三鷹ネットワーク大学」が開講した。市民、第一線の研究者、民間企業、三鷹市をはじめとした行政関係者が交流し、学習の機会や共同研究の場などを通じて、地域のまちづくりや新事業創出など産業の活性化を図ろうというユニークな事業。理事長は、元法政大学総長の清成忠男氏だ。

　三鷹市内には多くの大学・研究機関が存在する。この事業には国際基督教大学、杏林大学、国立天文台、ルーテル学院大学、亜細亜大学、電気通信大学、東京工科大学、東京女子大学、東京農工大学、日商簿記三鷹福祉専門学校、日本女子体育大学、法政大学、明治大学、立教大学、アジア・アフリカ文化財団が正会員として参加。さらに、60以上の企業・大学が賛助団体として参加している。

　活動としては、各教育・研究機関が大学・大学院レベルの講義内容を提供するコミュニティカレッジ事業や社会人大学院事業、幅広い人材が出会う協働サロンの運営、e-ラーニング支援事業、さらに、企業・自治体への研修事業など。ただし、受講者を団塊シニア世代に限っているわけではない。

　起業を目指している人やＳＯＨＯを立ち上げたばかりの人に、創業支援スペースを提供するなどの創業支援関連事業も行っている。スペースには部屋タイプとブースがあり、部屋は９:30から17:00まで借りて１万1200円。ブースの場合は、１時間当たり300円、１日当たり3000円。借りやすい設定だ。場所も三鷹駅から１分のところにあり、便利。使用していない時間帯に限り、教室などの貸し出しも行っている。ＳＯＨＯシティを標榜している三鷹らしく充実した

サービスだ。

　また、受講も利用も三鷹市民に限定しないところが、三鷹市の懐の深さ。本格的に学びたいと思い、起業への関心が高い人たち、自宅以外の居場所がほしいリタイア世代には、利用価値のある取り組みである。

　武蔵野市も、地域の5大学（亜細亜大学、成蹊大学、東京女子大学、日本獣医生命科学大学、武蔵野大学）と連携して、「武蔵野地域自由大学」を開講している。独自のキャンパスは持たず、5大学のキャンパスや武蔵野市全域を学習スペースとしている。特徴は、特別に設定された料金（武蔵野市民にはさらに支援金制度あり）で、各大学に通って、一般学生と一緒に授業を聴講できること。聴講料は科目・講座によって異なる。

　履修対象科目を修了すると「講座数」がカウントされ、カウント数によって、自由大学独自の称号（学位）が認定される。50講座以上を受講すれば、市民博士となれる。入学試験も卒業もなし。好きなだけマイペースで学べる。

　大学と団塊シニア世代とのかかわりでいえば、さらに新しい動きが始まった。「カレッジリンク型シニア住宅」という考え方だ。これは、大学などが高齢者向け共同住宅を建設し、その入居者は大学の講義を受けることができるというもの。米国のビジネスモデルを参考に、関西大学文学部、財団法人社会開発研究センター、株式会社アンクラージュが2008年春、共同で建設した。

　第1号として、神戸市御影に有料老人ホーム「クラブ・アンクラージュ御影」が完成。関西大学では、2008年度から早速、入居者に教育プログラムの提供を始めた。居住者は、文学部または大学院文学研究科の科目等履修生、聴講生、社会人学生として、大学が提供する各種の講座、講演、行事に自由に参加できる。また、クラブ・アンクラージュ御影でも、大学講師などによる講座を開催する。

米国では大学の中に老人施設があり、高齢者が若者に交じって生き生きと学んでいるという。企画者は「**いつか日本でも、そうしたスタイルを実現させたいと思っていた**」と語る。

　このプログラムの優れた点は、世代間コミュニケーションが希薄な時代に、中高年と若者が直接交流できる点にある。中高年にとって、なによりの刺激となるのはもちろん、若者にとってもいい影響があるはずだ。

　生涯学習プログラムなら、わが町でもやっていると思う人もいるかもしれないが、手元にある多くの生涯学習プログラムを見ると、カルチャーと社会貢献と健康講座などがごちゃごちゃと詰め込まれていて、目的がどこにあるのかが見えなくなっている例も見受けられる。必要課題をもれなく盛り込んで企画するのも悪くはないが、何を一番の目的に開催するのかという、テーマ設定が大事となる。また、民間企業の協力も仰ぐなど、地域の特色や人材を活用する工夫が必要である。

プラス

地方の国立大学とＪＴＢが組んだ「シニアカレッジ」終了
今後の展開に期待していた大学や自治体はがっかり？

　ＪＴＢは、2006年から国立大学と共同で運営していた「シニアカレッジ」事業を2009年度で撤退すると発表した。「シニアカレッジ」は、北海道大学、岩手大学、信州大学、岐阜大学、山口大学、宮崎大学、琉球大学など、地方の国立大学がシニア世代のために特別に構成した滞在型公開講座だ。

　例えば、弘前大学では、三内丸山遺跡から見る縄文文化、「太宰治」という風景、従妹が語る寺山修二、聴いて得するリンゴ学、魂の旋律・津軽三味線、白神山地の自然と人、絵師が語る弘前ねぷたなどといった地元密着型の興味深い講義テーマが並んでいた。大学教授だけでなく、農家や工芸士、作家、県庁の職員など多彩な講師を取りそろえ、官民学一体となった取り組みに特徴があった。スタート３年目の2008年には、初めての海外講座を台湾大学で開催。元台湾総統・李登輝氏や元故宮博物院院長なども講師として参加した。

　ＪＴＢが撤退した理由は財政難。しかし、撤退にがっかりした大学や自治体は多かったのではないだろうか。少子化の上に、中央に学生が集中しやすい時代だから、地方の大学にすればシニア世代の受講者が来てくれることは大歓迎だったはずだ。自治体にしても観光や文化の振興・宣伝と結び付けることができる。最も残念なのは、学びと旅の両方を楽しもうと思っている団塊シニア世代が本格的に動き出すときに辞めてしまったことである。

　今までの参加大学の取り組みや活動の様子は、Web サイトで見ることができる。

シニアカレッジの Web サイト
http://www.sscollege.jp/

❖ 活動への支援

◆市民が体験するインターンシップ

　市民が地域活動にスムーズに入っていけるように、インターンシップ・プログラムを実施しているのは千葉県我孫子市だ。「ようこそ地域活動」は、地域活動に関心のある市民に、様々な活動を気軽に体験してもらい、自分にあった活動を見つけて、今までの経験を活かしてもらおうとする事業。地元・我孫子や市民活動、ボランティアへの理解を深めてもらおうという意味もある。

　現在、環境、まちづくり、福祉、福祉施設、文化教育、健康スポーツという6分野61団体・施設で体験が可能だ。募集は随時、実際の体験日程は受入れ団体と協議して決定する。

　受け入れ先として、男のパン工房、我孫子の景観を育てる会、手賀沼トラスト、我孫子野鳥を守る会、あびこ市歩こう会、ふれあい木工倶楽部、我孫子脳卒中友の会、ふれあい弁当の会、特別養護老人ホーム、あびこガイドクラブ、市民劇団「あびこ舞台」など、市民に身近で、かつバラエティに富んだ活動団体がリストアップされている。

　また、我孫子市は団塊世代のボランティア参加を促すためのユニークなイベントも開催している。それは「わたし、始めちゃいました　〜新しいボランシカに習う、地域活動の楽しみ〜」。"ボランシカ"とは「ボランティア（ボラン）」と「市民活動（シカ）」を組み合わせた我孫子独自の造語。

　この語源が面白い。職員が電話に出るときには「我孫子市社会福祉協議会　ボランティア・市民活動相談窓口のコーディネーター○○です」と名乗らなければならなかった。長すぎて舌がもつれ、時には相手に笑われてしまうことも。そこで、簡単に言えて、なおかつ愛称となるような名称を考えたという。本当かうそか知らないが、行政と協力して行う市民活動には、ともすれば堅苦しいイメー

ジがつきまとう。たわいないようだが、このような遊び心も必要なのかもしれない。

　我孫子市の遊び心はまだある。このイベントでは、「明日に向かってボランシカ」というコメディ劇を上演する。地域活動に参加しようとアピールし、最近活動を始めたグループが活動のきっかけなどを語る。インターンシップ・プログラムの説明、交流タイムも設けた。なんと、劇の主題歌「ビバ！ボランシカ」のCDを作り、販売まで行っている。

◆マッチングシステム「人財バンク登録制度」
　「人財バンク生涯学習アドバイザー」の登録制度を実施しているのは、横浜市泉区だ。今までの知識や経験・特技を活かしたい、地域活動に貢献したいという市民や団体などに、ボランティアとして登録してもらい、区内の生涯学習の推進に活躍してもらう制度。登録分野は、IT・パソコン、洋菓子、太極拳、舞踊、楽器演奏、英会話、おもちゃの修理、俳句、歴史、カラオケ、犬の躾（しつけ）などと、多岐にわたっている。あまり難しく考えず、とにかく、できることを登録してくださいという姿勢のようだ。

　活動で交通費・教材費（材料費）などの実費が発生する場合は、利用者とアドバイザーの双方で話し合う。基本的に、行政は紹介を行うだけで、以降は当事者間で協議して決める。

　このように、能力ある市民とそれを必要としている人や団体とのマッチングシステムを構築することは重要な施策だ。どこにどんな人材がいるか分からないという一方で、どこに自分を必要としている人がいるかが分からない状況が多々あるからだ。

　それを本格的に手掛けるところも出てきた。埼玉県には、2007年4月、県民を対象にして、特技や能力を登録できる「シニア人財バンク制度」ができた。さらに、登録されたシニアの能力を活かすために、ボランティアを求めている団体や個人を紹介・斡旋する「シ

ニア・ボランティアネット21」の運用も始めた。運営は、連合埼玉と社団法人埼玉県労働者福祉協議会が母体となって推進している「ネットワークＳＡＩＴＡＭＡ21運動」運営委員会。

　千葉県我孫子市の生涯学習課が運営する「あびこ楽校」も、能力のある市民のために生涯学習人材の登録制度を設け、「生涯学習出前講座」の市民講師として活動してもらう方法を取っている。「生涯学習出前講座」は市民がメニューからテーマを選べば、講師や職員などを派遣してもらえるシステムで、ここに市民講師によるメニューも加えた。

　市民講師の担当分野は、学習・教養、家庭・生活・健康、芸術・文化・趣味、スポーツなどの生きがい講座が主体。一方、市役所は、市政、健康・保険・福祉、都市・建設、公共機関など行政一般がかかわる講座を揃えて、担当職員が話をする体制を取っている。

　この取り組みは、市民の力を活用することに特徴があるのだが、もうひとつ、別の見方もできる。市民が自治体の担当職員から直接、話を聞ける場はありそうでない。こうした取り組みは、自治体への市民の理解を得る上で効果的な方法といえるのではないだろうか。

◆養成講座で育成、資格を認定で活用

　さて、もっと直接的に自治体が市民を活動に取り込む方法もある。独自の資格を作り、養成講座で育成して、活動に参加してもらう方法だ。単なる勉強ではなく、活動や仕事につながる支援は元気な団塊シニアには魅力的な取り組み。効果的な方法だといえるだろう。

　生涯学習講座の項で紹介した「すぎなみ地域大学」は、よくある教養講座には目もくれず、徹底的にこの方式を取っている。しかし、杉並区のように、一度に幾つもの資格や認定制度を創ることは

難しい。まずは、地域社会を見渡し、必要かつ緊急な部分で、できるところから着手し、微調整しながら拡大していくのが現実的だ。

三鷹市が行っているのは、「スタディアドバイザー（ＳＡ）」と「コミュニティティーチャー（ＣＡ）」の育成・活用。実際の育成と運用は、ＮＰＯ法人「夢育（むいく）支援ネットワーク」が行っている。これは文部科学省などからも注目されている活動だ。

ＳＡは、市内の小中学校で、算数のプリントやドリルの丸つけ、家庭科や図工など実技教科での安全管理、校外学習の付き添いなど、担任・専科の先生と一緒に授業に入り、子供たちの個性に応じた決め細やかな支援をする。

ＣＡのほうは、主に職業観を学ぶキャリア教育や、身近な環境や福祉の問題などを考える総合の時間などに"先生"として、ボランティアで活躍する。さらに、「きらめき指導者」もいて、こちらは授業には入らずに、子供たちの居場所作り事業を行う「きらめきクラブ」で、放課後や週末などに指導者として活動する。

さらに、「夢育」は、三鷹第四小学校との連携によるユニークな教育への参加でも知られている。それは、社会とのつながりを身近に感じ自ら考え実行するための「アントレ教育」、そして、職業人・社会人とのかかわりを通して自己の生き方を考えるための「キャリア教育」を、ＣＡとＳＡが担当する活動だ。これにより、社会で生きていくために必要な社会性やコミュニケーション能力、主体的に問題を解決しようとする力などを育成する。三鷹市ではボランティアの力を活用して、様々な体験型の活動が行われているが、中心となって活動しているのは中高年世代である。

このような教育の現場での取り組みは、大阪市の「なにわっ子学びのサポーター～大阪市学校支援人材バンク」でも行われている。大阪市教育委員会が募集するもので、市民が持つ知識・技能・経験を市立の学校や幼稚園の授業で活かしてもらう事業だ。

また、名古屋市にも「教育サポーターネットワーク」がある。市民を学校での「部活動外部指導者」と「運営サポーター」、「トワイライトスクール（放課後学級）での事業ボランティア」、地域での「生涯学習ボランティア」の４つの役割で活用する事業だ。
　「部活動外部指導者」は、市内の小・中・高校の部活動で指導者として活動するもの。運動系、文科系の両方がある。「運営サポーター」は、運動会をはじめとする学校行事や学習環境の整備などに協力する。「トワイライトスクールでの事業ボランティア」では、放課後や長期休業日などに、学校の施設を利用して、子供たちが異学年交流や体験活動、地域での世代間交流などを行う際にサポートする。「生涯学習ボランティア」は、地域の学習グループやサークル、団体などの求めに応じて、学習の支援や指導を行う。
　こうした取り組みは、とりわけ数の多い団塊世代の元教員にはぴったりだ。リタイアしたシニア世代が活躍できる場は、まだまだ地域に存在しているといえるだろう。

❖ 新しい活動支援システム「ポイント制度」

　さて、活躍の舞台をつくるだけが支援ではない。すでに活動している人たちへの効果的な支援策があれば、さらに活動への参加者を増やすことができるかもしれない。
　最近、地域で活用されているのがポイント制度だ。ポイント制度といえば、スーパーや百貨店はいうに及ばず、あらゆる小売りの現場で採用されている販促システムである。このシステムを市民活動に利用する自治体が出てきた。
　自治体でいち早くポイント制度を始めたのは東京都稲城市だ。2007年に「介護支援ボランティア制度」として、元気なシニア世代が介護支援ボランティア活動を行えば、ポイントを与える制度を試験的に始めた。一番の目的は、介護保険料の軽減だが、同年代の相

互扶助という意味もある。

　実施に当たっては、ポイント事業に参加する地域貢献活動・いきがい活動を広く募集。その結果、18の団体がボランティアの受け入れ先として決まった。また、スタンプ押印用の「健康に心配なし手帳～介護支援ボランティア手帳」も用意した。現在の登録ボランティアは370名ほど。5000ポイントを達成した人も80名以上いるという。

　開始1年後の2008年には、登録者にアンケートを実施した。登録者は65歳から69歳が4割以上を占め、90歳以上や要介護認定者も少数ながらいる。女性が8割で、月1回以上活動している人も8割以上。月4回以上活動する人が3割以上もいた。また、この制度でボランティア活動を始めた人は5.6％。ボランティアに報酬を出すことに抵抗のある人もいたようだが、「**張り合いができた**」、「**よい制度だと思う**」という回答が多数だった。まずはおおむね成功したといえる。

　制度開始から1周年を記念して、楽しみながら制度を理解してもらえるように、1級、2級、3級という3段階の「稲城市介護支援ボランティア制度クイズ検定」を作成し、Webサイトで公開している。

　また、地元のプロサッカーチーム・東京ヴェルディの協賛を得ることができ、介護支援ボランティア活動参加者へプレミアムグッズなどの提供もある。市民、行政、企業と産官民のコラボレーション事業としての可能性も見えたのではないだろうか。

　稲城市の取り組みを参考に、東京都杉並区も、2009年10月から「長寿応援ポイント事業」を開始した。60歳以上の区民が介護施設でボランティアを行ったり、老人クラブで学習したり、スポーツ活動をすればポイントを発行する。集めたポイントのうち、2割は長寿応援ファンドに寄附してもらい、8割は地元の商店街で使える商品券と交換できる。1ポイント50円で計算。もちろん、全額寄附し

てもいい。

　東京都町田市も2009年10月1日から同様の制度をスタートさせている。

　世田谷区は、中高年の地域での活動を促す手段として、首都圏で使える電車・バス共通カード「PASMO」や「Suica」を活用する「せたがや生涯現役ポイント」を開始した。2008年から2010年までの期間限定の実験だ。対象活動は介護ではなく、防犯や環境保全などの地域活動が主体。「駅・みどりと花いっぱい運動」「防犯パトロール」「せたがやエコアップ探検隊」「多摩川クリーン作戦」などで、元気な団塊シニア世代を意識した取り組みだといえる。

　貯まったポイントは、電車やバスの運賃として利用するものではなく、世田谷区内のスポーツ施設や文化施設などで使える「ポイント利用券」と交換できる。ポイント残高は、インターネットで確認することも可能だ。

　自治体のポイント制度は、試行錯誤しつつ始まったばかり。杉並区のように介護・福祉活動に限定せず、生活全般の活動にポイント制度が活用されれば、参加者の期待も膨らむだろう。

就業への支援

◆地域でもうひと働き

　第1章では、団塊世代の働きたい意欲について分析した。一方で、少子高齢化が進む日本では、労働人口の減少から、女性、障害者、リタイア世代、外国人など、年齢・性別・国籍などに関係なく、意欲と能力のある人を活用する場を創らないと社会が立ち行かなくなるという認識も浸透してきた。この点でも、自治体はまさに日本の縮図である。

　問題解決策のひとつは、定年を理由に企業が放出した団塊世代という人材に、地域でもうひと働きしてもらうことである。各地に

は、原則60歳以上が登録できる「シルバー人材センター」がある。しかし、高齢者向けの臨時的、短期的な単純な仕事がほとんど。残念ながら、本格的に仕事をしたいと思っている団塊世代の要望に合致していない。

ただ、シルバー人材センターには、埼玉県新座市シルバー人材センターのように、リサイクル自転車の販売などの独自事業を行いながら、登録会員2500人以上、年間売上12億円（2008年度）というところもある。いままでのような生きがい就労の場の提供だけでなく、就職先の紹介も積極的に行う必要があるだろう。

高齢者の雇用に関しては、各地にある「雇用開発協会」が手掛けているが、それとは別に、団塊世代の退職開始時期の2007年前後には、幾つかの自治体が「シニアいきがいしごとサポートセンター」などといった名称で取り組みを始めた。しかし、リーマンショック後の経済不況と就職難もあって、就業支援策全体の中に組み込まれ、今では目立った中高年向け支援活動はなくなっている。

それどころか、「独立行政法人高齢・障害者雇用支援機構」の委託を受け、「雇用開発協会」が開設していた全国14か所の「高齢期雇用就業支援コーナー」は、2010年3月をめどにすべて廃止となった。鳩山内閣での事業仕分けの結果である。私も、このコーナーで団塊世代向けの講座を幾つか受け持っていたが、終了となった。

政権交代で体制の刷新はやむを得ないとはいえ、ハローワークでは手の回らない中高年向け相談業務や研修を実施していて、講座は毎回満員という状況だった。政権が落ち着いた暁には、どこかに取り入れてほしい取り組みだ。

そんな中で、岐阜県は独自にカフェ形式の「岐阜県人材チャレンジセンター」を設け、求職者の支援を行っている。若い世代に限定せず、「若いとか、年とったとかは関係ない。働きたいすべての人のために」をキャッチフレーズに展開している。愛称は「ジンチャレ」。県内に3か所設置されている。

◆団塊世代の多い東京の活動

　第1章でも少し触れたように、東京都の14区市の社会福祉協議会やシルバー人材センターなどは、中高年を対象に地域における職業紹介事業や就職活動相談を行う「アクティブシニア就業支援センター」を設けている（図表7）。例えば、板橋区のセンターは板橋産業連合会、板橋区商店街連合会、板橋法人会といった地元の商工会と連携して求人情報を確保している。

　稲城市のセンターは、近隣の稲城市、多摩市、八王子市、日野市、立川市、昭島市、小金井市、小平市、東村山市、国分寺市、国立、東大和市、武蔵村山市、府中市、調布市、狛江市、町田市、神奈川県川崎市と相模原市の最新求人情報も掲示している。

　この「アクティブシニア就業支援センター」事業を支援しているのが「財団法人東京しごと財団」だ。団塊世代の退職を見据えて、近年は55歳以上の就職情報提供に力を入れてきた。

　「東京しごと財団」自身も、飯田橋の「東京しごとセンター」、国分寺市の「多摩しごとセンター」（区部以外）で中高年向けの就職相談対応を行っている。それとは別に、地域に特化した就職支援を行う必要性から生まれたのが「アクティブシニア就業支援センター」だといえる。まさに、"あなたのまちの高齢者無料職業紹介所"としての役目を果たす。現在は、合同で高年齢者のための合同就職面接会、シニア再就職支援講座、定年退職後の働き方を考えるなどのセミナーを数多く開催している。

　ただ、リーマンショック後の不況で、リタイア世代の就職はなかなか難しい状況である。そんな中、具体的な団塊世代就業支援で目についたニュースといえば、東京都教育委員会が新規採用した小学校の「新米先生」に指導するOB教員を100人再任用するというもの。教育は団塊世代の大量退職によって、最も懸念される分野でもあるから、活用しない手はない。

　就職ではないが、リタイア世代の活用法はいろいろとある。「東

図表7　アクティブシニア就業支援センター一覧

区・市名	名　称 (カッコ内運営団体)	電話番号	住　所
練馬区	練馬区シルバー人材センター アクティブシニア支援室	03－5910－3455	〒177－0041 練馬区石神井町2－14－1 石神井公園区民交流センター2階
品川区	サポしながわ (品川区社会福祉協議会)	03－5783－5539	〒140－0001 品川区北品川3－11－16 品川第一地域センタービル2F
新宿区	新宿わく☆ワーク (新宿区社会福祉協議会)	03－5273－4510	〒169－0075 新宿区高田馬場1－17－20 新宿区戸塚特別出張所2階
稲城市	はつらつワーク稲城 (稲城市社会福祉協議会)	042－379－1333	〒206－0802 稲城市東長沼2112－1 稲城市地域振興プラザ4階 (稲城市役所東隣)
葛飾区	ワークスかつしか (葛飾区社会福祉協議会)	03－3692－3181	〒124－0012 葛飾区立石6－38－11 葛飾区シニア活動支援センター1階
中央区	シルバーワーク中央 (中央区社会福祉協議会)	03－3551－9200	〒104－0032 中央区八丁堀3－17－9 京華スクエア
府中市	いきいきワーク府中 (財団法人府中市中小企業勤労者サービス公社)	042－336－4871	〒183－0055 府中市府中町2－25－1 中央文化センター5階
三鷹市	わくわくサポート三鷹 (NPO法人シニアSOHO普及サロン・三鷹)	0422－45－8645	〒181－0013 三鷹市下連雀4－17－23 三鷹市市民協働センター
立川市	立川商工会議所無料職業紹介所	042－522－4611	〒190－0012 立川市曙町2－1－1 ルミネ立川1F
板橋区	はつらつシニアいたばし (板橋区社会福祉協議会)	03－5943－1300	〒173－0004 板橋区板橋2－65－6 板橋区情報処理センター6階
多摩市	ジョブシニア多摩 (多摩市シルバー人材センター)	042－371－5777	〒206－0001 多摩市和田434－1 シルバー人材センター内
世田谷区	世田谷区シルバー就業相談室 (世田谷区シルバー人材センター)	03－5465－7432	〒155－0031 世田谷区北沢2－8－18 北沢タウンホール1階
日野市	しごとサポートひの (日野市社会福祉協議会)	042－586－9517	〒191－0011 日野市日野本町1－6－2 日野市生活・保健センター4階
港区	みなと・しごと55 (社団法人長寿社会文化協会)	03－5232－0255	〒108－0014 港区芝5－18－2 港勤労福祉会館2階

この一覧表は、平成21年2月2日現在のものです。

京しごとセンター」が、特に中高年対策として取り組んでいるのは「エキスパート人材開発プログラム」だ。実社会での豊富な経験と能力、専門スキル、人脈を中小企業で活かすことのできる人材を養成する。主な活動は、中小企業で働く上での心構えや経営戦略、働き方などを総合的に学ぶ13日間の講座の開催。受講料は無料だ。

　受講資格は55歳〜64歳。講座修了後、すぐに仕事に就くことが可能な人、大手・中堅企業で事務職または営業職の経験が10年以上あることが条件。専門知識としては、営業・販路開拓、人事・労務管理、財務、会計・経理、製品開発、システム開発、貿易関係、ＩＳＯなどが挙げられているが、これに限定されているわけではない。

　講座修了後は、東京しごとセンターのホームページにある企業向けコンテンツに修了者として掲載され、求人を待ちながら、就職活動を行うことになる。ただし、再就職を保障するものではない。

　同じような仕組みで中高年の再就職支援に取り組んでいるのが、財団法人東京都中小企業振興公社の「ビジネスナビゲータ」である。こちらは、商社などで豊富な営業経験があり、幅広い商品知識を持った営業系の人や、メーカーなどで製品開発の現場を経験し、確かな技術評価力を持った技術系の人をナビゲータと契約して、中小企業の優秀な製品や高度な技術力を商社やメーカーなどに紹介する仕事。中小企業の新しい販路開拓を支援する制度だ。多くのリタイア世代が活躍している。

❖ 起業・創業支援と協働事業

　起業・創業といえば、一般には株式会社の設立を考えるが、団塊シェア世代は、定年後のゆるやかな起業であるＳＯＨＯやＮＰＯ、コミュニティビジネスなどを考えるべきだろう。

　ＳＯＨＯやＮＰＯやコミュニティビジネスといっても、設立の手続きや運営は企業の創業とそう変わりがない。だから、基本的な創

業に関する知識や情報提供などの支援が必要だ。

埼玉県は「創業・ベンチャー支援センター」を設置し、商工会議所や商工会、金融機関と連携して、創業前、創業時、創業後、第二創業とステージに合わせた相談事業を行っている。開業アドバイザーの開業手続きや税務・特許・社会保険などの無料相談会、各種セミナー・交流会、販路開拓・マッチング支援なども行う。

横浜市にも、創業支援・成長促進事業の「横浜ベンチャーポート」があり、相談事業やセミナー・イベントを熱心に行っている。ユニークなのは「ネット相談」。インターネットから希望のアドバイザーを検索することができ、ネットで相談すると24〜48時間以内に回答が届く。相談料は無料。横浜市民以外も会員登録して利用できる。

◆創業時の事務所提供

さて、創業に当たって問題なのが活動場所の確保だ。資金的な問題もあって、事務所を確保できずに、事業の立ち上げがうまくいかない人も多い。その対策としてインキュベーション施設の提供がある。

財団法人神戸市産業振興財団（神戸市中小企業支援センター）は神戸ハーバーランド内に、創業準備からスタートアップ、初期成長期までに必要な空間・モノ・情報を提供するインキュベーション施設を作った。創業時に使える施設としては、「共同準備オフィス」と「スモールオフィス」がある。ＬＡＮ環境やコピー、ＦＡＸなど基本的な設備は揃っており、創業時の貴重な資金を使わなくてすむ。

準備オフィスの利用料は、保証金３万円、月額6000円、スモールオフィスは保証金５万4000円で月額１万8000円と格安。どちらも利用は１年間だが、スモールオフィスだけは１年間延長が認められることもある。

さらに、そのうえのステップとして、事業展開、拡大に向けて飛躍するための企業育成室がある。もちろん審査はあるが、成長過程に合わせた支援が準備されていることは、創業への決断を容易にするだろう。

北九州市にも充実したインキュベーション施設がある。財団法人北九州産業学術推進機構の中小企業支援センターは、レベルに応じた施設を幾つか用意しているが、「スモールオフィス」は起業を志す個人を対象にしている。

こうしたインキュベーション施設は各地に誕生している。中でも、シニアの起業支援に真っ先に本格的に取り組んできた自治体といえば、東京都三鷹市が上げられる。三鷹市は「ＳＯＨＯＣＩＴＹみたか構想」を策定し、1998年にインキュベーション施設の「三鷹ＳＯＨＯパイロットオフィス」を開設した。

この施設を利用し、各種支援を受けながら、今では年間１億円以上の売上を達成する組織に育ったのが「ＮＰＯ法人シニアＳＯＨＯ普及サロン・三鷹」だ。発端は1999年に有志が始めた草の根のパソコン教室。三鷹市は当時、「ＳＯＨＯＣＩＴＹ みたか構想」の一環として、ネットを使ったＳＯＨＯに興味があるシニアを集めようとしていた。しかし、どこにそんな人がいるかつかめずに四苦八苦していたとき、楽しそうに集まって活動しているシニアグループを見つけたのだ。

その出会いがきっかけとなって、このグループはパイロットオフィスに入居し、ＮＰＯとして積極的に事業展開を図った。今では、パソコン講習のほかに24のワーキンググループを抱え、パソコン訪問サービスやWeb制作などのビジネスサービス、「高齢者社会活動マッチング事業」や高齢者のための再就職活動を行っている。また、「わくわくサポート三鷹」などのサイト運営受託も手がける。「シニアＳＯＨＯ普及サロン・三鷹」のいきさつに関しては、第３章で詳しく紹介する。

現在、三鷹市には「三鷹ＳＯＨＯパイロットオフィス」のほかにも、「三鷹産業プラザ」「三鷹産業プラザアネックス」「三立ＳＯＨＯセンター」「三鷹ＳＯＨＯプラザＡ」と５つのインキュベーション施設がある。

　また、三鷹商工会、「まちづくり三鷹」と共同で毎年「ＳＯＨＯフェスタ in ＭＩＴＡＫＡ」も開催。三鷹とその周辺のＳＯＨＯや企業による商品・サービスの展示だ。ちなみに、「まちづくり三鷹」は中心市街地活性化法に基づき、三鷹市及び地域企業・大学・市民と一緒になってまちづくりを進める株式会社。三鷹産業プラザの管理・運営も担当している。

　三鷹産業プラザの地下１階には「コミュニティビジネスサロン」が設置されている。コミュニティビジネスに関する活動をしている人や始めようとする人が気軽に利用できる施設。利用料も驚くほど格安だ。三鷹市のリタイア世代が活発に活動しているのは、こうした取り組みが功を奏しているのだろう。

自治体の施設をカフェやレストランに！
市民に居場所を提供して、行政への親近感を高める

　古い庁舎や歴史的建造物をカフェやレストランとして活用する自治体がある。一般の住民にとって、役所は近寄りがたい存在。それは行政への無関心と関係する。使わなくなった施設を改修して居場所を提供すれば、行政に親近感を覚え、住民との距離はぐっと縮まる。また、こうした施策がマスコミなどで話題となることで市民意識が向上し、新たな観光施設として人を呼ぶこともできる。

　佐賀県の佐賀城内にある「さがレトロ館」は、明治20年に建てられた洋館。もとは警察部庁舎で、その後、佐賀地方経済調査庁や視聴覚ライブラリーなどとして利用していた。佐賀県は民間のノウハウを生かして活用しようと、出店者を公募。地元食材を使ったレストランやカフェバー、物産の販売店などを揃え、市民が使えるフリースペースも用意した。内外ともに評判は上々だ。

　同様の施設は栃木県にもある。「ALWAYSカマヤ」は、元足利銀行栃木支店を利用したフレンチレストラン。経営破綻後は、教育委員会が使っていた。「ALWAYS三丁目の夕日」の撮影に使われたほどの素晴らしい建物だが、取り壊し案が浮上したこともあった。しかし、市民の反対でまちづくりに活用することに。今ではハヤシライスが名物のおしゃれなレストランとしてにぎわっている。

　各地には由緒ある建物が利用されずに残っている。また、職員の寮だったなどという自治体の施設も使われずにあったりする。レストランは無理でも、コミュニティカフェなら市民団体やＮＰＯでもできる。リタイア世代は、居場所を求めている。市民から活用案を募集して、運用も任せるなどの対策を考えてもいいのではないだろうか。

◆NPO活動の支援センター運営

　NPO設立に関しては、NPO活動支援センターのような組織が全国各地で設立され支援活動を行っている。自治体の指定管理者受託事業となっていて、NPO自体が運営しているセンターも多い。優秀なNPOに事業を委託することによって、協働事業のモデルとし、NPOの可能性を市民に示すという意味もある。

　東京都足立区は、2006年に「足立区における区民等との協働事業実態調査」を行い、以後、NPOとの協働事業を進めている。東京都足立区NPO活動支援センターは、「NPO法人コミュニティビジネスサポートセンター」が運営を受託している。

　また、世田谷区のなかまちNPOセンターは、世田谷のNPO団体が集まった組織「世田谷NPO法人協議会」が運営している。世田谷区は女子職員寮だった建物を改装し、NPOやまちづくりの拠点として活用することにした。その管理運営一切を「世田谷NPO法人協議会」が受託した。区内で活動するNPOに事務所スペースを提供し、区民が活動に利用できる共有スペースの貸出しなどを行っている。ほかにも、NPOに関する相談窓口、地域住民が気軽に参加できる交流会、NPO間の交流や意見交換が行えるイベントなどを開催し、収益を上げながら、自立した運営を行っている。

◆NPOとの協働事業へ

　千葉県我孫子市は、50代・60代市民に定年退職後の過ごし方について調査を行い、その結果を基に、NPO法人「コミュニティビジネスサポートセンター」と協力して「我孫子コミュニティビジネス協会」を設立した。その後、NPO法人ACOBA（Abiko Comunity Business Association）と名称変更し、我孫子市との協働事業として、地域ビジネス支援事業、評価・調査事業、千葉県福祉ふれあいプラザの運営管理、インキュベーションオフィスの管理運営、あびこCBネット・タウンネットの運用を担当している。

こうした住民との協働事業やパートナーシップの育成に関するプロジェクトは、行政サービスの向上においても目玉の施策となっている。先駆けて実施したのは、埼玉県志木市。2003年に市民と自治体が協働で取り組む「行政パートナー」制度を導入し、庁舎の総合窓口業務や郷土資料館、図書館などをＮＰＯに委託している。

　北海道室蘭市も、「行政パートナー制度」を制定し、協働のまちづくりに取り組んでいる。制度には、ボランティアとして市の事業やイベントに参加・協力する団体や個人を対象とした「まごころパートナー」、市民活動団体を対象とする「まかせてパートナー」、公園や道路などの公共空間の清掃・美化活動に取り組む地域住民や市民活動団体を対象とする「まちピカパートナー」がある。

　神奈川県相模原市は、市民協働推進条例委員会を設け、条例策定準備を進めている。岐阜県大垣市も2010年の「市民と行政の協働のまちづくり指針」の策定に向けて、市民アンケートを行い、ワークショップなどを開催した。

　兵庫県は、県民などからの寄附を基に「ひょうごボランタリー基金」を設け、団塊世代を主たる対象に、地域づくり活動に県と協働で取り組む県内のＮＰＯ法人を募集している。助成金は、１事業当たり50万円以内。2008年度は、４件のＮＰＯが支援を受けた。

　千葉県市川市は、市民活動団体の活動を支援することを目的とした「１％支援制度」を2005年から展開している。この制度は、市民活動支援制度とも呼ばれ、ボランティア団体やＮＰＯなど、個人の市民税納税者が支援したい団体を選び、市民税額の１％相当額を支援できるもの。市川市の場合、2009年には129団体に約1600万円の支援金が決定した。

　「１％支援制度」は、1996年にハンガリーで始まり、東欧・中欧諸国に広まった活動だ。日本では市川市が最初に取り組み、愛知県一宮市、千葉県八千代市、富山県小矢部市などが実施している。

❖ 啓蒙誌の発行

　多くの自治体や関連団体が団塊世代のセカンドライフ支援策を実施してきたが、その活動が必ずしも当事者に届いているとは言い難い。そこで、事例集や機関誌などを利用して、成果をよりアピールし、参加を促そうという試みが行われている。

　多摩市の市民活動を支援している財団法人東京市町村自治調査会多摩交流センターは、2009年に『多摩セカンドライフ　大満足事典』を発行した。編集・制作は『週刊きちじょうじ』や『みたかのみかた』など、多摩地区のタウン誌を手がけている「東京ＴＡＭＡタウン誌会」。有料で定価は1200円と安くはないが、初版3000部は完売。増刷の話も進んでいる。

　内容は主に、退職後に起業したり、ボランティア活動に励んだりしている人たちの事例紹介。「まだまだ働く」「地域社会に貢献」「趣味を愉しむ」「まだまだ学ぶ」の４分野で27の事例を取り上げている。また、「サイバーシルクロード八王子」や「雑学大学」などを気になる団体として紹介している。ほかにも、多摩地区で受けられる就職支援サービス、創業・起業支援サービス、起業時の融資・助成などの情報提供コーナー、セカンドライフに役立つ70冊の本のページも。詳細が分かるサイトも立ち上げた。

　東京都世田谷区は、毎年『生涯現役ハンドブック』を発行している。住んでいる世田谷区に目を向け、自分の活躍の場として一歩踏み出すためのハンドブックだ。手元にある2009年版では地域デビューに関する先輩からのメッセージ、区の発行物やホームページからの情報収集の方法、ボランティアやＮＰＯ、仕事探しなどの相談窓口紹介、健康づくりや仲間づくり、地域活動

世田谷区のハンドブック

の実際などが、親切丁寧に紹介されている。無料。

このハンドブックとは別に、世田谷区は中高年世代向けの情報誌『GAYAGAYA ≧50s（がやがや）』も発行している。こちらは公募で選ばれた50～70代の区民スタッフが、ボランティアで企画・取材・執筆を行っている。世田谷のまち再発見、ボランティア、生きがい探し、歴史、スポーツなど盛りだくさんの内容。区内の公共施設で、無料で手に入れることができる。こうした住民参加の取り組みは手間がかかるが、携わる区民からのクチコミ効果も高い。

足立区も2008年に『地域ぐらしを楽しむ、おとなの時間の見つけ方シニアらいふ心得帖』を作成し、団塊世代などに配布している。目次には、「アフター60のライフ・デザインを描こう」「お金のやりくりについて考えよう」「自分のからだとの上手なつきあい方を知ろう」「大人の身だしなみを磨いて高感度UP」「地域デビューの心得を習得しよう」といったテーマが並び、人生、お金、健康、オシャレ、地域デビューなどを指南する内容となっている。私もデータなどを提供し、制作に協力した。

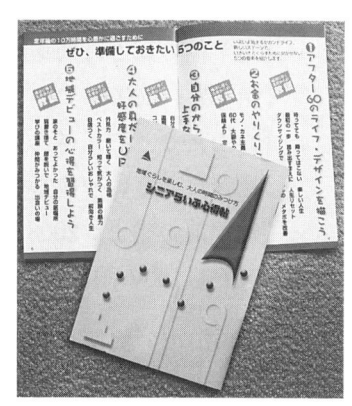

足立区のハンドブック

兵庫県は団塊世代などの地域づくり活動への参画を促すため、『60歳からの見本市　行ってみる。話してみる。聞いてみる。』を2008年に発行した。主に事例集で、団塊世代が中心となって活動している事例、団塊世代を新たに活動の担い手とするための活動事例、シニア・団塊世代が持つ経験や資格を活かした活動事例、シニア・団塊世代を支援する企業、活動する個人の事例に分類されて編集されている。また、「地域づくりを楽しむための10カ条」「自分時間を計算してみるチェックシート」「定年後に必要な定年リハビリ

10項目」、コラム「定年後の10万時間に備える10年間」などのページもある。

　兵庫県がバックアップし、起業・就業・ボランティアなど、生きがいを総合的に支援する「生きがいしごとサポートセンター」では、下記のようなセカンドライフに関する出版物を2007年以降、順次発行している。これらの出版物は、「生きがいしごとサポートセンター」のホームページ（http://ikisapo.com/next/publication）からダウンロードできる。

> ・『定年後の10万時間あなたはどうお考えですか？』2007年
> ・『定年塾』2007年
> ・『おかえり、お父さん』2007年
> ・『社会貢献という生き方』2008年
> ・『定年前の覚書』2008年
> ・『ＮＰＯ100の誤解』2009年

　広島県福山市の団塊世代対策室は、「団塊世代支援／ＵＪＩターン支援総合サイト」を運営しており、2009年度には『アクティブシニアのための生涯現役ガイドブック』を作成した。

❖ ホームページでの情報提供

　この時代、出版物同様に大事なのは、ホームページ、Webサイトである。今や、ホームページを設置していない自治体はないだろう。住民は何かあると、役所や出張所にいきなり行くのではなく、まず自治体のインターネットサイトを見る。そして、一応確認してから、必要な部署を訪問する。これがいまどきの住民。仕事でパソコンを使っている団塊世代も同様だ。

　だから、最新の必要な情報が掲載されているかどうか、それが見つけやすいかどうかが重要となる。ともすれば、デザイン重視にな

りがちだが、自治体のサイトは簡潔で分かりやすいのが一番。分かりにくいサイトは、途中で閲覧をやめることも多く、住民サービスのイメージを悪くするといってもいいほどだ。

　全国の自治体が作成するホームページの充実度ランキングというのがある。2010年4月に公表されたランキングでは、1位：大阪市、2位：東京都三鷹市、3位：神奈川県相模原市、4位：兵庫県神戸市、5位：兵庫県姫路市、6位：東京都立川市、7位：愛知県大府市、8位：福岡県久留米市、9位：神奈川県厚木市、10位：東京都練馬区となった。

　ランキングの対象は3月1日時点の1778市区町村。使いやすさと情報の公開度・先進性を重視して調査した。6位に入った立川市は市民からの「情報がみつけにくい」という苦情を受けて、3クリック以内で必要な情報にたどり着ける構成にした。

　自治体のホームページは組織の縦割りがそのまま反映されることが多く、市民には利用しにくいものが多い。このようなランキングを参考にして、市民目線のサイトを検討してみてはどうだろうか。

　「ふるさと島根定住財団」のサイト（http://www.teiju.or.jp/）は、特に凝ったり、先進的なページではないが、トップページにイベントやニュースが時系列で表示されていて、動きが分かりやすい。何よりも頻繁に情報がアップされていることに好感が持てる。これは、担当者自身が情報を更新できる仕組みで運営しているからだろう。サイトの更新をすべて外部に委託する場合が多いと思うが、それではタイムラグが生じる。必要な時にはとりあえず情報をアップできる仕組みも必要だ。これは災害や緊急時にも威力を発揮する。

　サイトは定期的に、頻繁に更新されていればいいというものではなく、脈絡なく掲載していると情報過多で見にくくなることもあるので、掲載情報の仕分け・分類も必要。サイトでの情報発信がますます重要になる今後は、セキュリティも含めて、そうした手順づく

りや担当者の選任・教育が不可欠となる。

団塊向けサイトとしては、北海道が「団塊の世代の皆様のご活躍に向けて～情報ひろば～」(http://www.pref.hokkaido.lg.jp/ss/sum/dankai)を運営して、取り組みをアピールしている。また、足立区は「あだち団塊世代情報サイト」(http://adachi-dankai.genki365.net/) を設置し、関連あるイベントや講習、過去の地域回帰推進事業で立ち上がった団塊世代のグループの活動などを紹介している。ブログ講座に参加したメンバーのブログもリンクし、受講者の成果を発表する場にもしている。

先に紹介したような人材マッチング事業では、とりわけサイトは重要な役目を果たす。人材の登録や仕事の検索などはすべてサイト上で行われるからだ。相模原市の「さがみはら市民活動人材ねっと　たすかるバンク」(http://www.tasukarubank-sagamihara.net/) がそうだ。

また、ブログやＳＮＳ（ソーシャルネットワーキングサービス）を活用する自治体もある。ＳＮＳは、インターネット上に構築する社会的ネットワーク。日本では民間の「mixi」が有名だ。そのような仕組みを自治体が住民や特定層の人のために独自に構築して提供するもの。すでに会員になっている人の招待がないと参加できず、会員登録をして、ＩＤとパスワードを入力して使う。氏名・住所・誕生日などの個人情報を登録するので、匿名で誹謗中傷を書き込むことはできにくく、安全性が比較的高いといわれている。

ちなみに、日本の自治体で初めて採用したＳＮＳは、熊本県八代市の「ごろっとやっちろ」(http://www.gorotto.com/) といわれている。その後、東京都千代田区や新潟県長岡市で総務省の実証実験なども行われた。

自治体が運営する団塊シニア世代に関係するＳＮＳでは、東京都武蔵野市の「市民活動情報サイト」(http://musashino.genki365.net/)、兵庫県の地域ＳＮＳ「いきがい．cc」(http://www.ikigai.

cc/）などがある。

　<mark>重要な情報をただ掲載しておくのではなく、住民が見に来てくれるような仕掛けも必要だ。</mark>山形県には新規就農情報メールマガジン『山形で農業してみっべ！』（http://agrin.jp/newfarmer/）がある。その地域の状況が分かり、イベント告知など役に立つ情報もあるので、特に就農を希望していない人も読んでいるのではないだろうか。

　さらに、最近は「Twitter」が話題だ。これは140文字以内の短い発言（つぶやきといわれる）を書き込むことで、情報や意見を共有するシステム。企業ではすでに販促などに使っている。

　自治体でも始まっている。北海道陸別町は知名度向上を目的に、2009年7月にツイッターを始めた。2月のイベント「しばれフェスティバル」では、ツイッターでの事前ＰＲが成功し、全国から約7000人を集めた。

　最近は鳥取県米子市の取り組みも有名だ。特産の白ネギをイメージしたキャラクター「ネギ太」がツイッターでつぶやく。「ネギ太」は市職員が扮し、ゆるい口調で多くの閲覧者を集める。「ふるさと納税」の寄附をＰＲしたこともあり、2009年度は868人から1815万円を集めた。

　<mark>自治体も住民への情報提供や告知などにブログやメールマガジン、ツイッターなどを活用できる余地は十分あると思う。</mark>

プラスα

120以上の市の事業に市民が参加
注目の「京都市市民共汗サポーター」制度

　京都市には、市政の様々な分野やまちづくり活動に自主的に参加する市民ボランティアを募り、「市民共汗サポーター」として活動できる制度がある。世界遺産でもある京都のまちづくりを進めるためには、市民と行政が課題や理想を共有したうえで、それぞれの持つ知恵や力を融合し、"共に汗を流して取り組む"ことが重要という判断からだ。

　京都市のWebサイトには、「市民共汗サポーター」と取り組む事業が部署別に一覧表で掲載されており、環境政策局や文化市民局など市民が取り組みやすい事業を行う部署はもちろんのこと、行財政局、建設局、消防局、上下水道局なども含めて、ほとんどすべての部署が取り組んでいる。事業数は120以上に及ぶ。

　例えば、「京エコロジーセンターエコメイト新規養成講座」事業では、環境ボランティアとして平成22年度4月から活動を希望する市民を対象に、学習の場づくりなどの技能を習得するボランティア養成講座を実施する。また、「動物大好き市民会議」では、京都市動物園の整備に当たり、市民の手による市民のための動物園づくりを推進し、市民との共汗でつくる新「京都市動物園構想」策定の検討をする。

　リタイア後に地域で何かしたいと思ったとき、このようなガイドラインがあれば、市政の取り組みも理解しやすく、地域デビューへのハードルが低くなることは間違いない。

「市民共汗サポーター」についてのWebサイト
http://www.city.kyoto.lg.jp/sogo/page/0000068608.html

❹ 国と関連団体・研究機関の取り組み

❖ 政府のNPOへの注目度と活用策

　2009年10月の臨時国会、民主党が政権を取って初めて行われた鳩山首相の所信表明演説には、NPOという言葉が4回登場した。それまでの首相演説で、民間非営利組織の名称がこれほど表現されたことはなかった。新政権による行政への市民参加の期待は大きいということだ。

　その後、鳩山政権は「新しい公共」という表現を使っている。その目ざすところは、「幸福や地域の豊かさは企業や政治の力だけでは実現できない。市民やNPOが教育や子育て、まちづくり、介護や福祉など身近な課題を解決するために活躍し、同時に、その市民が歓びや生きがいを得ること」である。政府は、「こうした人々の力を"新しい公共"と呼び、その活動を担う組織や活動を支援するために、寄附税制の拡充を含め、担い手を拡大する社会制度のあり方について、具体的な提案をまとめる」としている。その中心組織となるNPOを担う主要な人材はリタイアした団塊シニア世代と考えてもいいのではないだろうか。

　新聞によれば、政府の方針に基づき、政府は2010年からの経済対策にNPOの活用を盛り込む計画を発表した。それが社会起業家を育てる「地域雇用創造マネジャー制度」である。内容は、環境や介護、教育といった公的分野で活動するNPOを対象に、そこで働く研修生を募集し、研修期間中は15万円程度の支援金を交付するというもの。2010年から2年間で1万2000人を対象に研修を実施する計画だ。受け入れを希望するNPOも公募で決める。研修後はNPOに継続雇用されたり、全国各地で創業することを狙っている。

また、NPOや社会貢献型企業の設立に向けたアイデア募集事業「ビジネスプラン・コンペティション」も実施。審査通過企画には、起業支援金を支給し、事業が軌道に乗るまで経験者のアドバイスを受けられるような体制も整える。これにより多数の新規事業創出を目論むという。これまでも政府のNPO支援による雇用創出プログラムがないわけではなかったが、いよいよ本格的に取り組むということだろう。ぜひ、実現してほしいものだ。
　これまでの関連施策といえば、厚生労働省が2008年に始めた「コミュニティ・ジョブ支援事業」がある。NPOやコミュニティ・ビジネスなどの地域貢献活動を行う法人・団体を就業先として選択できるように、情報提供やNPOなどでの職場体験機会の提供をするものだ。主に団塊シニア世代を対象に地域貢献活動への参加を促すという目的で始まった。その業務を行うのが「地域貢献活動分野促進センター（コミュニティ・ジョブセンター）」。全国から選ばれたNPOである。
　初年度に選定されたのは3団体だけだったが、2年目の2009年は、北は札幌から南は鹿児島まで10団体と大幅に増えた。ただ、事業仕分けの影響もあり、この仕組みが今後も継続するかどうかはまだ定かではない。
　経済産業省関東経済産業局は、コミュニティビジネスの創出・育成支援のための調査研究を行っている。具体的には、「コミュニティビジネス中間支援機関のビジネスモデルに関する調査報告書」「行政とコミュニティビジネスのパートナーシップに関する調査研究報告書」「コミュニティビジネス経営力向上マニュアル」「コミュニティビジネス資金調達マニュアル　〜新事業展開に向けて〜」など、各種ある。
　また、『コミュニティビジネス事例集』を2004年版、2006年版、2008年版と3冊作成している。全国でソーシャルビジネス／コミュニティビジネスに先進的に取り組んでいる事業者を広く公募し、

『ソーシャルビジネス55選』としてまとめた。これらの調査報告書やマニュアルはすべて関東経済産業局のコミュニティビジネス・サイトからダウンロードして見ることができる。

『多摩セカンドライフ 大満足事典』の発行元、財団法人東京市町村自治調査会は、地域に関する多くの調査・研究を行っている。「生涯学習と市民活動の連携に関する調査研究報告書」では、"住民の主体性に基づく学習活動の成果を住民参加型まちづくりに活かす仕組みづくりの提言をまとめている。

政府外郭団体・民間研究組織の取り組み

多摩大学総合研究所は、「多摩ニュータウンにおけるシニアの行動研究とＩＴ利用に関する研究～シニアを動かす情報流と動的情報空間の可能性～」をまとめた。

2006年に誕生した「地域創造ネットワーク・ジャパン」はシニア世代の地域デビューを支援する全国組織。さわやか福祉財団や長寿社会文化協会、ニッポン・アクティブライフ・クラブ、市民福祉団体全国協議会、神奈川ワーカーズコレクティブ連合会のシニア５団体に呼びかけて設立された。代表理事は、元宮城県知事の浅野史郎氏。活動内容としては、"主としてシニアが個人的に所有する諸資源の有効な活用をはかる活動、事業、ノウハウ等の開発・普及を推進する"とある。ただし、個々の組織はそれぞれ独自の活動を行っており、浅野氏の健康問題もあって、団体独自の活動はこれからのようだ。

「地域創造ネットワーク・ジャパン」の設立メンバーである「社団法人長寿社会文化協会（ＷＡＣ）」は1988年に民間の高齢化問題に関する第１号の社団法人として認可された団体。"豊かで活力ある21世紀の長寿社会を構築していくためには、当事者である中高年自身の自覚と自立、そして仲間作りとネットワーク作りが大きな意

味を持ってくる"という認識のもと、高齢者の健康と生きがい作り、地域の助け合い機能の活性化を促進する活動を行っている。

　具体的には「全国コミュニティカフェ連絡会」を組織し、各地にコミュニティカフェを設立するためのサポートを行ったり、「シニアサムライ認定プログラム」という名称で、シニア社会起業家のデビュー講座を開催したり、地域デビュー、コミュニティビジネス、成年後見人などの各種講座を開催したりと、勢いのある活動を行っている。

　「ＮＰＯ法人コミュニティビジネスサポートセンター」は、地域で新しく事業を開始したい人、今のコミュニティビジネスをより成長させたい人を支援する組織。対象は、ＮＰＯ法人、個人事業（ＳＯＨＯ）、会社、組合など、形は問わない。自治体や団体などで主に、住民向けや職員向けの講座に講師の派遣を行い、シンポジウムなどの企画・運営も行っている。東京都、埼玉県、千葉県、神奈川県などの自治体、経済産業省から事業も受託している。

　近年は、「コミュニティビジネスアドバイザー講座」「コミュニティビジネスコーディネーター講座」を開催し、地域でコミュニティビジネスの支援をできる人材の育成を図っている。

　「一般社団法人シニア社会学会」は、まさにシニア世代が会員となり研究、交流、事業活動を展開している。会員のスキルとキャリアを資源とし、団体・企業・法人との共同事業につなげること、外部機関の助成事業に積極的に応募し、その成果を社会活動に活かしたいとしている。現在の会長はお茶の水女子大学名誉教授・東京家政学院大学客員教授の袖井孝子さんだ。

第3章

特色ある市民活動

第2章では主に自治体側の取り組みを紹介した。この章では、住民の側に立って、地域でどのようなきっかけや志で活動や事業を始め、どのような過程を経て実現したか、どのような意識・熱意・やりがいを持ち、どのような悩み・苦労・問題に取り組んでいるかを、実例で紹介する。
　自治体がいくら旗振りをしたところで、肝心の地域住民が理解し、反応してくれなければ、何も起こらない。逆に、住民がせっかく問題意識を持って頑張っていても、理解や必要な支援がなければ続かない。
　地域活動には、必要としている人と必要とされている人のマッチングが必要だが、自治体と住民の間にもそれはいえる。両者が出会い、かみ合ったところで、市民活動のよりよい芽が出て、花が開く。自治体の役目は、なによりも地域住民の動向をしっかりと見つめ、その芽がどこにあるかを見極め、それを実際に役立つ活動・事業として育てていくことだろう。
　ここで紹介する活動の主役は、すべて団塊世代を含めた50代より前の中高年世代である。

♣1 一人の熱意が周囲を動かす

　今まで団塊シニア世代の活動を取材してきて感じたことは、多くの活動はたった一人の熱意ある市民の思いや希望から始まっているということだ。それは、人生経験やこの年代らしい価値観と無縁ではない。自治体と市民との協働事業の実現は、そのような熱意ある市民を見つけることから始まるのではないだろうか。それが意義ある活動であれば、うまくサポートしていくことで、共鳴する人々に波紋のように広がっていく。結局、市民活動とは、組織対組織ではなくて、個人対個人の関係が基盤になるということだ。
　ここでは、そんな熱意や実現化能力をいかんなく発揮した人の思いと取り組みを紹介する。

第3章　特色ある市民活動

市民映画館　「深谷シネマ」

市民基金の活用

ＮＰＯ法人 市民シアター・エフ
（深谷シネマ）

埼玉県深谷市深谷町9-12
☎　048-551-4592

〈分野〉
文化・芸術
まちづくり
市民参加
協働

http://fukayacinema.jp/
（※写真は2010年の移転前）

　　埼玉県深谷市。駅から５分ほど歩いた商店街の一角に、座席数50ほどの小さな映画館がある。ＮＰＯ法人市民シアター・エフが運営する「深谷シネマ（チネ・フェリーチェ）」だ。理事長は竹石研二さん（61歳）。

　　竹石さんは、映画館のない地域の人たちにいい作品や本当に見たいと思う映画を提供して、映画を町の文化として定着させたいという夢を持っていた。そして、その実現に向けて、たった一人で活動を始めた。今では、市民や行政、商工会議所などを巻き込みながら、地域活性化の新たなモデルとして注目を浴びている。

　　竹石さんは、今村昌平監督が創った映画学校で学び、卒業後は日活で、児童映画の製作を担当していた。しかし、経営危機が深刻になり退社。それを機に妻の実家のある深谷に転居し、地元の生協に再就職した。生協では

131

仕事の合間に、会員を対象に映画鑑賞会を設立し、定期的な上映会を10年間続けた。

映画鑑賞会をやりながら考えていたのは、「**やっぱり地元に常設の映画館がほしい**」ということだった。埼玉県には70の自治体があるが、シネマコンプレックスなどの影響で、7割の自治体からは映画館が消えている。

ステップ1
きっかけ

もやもやとしていた思いが明確になったのは、50歳を過ぎてからだ。自分なりにこれからの人生を「50歳の夢」と題する作文に書いてみた。そして、やはり自分の夢は街の中に映画館を作ることだという思いに至った。すると、周囲の心配をよそに、生協を辞めてしまった。

ステップ2
メディアの活用

竹石さんが最初にとった行動は、隣の熊谷市役所にある記者クラブに行き、「50歳の夢」を片手に思いを発表することだった。プレスという手法は、誰にでもすぐに思いつくものではない。知っていたとしても、一介の市民には気後れしてできないだろう。しかし、竹石さんには生協時代に経験があった。何より、夢の実現のためにはあらゆる手段をとるつもりだった。背水の陣である。

ステップ3
仲間集め

世の中はよくしたもので、面白い人物がいると記事にしてくれた新聞社があった。すると、その新聞を見た映画好きが何人も連絡をくれ、結局、最初のメンバーとして15人ほどが集まった。

ステップ4
NPO設立

活動を始めるに当たっては、会社組織でなく、NPOという形をとることにした。それも生協での経験があったからだ。生協は共同組合だから、利益至上主義ではない。それと同じで、映画を文化として町に定着させるという目的の実現手段としては非営利組織がふさわしい。こうして、2000年4月、深谷市で第1号のNPO設立となった。

ステップ5
商工会との連携

　設立資金は、当時の国民生活金融公庫から500万円を借りた。本来なら、できたばかりのＮＰＯが借りられるわけはなかったが、商工会議所が間に入ってくれた。渋沢栄一の誕生の地として知られた深谷市も、旧中山道という由緒ある通りですら昔の面影はない。そこに映画館ができ、市民が集まるようになれば、街の活性化にもつながる。商工会議所もそう考えたのだ。会場は、洋品店の空いている２階を貸してもらえることになった。最初の映画館「フクノヤ劇場」の誕生だ。

ステップ6
住民ニーズの把握

　上映作品を検討していたとき、通りにいるおばあちゃんたちに、「**どんな映画が見たい？**」と聞いてみた。返事は「**そりゃあ、『愛染かつらだよ』**」。これで最初の上映作品が決まった。

　『愛染かつら』の上映会には、２週間で1000人以上のおばあちゃんたちが集まった。フィルムが劣化していて、映写機にかけると途中で切れることもあった。文句が出るどころか、「**昔もそうだったよ**」などと話のタネになる。途中で拍手が出たり、主題歌の「旅の夜風」を一緒に歌ったりと、心から楽しんでいる様子だった。

　上映終了後、お茶とお菓子、お漬物などを出して、懇親の場を設けたところ、話が盛り上がって、一向に帰る気配がない。この出来事で、竹石さんが最初構想していたおしゃれな映画館は地域密着型へとすっかり軌道修正されてしまった。

ステップ7
市との連携

　しかし、「フクノヤ劇場」は老朽化が進んでおり、長く続けることができない。思案していると、思わぬ声が掛った。深谷市に中心市街地活性化計画があり、まちづくりの組織「ＴＭＯ（タウン・マネージメント・オーガニゼーション）」が立ち上がるという。そこに参加しな

いかというのである。竹石さんの活動は、しっかりと関係者に注目されていたのだ。そして、ＴＭＯのメンバーとなり、空き店舗を使った映画館を提案。そこから、活動は大きく飛躍することになった。

「深谷シネマ」として新たにオープンした建物は、統廃合で空き店舗になっていた元銀行の支店。銀行から市が借り受け、商工会議所とＮＰＯが共同で運営する形をとった。ただ、映写機や椅子や音響などは自前で用意しなければならない。しかし、資金はない。

ステップ8
資金集め

苦肉の策として、市民や企業から「シネマ基金」を募ることにした。1口1000円の基金に協力した人は150人ほど。それでも、250万円の資金が集まり、なんとかオープンにこぎつけることができた。基金に協力した人たちの名前は木札に書き、今でも劇場内に掲げてある。

正直言って、経営は決して楽とはいえない。それでも、観客数は1週間に500人から600人。一応採算ベースに乗り、正社員4人、アルバイト2人への給料も出せるようになった。映画好きな市民が、無償で受付などの手伝いもしてくれる。今では、映画館のない地域での出張上映会も開催するようになった。

「深谷シネマ」は、区画整理事業により2010年3月に2度目の移転を行った。移転先は500メートルほど離れた「七ッ梅」という300年あまり続いた蔵元。今は廃業しているが、900坪の由緒ある敷地と建物は、たびたび映画のロケ地としても使われてきた。

その賃貸料すべてをＮＰＯで賄うのは難しい。そこで、市民が出資する「深谷コミュニティ共同組合」というまちづくりの組織を作った。組合がオーナーから全体を借り、ＮＰＯは組合から映画館にする一部分だけを借

りるという方法をとる。

　敷地内にコミュニティスペースを設置することで、埼玉県の助成金も受けられることになった。竹石さんは、今後もＮＰＯと自治体の協働関係を大事にしていきたいと言う。「**映画は娯楽ですが、芸術や文化でもあります。共通の財産だから、行政が支援する価値は十分あるはず**」。

　そして、今後は、自分と同じように地域に映画館設立を希望する人を支援していきたいとも言う。団塊世代が地域に戻ったとき、映画館のひとつもないのでは寂しいではないか。早速、『おくりびと』に使われた映画館を復活させたいと、山形県酒田市からリクエストが来たという。

○○○○筆者の目○○○○

　「深谷シネマ」の活動は、まさに、一人の熱い思いから始まっている。そして、その思いは実は多くの市民が共通に持っていたものだった。その引き出し役が竹石さんだったということだ。だから、市民基金も共同組合の設立もうまくいった。

　このような「コミュニティシネマ」の活動は、市民の地域活動として各地で芽が出始めている。団塊世代は特に映画への愛着は深い。

　地域には、埋もれているシーズやニーズがまだたくさんあるということだろう。

退職後に仲間と立ち上げた
"コミュニティワイナリー"「東夢」

居場所づくり

株式会社 東夢

山梨県甲州市勝沼町
勝沼2562-2

☎ 0553-44-5535

〈分野〉
農業
退職者の就労
産業振興

http://www.buranchu.com/

　日本のワイン発祥地といわれる山梨県甲州市。2007年、ここに異色のワイナリーが誕生した。東京電力を定年退職した高野英一さん（62歳）が仲間の協力を得て起こした「東夢」だ。社名の由来は一目瞭然。退職したとはいえ、元の会社への愛着が感じられる。しかし、その思いとは裏腹に、高野さんは定年後、会社が用意した再就職先を選ばなかった。まったく畑違いのぶどう栽培とワインづくりを、故郷で手がけることにした。勇気あるシニアチャレンジャーの奮闘ぶりをたどってみよう。

ステップ1　きっかけ

　東京電力の定年は当時55歳。もちろん、年金が出るまでは子会社に転籍するなどして、サラリーマンを続けることができる。ほとんどの退職者は、この道を選択する。しかし、高野さんはそれではつまらないと思った。もう一度、何かやりがいのある仕事がしたかった。

その一方、生まれ育った甲府にも高齢化の波が押し寄せ、放棄された農地が増えつつあることを知った。故郷の荒れた農地を目の当たりにして、心が痛んだ。聞けば、友人が所有している山の斜面の農地も休耕地になっているという。それなら、自分で整備し、ぶどうを育ててみるのはどうかと思いついた。

ステップ2 仲間集め

2002年、農地を借り開墾を始めたものの、荒れ地に予想外に手こずり、作業はなかなかはかどらなかった。一人作業する高野さんの状況を見かねた会社の先輩・田中さんが手伝ってくれた。最初の仲間である。重労働の日々が続いたが、そのうち、退職した仲間や現役世代の後輩たちも手伝いに来てくれるようになった。

ステップ3 地域への第一歩

ようやく実りの時を迎えたのは2006年の秋。4年の歳月をかけて、初めてのぶどうが実った。ところが、苦労して育てたぶどうをワイナリーに売っても、いくらにもならない。それなら、自分たちの手でワイン醸造まで行ったほうがいいのではないか。

しかし、ことはそう簡単ではない。甲州市には約30のワイナリーがあり、明治時代から100年以上続く老舗や大手酒造メーカーのワイナリーもある。ワイン醸造の激戦地であり、新規参入は容易ではない。醸造免許を取るために税務署に行ってみたが、ほとんど門前払い。ワインの知識も経験もない定年退職者だったから当然だった。

ステップ4 行政の理解

それでも、高野さんたちはあきらめない。地元のワイナリーに頼み込み、ワインづくりを学ばせてもらうことにした。そのワイナリーで働くこと3年。その様子を税務署や行政なども見ていたらしく、故郷への愛着から生まれた定年後の起業であることへの理解も加わり、よう

やく免許を取得することができた。こうして、ワイナリー「東夢」は誕生。仲間は増えていった。

ステップ5 資金集め

もうひとつクリアしなければならない問題があった。醸造所、つまりワイナリーが必要なのだが、建設資金の手当てがつかない。リタイア世代が始めた不安定な事業に、金融機関が融資してくれるはずもない。そこで考えついたのは、会社の元同僚などに株主として出資してもらうことだった。

高野さんは、「**事業は自分たちだけの世代で終わるものではなく、やがて、後輩たちに受け継いでもらうことになる。だから、この夢に出資してもらいたい**」と訴えた。結果、30名近い仲間たちが資金を提供してくれた。それでも足りず、残りは高野さんが自宅を担保に資金を調達した。

ステップ6 新商品開発

2007年秋には、ぶどうを仕込む作業が始まった。さらに、特に優れた技術を持っているわけではない「東夢」が生き残るには、特徴ある商品が必要だと考えた。市場調査を行い、皆で意見を闘わせた結果、「新しい酒」造りに挑戦することにした。ヒントになったのは、イタリアの食後酒であるワイン蒸留酒のグラッパ。ぶどうを使った焼酎風味の酒だ。

研究を重ね、ワインとワインの蒸留酒をブレンドした「葡蘭酎（ぶらんちゅう）」を開発した。香りはワイン、飲むとブランデー。だから「葡蘭酎」。食事をしながら、あるいは食後の一杯、どちらにもふさわしい味で、自慢のオリジナル商品となっている。

会社の経理事務を担当しているのは高野さんの奥さんだ。最初は反対していたが、やるからには何がなんでも成功してもらいたいと、今では事業を支える大きな力に

なっている。すでに、「東夢」には年間２万本以上の生産能力がある。ワインを作るノウハウも確立し、念願の技術を後輩たちに受け継いでいく土壌もできた。

　たった一人の思いから、元会社の同僚を巻き込み、広がっていった「東夢」。彼らが目標とするのは、第二の人生を謳歌する人たちでつくる農業法人である。

○○○○○筆者の目○○○○○

　国をあげて"70歳まで働ける社会の実現を目指す"としている時代に、55歳定年はいかにも早すぎる（今では多少改善されたそうだが）。まだまだやる気のある団塊シニア世代が行き場や発揮場所を突然なくして、途方にくれる様子が目に浮かぶようだ。高野さんも同じ状況だったのだろう。

　しかし、彼はあきらめることなく、自分で自分が納得いく居場所を作った。さらに、元同僚たちやこれから退職してくる後輩のための居場所づくりも行おうとしている。これが「東夢」を"コミュニティワイナリー"と呼びたい理由である。

おばあちゃんたちの葉っぱビジネスが成功した理由

徳島県上勝町「いろどり」事業

すでに広く知られている事例なので、本文では紹介しなかったが、少しだけ触れておきたいのが葉っぱビジネス「いろどり」である。おばあちゃんたちが山から採ってきた料理に添える「つまもの」を全国の高級割烹や料亭、ホテルや旅館などに提供し、今では8割のシェアを誇る。

この事業を自治体が始めたまちおこしだと思っている人が多いのではないだろうか。実際は30年ほど前に、上勝町に赴任してきた横石知二さんという当時20歳の農協営農指導員が、高齢化と過疎化が進み、希望も夢もなくした町と住民をなんとかしたいと思ったことから始まっている。

最初、葉っぱを集めて売るという提案には、「狸のおとぎ話か」「ゴミを拾って生活したくない」などという冷たい言葉が返ってくるばかりだった。では、何が転機になったのだろう。

横石さんは、おばあちゃんたちに目をつけた。頑固で見栄っ張りな傾向のある男性は若造に言われて動くことはない。でも、女性にはそんなこだわりがないし、好奇心が旺盛。しかも、夫の収入を頼りに生きてきた女性たちは自分で稼いだお金がほしいという願望が強い。その喜びがあれば、骨惜しみしないで働く。横石さんは、事業のキーマンが誰かに気づいたのだ。

ただし、葉っぱを商品として販売ルートに乗せるのは並大抵の努力ではない。おばあちゃんたちの成功物語も、その後の30年に渡る横石さんの骨惜しみしない働きなしにはありえなかった。その全容は著書『そうだ、葉っぱを売ろう！』（ソフトバンクパブリッシング）で知ることができる。

「いろどり」のWebサイト
http://www.irodori.co.jp/

♣2 愛する町の再生・まちづくりに貢献

　団塊世代は、進学や就職で都会に出てきた人が多かった。住みついた町はもはや故郷だ。一方で、生まれ育った地方に残った人もいる。どちらにせよ、定年を機に、改めてわが町を見直してみれば、様々な問題にも目が行く。愛着がひとしおだからこそ、なんとかしたいという思いも湧いてくる。それが町の活性化活動につながる例は少なくない。

近代産業遺産を観光資源に「桐生再生」

地域人の発想

NPO法人　桐生再生
群馬県桐生市東久方町
1-2-25
☎ 0277-47-0414

〈分　野〉
地元人財
文化財
観　光
まちづくり

http://saisei.kiryu.jp/

　群馬県桐生市の団塊世代が、2008年5月、「NPO法人桐生再生」を設立した。旗振り役は、清水宏康さん（62歳）。桐生に残るのこぎり屋根の織物工場などを再生して観光拠点にし、新たな産業を誕生させたいと、県

立桐生高校の同窓生に声をかけて始めた。現在はNPOの理事長として、自ら観光ガイド役などを務める毎日だ。

桐生は清水さんが生まれ育った町。そして、一度もこの町を出て暮らしたことはない。同級生が都会で華やかに生活する様子を、横目で眺めていた時代もあっただろう。しかし、33年間、桐生信用金庫に勤務し、めでたく定年を迎えた。地元に密着した信金の金融マンとして、桐生という町の表も裏も知り尽くし、人脈も幅広い。

ステップ1
きっかけ

NPO法人を設立したきっかけは、2007年に閉館した観光施設「ホテル国際きのこ会館」の存続運動だった。きのこ会館は、きのこ生産システムのメーカーが建設したもので、きのこ関係の国際会議なども開催され、桐生のランドマークともなっていた。桐生の重要な近代化遺産だから、市民が力を合わせて運営できないかと考えたのだ。

しかし、専門家に診断してもらったところ、運営していくには大掛かりな補修工事が必要。とてもNPOが手がけられるような案件ではなかった。結局、建物は予定どおり解体されてしまった。清水さんは悔しかった。そして、「**桐生にはまだまだ多くの近代化産業遺産がある。それらはなんとしても残さなければならない**」と思った。

ステップ2
仲間集め

その思いは、まず、ベーカリーカフェ「レンガ」で実現した。1919（大正8）年に建てられた旧「金谷レース工業」工場を、のこぎり屋根やレンガ造りの壁を生かして、洋菓子やパン、コーヒー、サラダなどを提供するおしゃれなカフェにリニューアルしたのだ。織物業三代目からパン屋に転身した団塊世代の友人を口説き落とし

第3章 特色ある市民活動

て、開業にこぎつけた。

桐生はかつて織物の町として栄えた。そのシンボルが市内に点在するギザギザののこぎり屋根。天井が高く、開放感があり、居心地がいい。カフェは朝7時から営業し、市民の憩いの場として、また、織物工場をしのばせる観光拠点としても評判となった。

ステップ3
商品展開

NPOの活動は、このような産業遺産などを生かした観光拠点作り、その拠点を巡る観光案内コースの作成と案内、桐生市の企画する各観光イベントへの協力などからなっている。

現在、観光コースは「のこぎり屋根めぐり」「有燐館めぐり」「あーとほーる鉾座めぐり」「美術館と遊園地めぐり」の4つがある。いずれも、日光の東照宮を思わせる権現造りの「桐生天満宮」、元桐生高等染織学校の「群馬大学工学部同窓記念会館」、旧テキスタイル工場、酒・味噌・醤油などを醸造していた土蔵などの建物群である「有鄰館」など、歴史・由緒ある建物が組み込んである。もちろん、ニューヨーク近代美術館の人気製品を製作する松井ニット技研や映画『さゆり』の帯を製作した後藤織物など、現代に通用する桐生の姿を紹介することも忘れてはいない。

桐生のメインストリート本町通りは、天満宮まで一直線の道路。16世紀末から17世紀初頭にかけての街並みを今に残しており、間口が狭く、奥行きが深くと京の町屋のような造りだ。だが、京の町屋の2倍の規模がある。今では、電柱が地中化された整然とした印象の商店街となり、国の重要伝統的建造物保存地区選定に向けて動いている。

そんなことも、ただ歩いていては分からない。清水さ

143

んたちの説明があればこそなのだ。なるほどと面白さが何倍にもなる。観光の途中には、お昼のおすすめ食事処として、桐生のうまい物屋さんの紹介も行っている。案内料は一人500円。ただし、昼食代、入場料、タクシー代などは別途料金が必要だ。

自由な活動を貫きたいということもあり、NPO法人の運営は行政などからの支援に頼らず、もっぱら個人資金で賄っている。そのため、2009年4月に桐生駅構内にオープンした観光案内所と物産館の運営を行い、観光タクシーガイド養成講座もスタートさせた。

清水さんは、産業遺産を観光の拠点にするにはまだまだ課題があるという。産業の町・桐生は、今まで観光ということを考えてこなかった。だから、埋もれている桐生のよさを発見して、表舞台に出したいのだ。

2010年には株式会社桐生再生を設立した。

○○○○**筆者の目**○○○○

こういう情熱にあふれたアイデアマンたちがいる町は幸せだ。地元の利と人脈を活かして、どんどん活動を展開していくだろう。ただ、「桐生再生」の活動は始まったばかり。まだ地元の理解を得られたとはいい難い。今後の活動継続と拡大のためにも行政との上手なコラボレーションは欠かせない。自治体のまちづくり施策と大きくかかわるからだ。

自治体も、この市民から始まった貴重なまちおこし活動を、その力を活かしながら、どのように育てていくかを考える必要がある。無償の市民ボランティア活動としか見ないのでは、せっかくの協働事業として成長していく可能性のある活動を活かせないことになるからだ。

プラスα 地元の人たちが企画する「着地型観光」
新たな観光資源の発掘で地域振興にも

　最近、「着地型観光」という言葉をよく聞くようになった。従来の旅行ツアーは、旅行会社の本社部門でプランされることが多く、実際に現地に行ったこともない人がデータや現地からの情報を集めて作ることも珍しくはなかった。

　一方「着地型観光」は、目的地の旅行業者が企画する旅行。地域のことは地元の人が一番よく知っている。その人たちが考えた現地ツアーや体験プログラムには、隠れた穴場や名所、知る人ぞ知る伝統料理などが組み込まれ、思いがけない楽しみに出会える。

　この「着地型観光」が、地域活性化の起爆剤として期待を集めはじめた。従来型の旅行に比べ、着地型旅行では企画した地元の旅行業者や宿泊施設などに、より多くのお金が落ちる。また、新たな観光資源の発掘はまちづくり事業ともつながる。

　また、「着地型観光」が注目される理由として、旅慣れた団塊世代などは夫婦や気の合う仲間との少人数・個人旅行に移ってきており、従来型の旅行では満足できなくなってきていることが挙げられる。

　であれば、この「着地型観光」には、観光関連業界以外の視点、とりわけ、地元住民の視点と知識を活用することが必要になってくるだろう。本文で紹介した「桐生再生」の活動などはまさにそのひとつで、むしろ、素人でなければ気づかなかった観点や企画がたくさんが盛り込まれている。

　「着地型観光」は、リタイア世代を含む住民の企画が活かされ、さらに運営者としても参加できる活動へと成長してほしいものだ。

地域交流の場・コミュニティカフェを提供する
「よろずや余之助」

おとなのたまり場

NPO法人 よろずや余之助

群馬県太田市浜町41-1
☎ 0276-46-6887

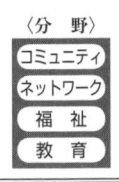

〈分野〉
コミュニティ
ネットワーク
福祉
教育

http://www.yonosuke.or.jp/

　群馬県は、市民活動が盛んなのだろうか、これも群馬県の事例である。太田市にNPO法人「よろずや余之助」が運営するコミュニティカフェ「余之助茶屋」がある。今でこそ、コミュニティカフェが注目され、各地で展開されるようになってきたが、「余之助茶屋」が誕生したのは2002年。コミュニティカフェの先駆けだ。

　「よろずや余之助」は、県立太田高校の同級生ネットワークから生まれた。理事長の桑原三郎さん（60歳）や副会長の小林茂治さん（60歳）など、地元にとどまった同級生たちは、卒業後もよく会っていた。子供の手がかからなくなったころから、蕎麦打ち大会やコンサートなどを開催しては、わいわいがやがやと楽しく騒いでいた。

　しかし、次第に、それだけでは物足りなくなっていた。2002年、太田市では経済産業省が主催する「ターン

ステップ1
きっかけ

&コミュニティビジネス事業」のワークショップが開催された。これは、首都圏のビジネスマンが定年後、故郷でコミュニティビジネスを立ち上げるための実験。これを知ったメンバーに「**コミュニティビジネスをやりたい！**」という機運が盛り上がった。

ステップ2　仲間集め

　2002年3月、さっそく有志が集まり「太田コミュニティビジネス研究会」を発足させた。メンバーは様々な職業に従事していて、それぞれの道ではそれなりの専門家。そのスキルをうまく結びつけたら、地域のために何か面白くて有意義なことができるのではないか。

　基本コンセプトは「おとなのたまり場」とした。地域の人たちが誰でも気軽に寄れて、何でも気軽に相談できる場所を作ろう。建築、不動産、保険、法律、会計など様々な分野の専門家がいるから、"よろず屋"のイメージがいい。

　とはいえ、よろず相談は無料のボランティアに徹し、収益の柱は喫茶事業と決めた。まだ、コミュニティカフェという言葉も知らないころだ。相談では、住宅のリフォームなどの仕事が発生することがある。そこで、メンバーがＮＰＯ経由で仕事を引き受けた場合は、その対価の一部を手数料として入れてもらうことにした。これが「よろずや余之助」が行うコミュニティビジネスの最初のモデルだった。

ステップ3　資金集め

　準備をしているとき、県庁勤めのメンバーが、経済産業省で「市民ベンチャー支援事業」を募集しているという情報を持ち込んできた。軽い気分で応募したところ、思いがけなく入選。全国333件の中の13件に選ばれ、助成金1000万円を受けることができた。

　これを基に2002年12月には、「余之助茶屋」がオープ

ン。しかし、助成金だけで喫茶店を整える資金が足りるはずがない。不足する資金は、桑原さん個人が負担した。普通は仲間の共同出資にするところだが、桑原さんはあえて個人負担を選んだ。こうした事業では順調にいっているときはいいが、うまくいかなくなると、友だち関係までも壊れてしまう。桑原さんは、「**長年仕事で様々な経験をしてきたこともあり、今までの友情を失うことが怖かった**」という。

ステップ4 事業

現在NPOが手掛けている事業には、「余之助茶屋」「よろず相談」「お手軽公民館」「こだわり品の販売」「知的障害児の教育」がある。「よろず相談」は週に2回開催。どんな悩み事、相談事でも受け付ける。小林さんは、「**相談の幅が広いので、私自身も勉強しなければなりません。だから自分もスキルアップして、視野が広がります**」と話す。メンバーにとっても、金銭に替えられない貴重な体験の場となったようだ。

「お手軽公民館」は、集まる場所を持たないグループに会議室やギャラリーとして無料で貸し出すスペース。町内会役員の集まりなどにも利用されている。パソコンやプリンターがあるので、会報の作成などもできる。

ここでは、定期的に知的障害児のための学習塾「かんがるうクラブ」も開催している。養護施設で働いていた桑原さんの奥さんの要望を取り入れて始めたもので、これもボランティア事業だ。

「こだわり品の販売」は、知的障害者養護施設やシルバー世代の手作り商品、健康食品や書籍類、介護用品などを製作者や生産者から預かり、販売をサポートするコーナーである。

「余之助茶屋」にはこだわりがある。「そこらの喫茶

店に負けない」自家焙煎の香り高いコーヒーを出すことだ。NPOだからといって、適当ではだめ、きちんといいものを出す。こうした姿勢が好評で、お昼休みには、近くの会社に勤めるOLなども食事に訪れる。収益の柱はまずまず順調に推移しているようだ。

ステップ5 事業拡大

最近は、健康講座、認知症サポーター養成講座、男の料理教室、団塊世代のための「フォーク喫茶」などにも力をいれるようになった。

さらに、助成金事業にも取り組んだ。2007年にはJT青少年育成に関するNPO助成事業として、3か月にわたり「親子で野外活動体験」を開催した。また、独立行政法人福祉医療機構の支援を受け、「美しく元気に老いる講座」、「エクステリア講習会」、映画喫茶「余之助キネマクラブ」を開催。終了後は、観客同士がコーヒーとケーキでおしゃべりをする時間も設けた。

地域には案件が特殊だったり、小さかったり、行政も企業も手を出しにくい問題がある。しかし、地域住民にとっては切実な課題だ。桑原さんは「**そうした隙間のニーズこそ、コミュニティビジネスがすくいあげるべきテーマなんです**」と語っている。

○○○○ 筆 者 の 目 ○○○○

比較的ゆとりある層の人たちが、地域住民のために活動する姿は、欧米でいう「ノーブレス・オブリージュ」、いわゆる"高い身分や地位にある人が負う高貴な義務"に近いものがある。「よろずや余之助」の活動にも、似た意識を感じる。日本の社会にゆとりがなくなって、そのような人々がいなくなってしまうような事態に陥らないことを祈るばかりだ。

3 シニアだからできる福祉・介護活動

　仕事一筋だった団塊シニア世代の男性は、介護や福祉へのかかわりが希薄だといわれている。しかし、定年前後を機に、できることで無理なく、あるいは、自分なりの意思を持って、その道に入った人たちもいる。そこには女性とは少し違った視点や取り組みがある。福祉・介護という未知なる分野に分け行った男たちの姿を追ってみよう。

車好きが選んだ介護タクシーという仕事

早めの人生設計

サン・ゴールド介護タクシー

東京都杉並区下井草
2-7-16
☎ 090-3003-3560
http://members3.jcom.home.ne.jp/sun-gold/

〈分野〉
介護
ひとりビジネス
運輸

　団塊世代は、意外に早期退職組が多い。60歳まで残り2、3年なら、早期退職制度を有利に使って、早めに第二の人生の準備をしたほうが得だと判断するからだ。大手システム会社勤務だった荒木正人さん（61歳）もその

一人。退職後、満を持して「サン・ゴールド介護タクシー」を立ち上げた。

ステップ1 自分探し

　仕事一筋だった荒木さんは、50歳を過ぎてから、自分が定年を迎えるときのことを意識しだしたという。会社ではもう先が見えていた。それに、60歳まで勤め上げてから、その後の人生を考えるのでは遅すぎる。体力も資金も余裕のあるうちに、準備を始めたほうがいい。そう決心した荒木さんは、「シニアライフアドバイザー養成講座」に通い始めた。まず、自分が何をしたいのか、何ができるのかを見極めたいと思ったからだ。

　シニアライフアドバイザー（ＳＬＡ）は、シニアルネサンス財団が認定する中高年を対象とした総合生活相談員の資格（現在では、通信講座のみ）。講座では、中年以降に生じる様々な現象や問題に関する講義が開催される。荒木さんは、定年後にボランティア活動を行っている人がいることを知って、新鮮な気持ちになっていた。今までの会社員生活では無縁な世界だったからだ。

　そんなある日、荒木さんの方向を決定づける機会がやってきた。それは、ＳＬＡの先輩による、車椅子の人たちの移動をサポートする有償ボランティア活動の体験談だった。話を聞いているうちに、自分がやりたいことはこういうことかもしれないと思った。

　荒木さんは、無類の運転好き。車の運転には、自信があった。その楽しみを生かしながら、人の役に立てて、収入も得られる。こんないいことはないではないか。早速、体験談を聞かせてくれた先輩に頼み込んで、申請書類の書き方から開業まで、ノウハウを教えてもらった。

　荒木さんが目指したのは、一般乗用旅客自動車運送事業（福祉輸送事業限定）という緑ナンバーでの開業だ。

151

営業は福祉輸送に限定されるが、一般のタクシーより様々な点で許可要件が緩和されている。

　介護タクシーは大きく「介護保険適用」と、「介護保険適用外」に分けられる。「介護保険適用」は要介護認定された人がケアマネージャーのプランの中でのみ利用できるもので、「介護保険適用外」は通院やリハビリのほか、買い物、観劇、旅行など、どんな目的にも利用できる。荒木さんは、介護保険適用外の介護タクシーを目指した。

ステップ2 技能修得

　目標が定まったところで、会社の休みを利用して大型二種免許を取得。また、ヘルパー2級資格も取得した。通常、介護保険適用外タクシーは、国土交通省の認可を受け、大型二種免許を取得していれば開業は可能だ。だが、荒木さんは介助が必要なお客さんを車両に乗せるときに、抱え方や力加減を知らなければ、お客様も自分も不安だと考えたのだ。さらに、福祉住環境コーディネーターの資格も取得した。

　そうしているうちに、とうとう会社の早期退職者の募集が始まり、会社を辞めることを決心した。必要な資格取得は、すべて退職前に済ませていたので問題はない。しかし、苦労は思わぬところにあった。

ステップ3 開業準備

　それは、書類申請だった。運輸局では書類を提出すると一応は受け取るが、その場でミスを指摘することはしない。後日連絡が来て、運輸局に赴き、不備な点を確認し再提出。すると、また不備があると連絡が来る。これを数度繰り返すことになった。やっと承認が下りたときは最初の申請から1年が経っていた。

　とはいえ、許可が下りさえすれば、後は準備を進めるだけ。2007年4月1日を開業日と設定し、車椅子ごと乗

り込めるスロープ付きのワゴン車を購入し、開業準備に専念した。

　料金は、初乗り30分が2000円、以降15分ごとに900円加算と国土交通省が定めている。荒木さんはそれに加え、各種資格を持っていることもあって、介助や外出付き添いなどのオプションサービスの料金も設定した。

　独立開業にとって、何よりも必要なのは営業だ。まず、Ａ４サイズのチラシを作成し、杉並エリアを中心に1000軒程度のポスティングを行った。しかし、これは失敗だった。お年寄りや障害者がいるかどうかに関係なく配ったからだ。

　次は、思い切ってＡ４サイズ３つ折りのカラーチラシを2000部ほど作り、有料老人施設を回って、受付にチラシを置かせてもらう方法をとった。豊島区、世田谷区などの近隣エリアだけでなく、板橋区などへも足を伸ばし、200軒近くの施設を回り続けた。

ステップ４　開業

　その作戦と努力が実り、少しずつ問い合わせがくるようになった。第１号のお客さんは施設に配布したチラシを見た人。荒木さんは、今でもそのときのことを鮮明に思い出すことができる。

　当初、１日に１件あればいいほうだった依頼は、コンスタントに１日３、４件くるようになった。介護タクシーは人を送り届けるだけではなく、帰りまで待機する時間を見込まなければならないため、１日４件程度が限界だという。

　介護タクシーはビジネスでもあるわけだが、荒木さんは、そのあたりの兼ね合いにまだとまどうことがある。例えば、「階段移乗」や「外出時の現地での待機サービス」。

「階段移乗」とは、2階などにいるお客さんを背負って、車に運ぶ際の料金のことだ。男性のいない世帯、お年寄りだけの世帯などで頼まれることが多い。階段から足を踏み外したら大変だから、気を使うため、料金をもらっていいサービス。それがなかなか請求できない。

　「外出時の現地での待機サービス」でも、病院などでの1時間待ちが2時間になってしまった場合に、つい**「1時間分でいいですよ」**などと言ってしまう。月末に売上げを整理して**「しまった！」**と思うこともあるそうだ。しかし、あまり損得にこだわらないところが**「またお願いしたい」**と、利用者やその家族に言われる理由なのだろう。

ステップ5　行政（NPO）との連携

　荒木さんにとって幸いだったのは、高齢者福祉に力を入れている杉並区で開業したことだ。杉並区には、区の委託でNPOが運営している「杉並区移動サービス情報センター　もび～る」がある。高齢者、障害者などの利用者と、事業者双方の意見を拾い上げ、取次などを行う仕組みだ。

　「取次サービス」は利用者が介護タクシーをオーダーすると、センターに登録している事業者に一斉に流され、依頼を受けられる業者が返答し、客先に向かうもの。高齢者や障害者の外出をサポートが第一の目的だが、結果的に事業者にも役立つサポートになっている。また、杉並区は福祉タクシー券を個人事業者でも扱えるようにして、便宜を図っている。

ステップ6　事業拡大

　荒木さんは、開業1年半で黒字にすることができた。今後はスタッフの採用も考えていきたいという。現在は、予約受け付け、運転、スケジュール管理、伝票整理など、すべての処理を1人でやっている。スタッフを置

けば、今は受けきれない依頼も受けられるようになり、さらに事業を拡大できる。

　荒木さんは「お金をいただき、その上に『ありがとう』と感謝の言葉もいただける仕事ができるとは思いませんでした。早く準備をして、次の仕事を始めたおかげで、充実したセカンドライフを送ることができそうです」と話している。

○○○○○筆者の目○○○○○

　荒木さんの場合は、本人も言っているように、杉並区が介護タクシーの利用を積極的に後押ししていることが事業の進展を助けた。団塊世代が定年後にどこに住むかと考える場合、「定年後に手がけたい活動やコミュニティビジネスに関するサポートがある自治体」という選択肢は今後、重要になるかもしれない。そういう観点からいえば、自治体が取り組んでいる施策を、自分の地域の住民だけでなく、広く一般に知らせる広報活動も必要となるだろう。

男が始める男のための介護サービス
「松渓ふれあいの家」

男性参加の秘訣

NPO法人 生きがいの会
（松渓ふれあいの家、ゆうゆう西田館）

東京都杉並区荻窪2-3-1
☎ 03-5347-1178

〈分野〉
介護事業参入
福祉
指定管理

http://www.k4.dion.ne.jp/~shoukei/

　杉並区立松渓中学校の一角に、高齢者在宅サービスセンター「松渓ふれあいの家」がある。通常、このような施設の利用者は女性がほとんどで、男性の利用は極端に少ない。ところが、「松渓ふれあいの家」は利用者の7割が男性、しかも継続利用者が多い。この施設をつくりあげたのは、地域に住むリタイア後の男性たち。男性利用者が集まる秘訣を追ってみよう。

　「松渓ふれあいの家」は、中学校の空きスペースを利用している。運営しているのは、NPO法人「生きがいの会」。理事長は、髙岡隆一さん（75歳）だ。髙岡さんは現役時代、機械メーカーの営業職として働き、介護や福祉とは無縁の生活を送っていた。

　62歳で退職したが、会社人間だったため、友人はいない、地域のことも全く知らないという状況に陥った。こ

ステップ1
自分探し

れではいけないと、WAC（社団法人長寿社会文化協会）が主催した地域コミュニティリーダーの講習を受けることにした。地域貢献への関心はそこで高まった。

<small>ステップ２　仲間集め</small>

その後も、仲間づくりをしたいと「男性高齢者向けの料理教室」に参加。ようやくできた仲間たちの話題は、地域には男たちで集まる場所や活動がないということだった。ならば、体力も知力もまだ十分ある自分たちのような退職者を活かす地域貢献を始めてみるのはどうだろうか。

髙岡さんたちがそう考え始めたのは、ちょうど介護保険制度がスタートしたころ。それもあって、髙岡さんと仲間たちはヘルパー２級の資格を取り、デイサービスセンターなどでボランティアを始めた。

<small>ステップ３　ＮＰＯ設立</small>

同じ時期、杉並区では小中学校の空き教室を利用して、デイサービス事業を委託する事業者の募集を始めていた。髙岡さんたちは、この施設の運営こそ、自分たちができる社会貢献ではないか、願ってもないチャンスだと考えた。

ただし、応募の条件はＮＰＯ法人であること。早速、ＮＰＯ法人「生きがいの会」を設立し、運営者募集のコンペに張り切って参加した。とはいえ、福祉や介護関係の事業に応募してくるのは、実績のある社会福祉法人がほとんど。このときも、「生きがいの会」以外の応募者はいずれも、キャリアが20年ほどもある女性中心の法人だった。経験も実績もない「生きがいの会」は案の定、落選となった。

<small>ステップ４　企画</small>

しかし、それでめげなかった。今回は落選したが、杉並区は別の事業者募集も行うという。それに備えて、施設運営についての勉強を始めた。また、コンペで勝つた

めにと、自分たちにしかできないプログラムを練った。それは男性利用者のための施設運営だった。

メンバーにはある思いがあった。デイケアセンターのような施設の利用者はほとんどが女性で、男性は来たがらない。なぜなら、男はプライドが高いから、みんなで一緒に歌を歌ったり、ゲームをしたりするような子供扱いはいやなのだ。男性が参加できて、かつリハビリにもつながる魅力的なプログラムはないものだろうか。

この考えに立った「生きがいの会」のプランは多くの理解を得て、みごと次のコンペでは権利を勝ち取ることができた。こうして、2001年2月、「松渓ふれあいの家」はスタートした。

では、男性にとって魅力的で、リハビリにもつながるプログラムというのはどんなものなのか。

施設の中心であるフロアには、連日、麻雀パイをまぜる音が響き渡っている。5つのジャン卓では利用者たちが楽しげにパイを手にしていた。ほかにも、囲碁や将棋をする人がいれば、絵を描いたり、書道をしている人もいて、それぞれが思い思いの時間を過ごしている。週に何度かは、パソコン教室も開催されるのだという。

「松渓ふれあいの家」では、テーブルがどれも小さい。通常の施設では6人から8人が一緒に座る大きなテーブルを用意するが、ここは4人掛けが基本だ。理由は、プログラムの中に麻雀を取り入れようと思っていたから。麻雀は、頭と体の両方のリハビリになるはずという考えがあった。

もちろん、それだけではない。4人掛けにすれば、それぞれのテーブルで別のプログラムを実施することができるため、利用者がやりたいものを見つけやすいのだ。

ステップ5
施設運営

しかし、麻雀やパソコンはなかなか備品として認めてもらえず、苦労した。

また、月に数度はワインをたしなむ日も設定した。髙岡さんは、「**施設でお酒を飲んじゃいけないというルールはないんです。たまにお酒を飲むのも、気分転換になって脳を活性化します**」と言う。飲めない人にはジュースなどを用意する。

このような男性を意識したプログラムが評判となり、地域のケアマネージャーなども「**あそこなら男性利用者も大丈夫**」と勧めてくれるようになった。今、利用者は毎回定員30名を満たし、登録者も100名を超えている。区内だけでなく、世田谷区や武蔵野市などからタクシーで通ってくる人もいるほど。杉並区内50数か所のデイサービスセンターの中で人気の高い施設となった。

「生きがいの会」にとって幸いだったのは、デイケアセンターの委託事業は杉並区としても初めての取り組みだったため、3年間の資金支援があったこと。その間に経営を軌道に乗せることができた。最初の料理教室の仲間たちは高齢ということもあり、今では手を引いてしまった人もいるが、彼らの運営方針を理解して事業を担う職員は、非常勤も含め40名もの大所帯となった。

ステップ6
事業拡大

ところが、これで満足するメンバーたちではない。「松渓ふれあいの家」が軌道に乗ったこともあり、次の事業を考えるようになった。それは、これから地域に戻ってくる団塊世代に居場所を提供する事業である。定年後、男たちが地域に居場所を見つけるのは難しい。現役時代は地元への関心が薄く、情報もほとんど持っていない。髙岡さん自身もその現実に直面し、それを克服して今があるのだ。

杉並区には、介護が必要でないリタイア世代が利用する「敬老館」と呼ばれる施設が32か所ある。区は、この運営も外部に委託することにした。「生きがいの会」にとって、これは願ってもない情報だった。

　応募に最も積極的だったのが、ヘルパーとしてデイサービスを手伝っていた小原健一さん（67歳）だ。デイサービスの運営だけで十分だという意見もあったが、元気なリタイア世代に、集まる場所と活動のプログラムを提供したいと訴えた。

　その結果、運営受託に成功したのが「ゆうゆう西田館」である。小原さんは施設長となった。地域密着型で運営ができる格好の施設と感じた小原さんは、今までのプログラムの全面改良に取り組んだ。デイサービスでも人気だった「健康麻雀」、フラダンスや太極拳、スケッチやパソコン教室、それに自然散策、ウォーキングなど、今まではなかった新しいプログラムを考案した。コンセプトは男性も集まるような"地域の気軽なカルチャーセンター"だ。

　利用料は100円から1000円ほど。受講料が負担にならないように工夫を凝らし、ボランティア精神のある地元の先生を見つけてくるのも、スタッフの大切な仕事となっている。

　努力の甲斐があり、利用者は3年で1.7倍に増加した。ただ、思ったほどの伸びではないと感じている。「**男の居場所作りに関しては、まだまだ彼らを集め切れていないのが現状ですね**」というのが、小原さんの弁。男性向けプログラムの難しさを実感しつつも、アイデアと工夫に余念のない毎日である。

筆者の目

　介護に、男性の視点を持ち込んだ「生きがいの会」の活動は大きな関心をよんだ。今までの介護の多くが、それを担う女性の視点で行われているのはやむを得ないことだった。であれば、男性自身も、そんな施設には行きたくないという逃げの姿勢ではなく、自分ならこうしてほしいという言葉を発し、行動するべきだろう。

　これからは、髙岡さんたちのように男性がより積極的に関わり、改善していく姿勢が重要だ。そうしないで、逃げてばかりいたり、わがままばかり言っていては、ますます家族の負担が増えるばかりである。

仲間を募ってつくりあげた
シニアマンション「シニア村」

終の棲家建設

株式会社　シニア村

茨城県龍ケ崎市松ヶ丘
2-24-7　たつのこヒルズ
☎　0297-63-5490

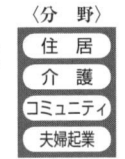

〈分野〉
住居
介護
コミュニティ
夫婦起業

http://shinia-mura.com/pc/

　現役を退く日が近づくにつれて、誰もが、どこで、どのように暮らせば、満足できる第二の人生を送ることができるかを考えるようになる。今美利隆さん（59歳）と久美子さん夫妻は、生まれ故郷に戻り仲間を募って、誰もが安心して暮らせる終の棲家を作ることを思い立った。そのユニークな発想、実現への軌跡と奇跡を紹介する。

　茨城県龍ケ崎市に「たつのこヒルズ」という名のマンションがある。打ちっぱなしのコンクリートが温かみのある木の外柵に囲まれ、一見、デザイナーズマンションのような建物。しかし、実は、今美さん夫婦が入居者と共に作り上げたコーポラティブマンション「シニア村」なのだ。

　今美さんは、大手電機メーカーの広告部に籍を置き、人気アニメ番組や冠番組のＣＭを担当するなど、華やか

な活躍をする会社員だった。しかし、バブル崩壊後、ショールームの統括責任者だった時、その整理を担当するように命じられた。年配社員の中には、受け入れ先が見つからず、不安定な状態のまま退職していく人が多かった。

　２年ほどかけてこの仕事を終えたとき、今美さんには深い疲労感が残った。ちょうど会社が早期退職制度を用意したこともあって、これを機会に辞めようと考えた。思い切って奥さんに相談すると、あっさり承諾の返事が返ってきた。奥さんは、夫の苦悩を察知していたのだ。

> ステップ１
> 自分探し

　では、退職してどうする。２人で話し合って浮かんだのが、「シニア村」という構想だった。奥さんのお母さんは、くも膜下出血で入院していた。その看護や介護の経験から、普通の住居がいかに高齢者に向いていないかを実感していた。今美さんの両親も高齢だから気になっていた。

　今美さんは、茨城県龍ケ崎市の出身で、実家の農地を引き継いでいた。約2000平方メートルのその土地を使って、社会貢献になる仕事ができないかと考えていた。そのことを親の介護で感じていたこと、自分たちの将来や老後のことが結びついて、シニア村の構想が形になっていった。

　しかし、不動産業者やデベロッパーでもない自分たちが、何億という費用をかけて建物を造り、販売するのは無理がある。そこで、浮上したのが「コーポラティブ方式」という考え方だ。コーポラティブ方式とは、同じ考えを持つ人が知恵とお金を出し合い、設計の段階からかかわって共同で住居を建設するもの。これならできるのではないか。

ステップ2
開業準備

　実行に向けて、セミナーや勉強会に足しげく通い、宅地建物取引主任者とマンション管理士の資格を取った。妻も福祉住環境コーディネーター資格を取得。参考になる施設があれば見学に行き、アドバイスをもらえそうな人がいれば会いに行った。

　コーポラティブハウスを推進しているＮＰＯ全国コープ住宅推進協議会にも行き、助言を求めた。返事は、**「アメリカでは例があるけど、日本で高齢者を対象にしたコーポラティブは例がありません。難しいと思います」**というもの。一般のコーポラティブ方式ですら、住民同士の意見が分裂したりで、実現するのは５割程度だという。

　そんな中で、ある建築設計士を紹介してもらったことが進展に大きくつながった。この人は福祉関係の設計を多く手がけており、興味を持って話を聞いてくれた。そして、**「ぜひやりましょう！土地があるんだから大丈夫」**と力強い言葉をくれた。この出会いがなければ、どうなっていたか分からない。

　設計士と相談し、部屋の基本プランを４つ作った。53.16平方メートルの部屋を中心に、最も広い部屋で69.41平方メートル。価格は2100万〜2900万円。オプションで入居者の好みに合うように間取りの変更も可能。敷地内にはデイケアセンターを入れ、３食とも食堂でとれるようにする。

　一般の高齢者施設と異なるのは、入居金システムではなく、住居が個人所有物となることだ。資産となるので相続することができる。

ステップ3
宣伝

　構想は固まったが、最後に、入居者募集をどうするかという大問題が残った。今美さんが力をいれたのはメ

ディアに情報を流し、記事や番組に取り上げてもらうことだった。

100社ほどのメディアにリリースを送ったところ、時事通信が取り上げてくれた。記事が配信されたおかげで、新潟、福島、岐阜などの地方紙に記事が掲載され、問い合わせが寄せられるようになった。やがて、朝日新聞の千葉版に掲載されると、一気に問い合わせ数が増加。続いて、読売新聞や毎日新聞、日本経済新聞にも記事が載り、これが問い合わせや申し込みの第1次ピークとなった。

ステップ4
開業

しかし、その後、入居者数は15件前後から増えない。問い合わせ自体は600件ぐらいあり、100人とは実際に会って話をしていた。ただ、会社組織を持たない一個人だから信用がなかったのだ。**「契約寸前でキャンセルという繰り返しが続き、このころが一番辛かった」**と言う。

そんなとき、NHKが"終のすみか"をテーマに「シニア村」を取り上げてくれた。この反響は大きかった。これをきっかけに新たな問い合わせが増え、2007年夏には29世帯すべての入居が決定した。総事業費約7億6000万円はすべて入居者の持ち寄りで賄い、銀行などからの借り入れは一切なしで完成させた。

入居者は地元の茨城だけではなく、千葉、東京、神奈川、島根、岐阜など全国から集まった。2007年11月15日、コーポラティブマンション「たつのこヒルズ」は全世帯に引き渡され、入居者たちの新生活がスタートした。構想を練ってから6年の歳月が流れていた。

マンションの管理費は、月々4〜5万円。このほかに、入居金として1人100万円、2人なら150万円を負担

してもらった。これは、外出の際などに共同で使用する車や什器などを購入する費用に当てる。販売価格も管理費も周囲のマンションに比べると割高だが、その分、シニアマンションとしての設備とサービスが整っている。

マンションは4階建てで、居室は2階から4階。すべての部屋が南向きだ。共同で使える露天風の大浴場もある。24時間有人での緊急対応が可能で、必要であれば、付き添いや車の運転、介護、看護サービスなど生活に関する様々なサービスが、無料または有料で受けられる。介護が必要になっても、デイケアサービスが併設されているので、そのまま「シニア村」に住まい続けることができる。

屋上にはウッドデッキを敷き詰め、畑もつくった。周囲は高い建物がないので、はるか遠くまで見晴らしがきく。天気がよければ遠くに富士山も望める。

29世帯の構成は様々だ。50代前半の現役社会人、親子、単身者、悠々自適の暮らしを送る80代前半の夫婦まで幅広い。ライフスタイルも様々だ。普段は都市部で会社員として働き、週末に帰ってくるというセカンドハウス的な利用をする人もいる。

最も遠方からの入居者は、岐阜から移ってきた夫婦だ。共に車椅子を使用しているため、岐阜では揃って入居できる施設を見つけることができなかった。高齢者施設や介護施設は夫婦であっても、同居できるところは少ない。思案にくれていたときに「シニア村」のことを知った2人は、ここが念願の住まいとはるばる転居してきたのだという。

今美さん夫婦もここに住んでいる。そして、食堂厨房やデイケア、マンション管理などのサービス部分は、今

美さんが代表となっている株式会社「シニア村」が運営を行う方式だ。

ステップ5　事業拡大

ありがたいのは、近隣からも「**地域の活性化になる**」と歓迎されたことだ。これから「シニア村」に取り入れたいと思っているのは「地域とのつながり」だ。ここの出身だけに、周辺には小中高の先輩後輩がたくさんいる。そうしたネットワークと新しい住民をつなげ、子どもを預かる施設など、「シニア村」内に地域にも還元できる生活支援サービスを開設するという構想もある。

そして、今美さんは今、隣接する土地に「第二シニア村」の建設を計画している。同じコーポラティブ方式だ。今度は、シニアに限らず、関心のある人なら年齢問わず入居できるようなマンションにする予定だ。

○○○○筆者の目○○○○

不動産業者やデベロッパーでもない一市民がこれだけのことをやり遂げたことは驚嘆に値する。正直、29戸の居住者がよく集まったものだと思う。購入者は、会社でもない一介の市民に資金を前払いするわけだから、よほど信用されたということなのだろう。

いや、むしろ利益だけを追求していない個人だからこそ信頼されたといえるのかもしれない。個人の力を侮ってはいけないということだ。

プラスα 元鉄鋼マンが創り上げた人気の老人ホーム
挑戦し続ける団塊の世代

　横浜市青葉区、東急田園都市線藤が丘駅前に「ぴあはーと藤が丘」という名の有料老人ホームがある。ここは、元大手鉄鋼会社に勤務していた岡崎公一郎さんが、独立して自費で創り上げた施設だ。駅の近くで、周りは総合病院や公園、商店街という立地が人気を集めている理由のひとつ。岡崎さんは、いつでも来たいときに家族が気軽に訪問できる老人ホームを作りたかったという。

　岡崎さんが独立を意識したのは、バブルが崩壊してリストラが本格化しだしたころ。優秀な先輩エンジニアたちが次々と子会社や関連会社に出向し、意に染まない仕事に従事しているのを見て、早いうちに新しい仕事に取り組んだほうがいいと決心した。

　ちょうど、日本の介護保険がスタートする時期。将来性や自身の母親のこともあり、介護事業を手掛けることにした。早期退職に伴う割増退職金、預貯金や株券などの私財をすべてつぎ込んで、もとは会社の独身寮を買いとり、改装した。準備には時間をかけ、勉強をして資格も取ったが、今思うと、なんと無謀な計画だったか。

　オープンして4か月間、入居者はたったの一人。とうとう終わりかと思ったときに、入居者が相次いだ。たぶん、この新しい老人ホームがどんなものかと様子を伺っていたのだろう。どうやら、地域住民のお眼鏡にはかなったということらしい。その後もサービスの質に力を入れ、入居者満足度を高めて、今では満室に近い状態が続く。

　岡崎さんの武勇伝は続く。60歳にして医学部の編入試験を受け、一次試験に合格したのだ。残念ながら、最終的には合格しなかったが、なんとチャレンジャブルな人生だろうか。こんな団塊世代もいるのだ。

「ぴあはーと藤が丘」のWebサイト
http://www.piaheart.co.jp/

❹ 市民と行政のコラボレーション

　市民活動の中には、自治体が意図的に仕掛けて始まった活動もたくさんある。リタイアした人たちが自分で自分の道を見つけることは最善の方法だが、誰もがそう簡単に見つけることはできない。そんなとき、ちょっとしたヒントや提案をしたり、活動の場を提供することで、突然、持っていた力を発揮し出す人たちもいる。市民の自主的な活動は理想だが、場合によっては、行政主導が必要な場合もあるのだ。

シニアの地域参加を促す
「シニアSOHO普及サロン・三鷹」

市民活動が事業に

NPO法人 シニアSOHO
普及サロン・三鷹

三鷹市下連雀3-38-4
三鷹産業プラザ310号
☎ 0422-40-2663

http://www.svsoho.gr.jp/

（分野）
情報
協働
生涯学習

　「シニアSOHO普及サロン・三鷹」（以下「シニアSOHO三鷹」）と言えば、シニアがシニア自身をサ

ポートする地域活動の先駆けとして全国的に注目を集めたNPOだ。主な事業内容は、パソコン教室の開催、訪問サポートや講師の育成、Webサイトの製作と編集。Webサイトの運営も受託していて、三鷹市高齢者社会活動マッチング推進事業「三鷹いきいきプラス」や55歳以上の求人・求職を支援する無料職業紹介所「わくわくさぽーと三鷹」を担当している。

こう書いてしまうと、それほど特徴のあるNPOとも思えない。では、注目を集めた理由はどこにあったのだろうか。それには、まず、このNPOの母体となったグループの活動から話を始めなくてはならない。

ステップ1 きっかけ

「シニアSOHO三鷹」の初代理事長は堀池喜一郎さんだ（現在は2代目）。1999年、堀池さんは同じ三鷹市で暮らす大学の仲間と同窓会を開いていた。インターネットが一般にも普及し始めたころで、仲間の口から**「この会のホームページを作ろう」**という話が持ち上がった。当時、大手家電メーカーのエンジニアで、ITに詳しいということもあり、堀池さんにその役目がまわってきた。

堀池さんは、忙しい仕事の合間を縫って、ホームページを完成させた。ところが、誰も見ている気配がない。**「もうやめた！」**と言ったら、逆に**「じゃあ、パソコンを教えて」**という反応が返ってきた。

当時、堀池さんは現役バリバリで多忙な身。本当でやる気がない人たちを相手にしてはいられない。やる気を探る意味もあり、**「あなたはネットが使えるようになったら何をしたいですか」**というアンケートを取ってみた。すると、思いもかけないユニークな答えがいくつも返ってきた。

第3章　特色ある市民活動

たとえば、「**クリスチャンなので、毎年イスラエルの聖地に巡礼している。その経験を将来本にまとめるために、まずホームページに掲載したい**」「夫婦でアメリカやヨーロッパの山小屋を訪れるのが趣味だが、そのときに知り合った人たちのホームページを見たい。**自分でも情報発信したい**」など。みんな、ものすごく面白いテーマを持っている。これならパソコン教室も無駄ではないと思うようになり、堀池さんは、パソコン教室を続けることにした。最初の生徒は15人ほどだった。

ステップ2
行政との連携

教えるには教室と機材が必要だ。当時、三鷹市は「ＳＯＨＯ　ＣＩＴＹみたか」構想を打ち出していて、市の施設が整備されつつあった。堀池さんはその施設を借りることにした。それが、三鷹市インキュベーションセンターのパイロットオフィスだった。

おりしも、市では構想を実現するひとつの方法として、ネットを使ったＳＯＨＯに興味があるシニアを集めたいと考えていた。しかし、適当な人もグループも見つけられないままに時間が過ぎていた。そんなとき、パイロットオフィスに集まってワイワイと楽しそうにパソコンをいじっているシニアのグループを見つけたのだ。それが堀池さんたちのグループだった。これがきっかけとなり、市役所とのつながりができ、グループには様々な情報が入ってくるようになる。

ステップ3
仲間集め

パソコン教室を継続していくのは、先生となる人材が必要だった。堀池さん1人ではとてもこなせない。幸い、同窓会のメンバーの中には、会社でパソコンを活用している人がたくさんいる。彼らに、30分でも1時間でもいいから教えに来てもらえばいい。そのメンバーも住んでいる地域に気軽に自分のスキルを還元していくこと

171

ができる。

ステップ4
資金集め

難問は運営費だ。これも、ほどなく解決した。最初は同窓生や知人の集まりだったが、やがて友人を誘いたいという声が上がってきたからだ。参加者が増え、受講費が集まるようになった。

その様子をずっと見ていた市の担当者が「**応募してみては？**」と持ってきたのが、経済産業省の外郭団体が主催している「情報システム活用型シニアベンチャー等支援事業」だ。まさか、そんなモデル事業に認められるわけはないと思ったが、市の担当者がいろいろと指導やアドバイスをしてくれる。

そこで、ネットを活用した知的シニアのベンチャー事業として申請してみることにした。すると、すんなりと通ってしまい、助成金500万円をもらえることになった。これを契機にグループは「シニアSOHO普及サロン・三鷹」となり、翌年の2000年にはNPO法人としてスタートした。

堀池さんは、この流れを意図して作ったわけではない。小さな活動がまるで時代の動きに後押しされるかのように次から次へと展開していき、気がついたら国のモデル事業になっていたということだ。

ステップ5
事業拡大

活動は、大きくなる一方だった。しかし、当時の堀池さんはまだ会社員。本業も多忙だった上に、NPOの活動が大きくのしかかる。あまりの忙しさに、国のモデル事業助成金を消化したのを契機に「**解散しよう**」という提案をした。ところが、会員たちは大反対。逆に、この提案がきっかけとなって、「**事務所を構え、組織としての形態も整えた上で、会を継続していこう**」ということになってしまった。

もはや、ボランティア精神だけでできることではない。そのとき、堀池さんは59歳。自分のこれからの人生を考えた結果、思いきって会社を早期退職し、「シニアＳＯＨＯ三鷹」の事業に専念することにした。

以後、堀池さんとその仲間たちの活動は目覚ましく、各地の自治体をはじめとして様々な分野で注目され、2003年には、第１回「日経地域情報化大賞」を受賞、2004年には情報化推進貢献団体として経済産業大臣表彰を受けている。

ＩＴ講習会の特徴は、「シニアＰＣアドバイザー認定研修」を実施し、講座の講師として活躍できる資格を与えていることだ。Ａ級認定資格者は、各種ＩＴ講座のサブ講師及び訪問サポートの業務を行うことができ、Ｓ級認定資格者は、講座主任講師になれる。マニュアルや教材も、200万円をかけて自分たちで作り上げた。

「シニアＳＯＨＯ三鷹」は、原則として無償活動をやらない。以前は市民活動といえば、無償ボランティアが主流だった。しかし、ビジネスの現場で活躍してきた人たちの中には無償のボランティア活動では物足りないと思う人も多い。市民活動とはいえ、**「これだけのことを提供するので、これだけの対価をいただきます」**という主張も必要なのだ。

そして、もうひとつの特徴は自治体とのパートナーシップを重要視していること。自治体との協働事業はとかく下請けになりやすい。安く仕事をする下請けとなるのではなく、自治体がやれないことをスキルやビジネス手法を持っている市民が委託されて進めるという姿勢。これこそがパートナーシップである。そう考えて活動を進めてきた。

「シニアＳＯＨＯ三鷹」は、年間1億円をコンスタントに稼ぐコミュニティビジネスの成功例として、全国に知られる存在となった。立役者だった堀池さんはＮＰＯが順調に育った6年目の2005年、「シニアＳＯＨＯ三鷹」から実質的に手を引き、顧問となった。堀池さんは今、子供たちに竹とんぼの作り方と遊び方を教えるリーダーを育成する会という別の新しい活動を始めている。その手段としてｅラーニングを活用している。
　また、三鷹コミュニティビジネス研究会や三鷹スクールエンジェルス（学校安全推進員）、三鷹ブログ村の運営とその後も一会員として活躍中だ。

○○○○○筆者の目○○○○○

　多くのＮＰＯや市民活動はトップの交代がなかなか進まない。特に、活動が成功して、講演やセミナーなどで活躍し出すと、カリスマ活動家として君臨することになる。そして、誰もそのことに触れなくなる。堀池さんのように、軌道に乗せた時点で後輩に譲り、次のステップを目指す人は珍しいといえる。シニアが中心のＮＰＯや市民活動といえども、組織の人心刷新は大事だ。上がつかえているような活動には、地域に戻ってくるリタイア世代が関心を示すはずはないのである。

シニア市民取材記者「かわさきシニアリポーター」

能力育成活用

ＮＰＯ法人 かわさき創造プロジェクト（かわさきシニアリポーター）
メールアドレス：office@kawasaki-sozo.web5.jp

〈分野〉
広報
協働
生涯学習

http://kawasaki-sozo.web5.jp/

　川崎市は、団塊世代の退職ラッシュが始まる2007年以降に、７〜８万人が地域を拠点にした生活に戻ると予測してきた。この動きに対応するため、2004年から「地域に戻ってくる人材に活躍の場を」という考えで、様々なセミナーやシンポジウムを開催してきた。

　2004年には、第１回「川崎市シニア地域創造ワークショップ」を開催。そのときに集まったメンバーの有志が任意団体の「かわさき創造プロジェクト（ＫＣＰ）」を設立し、2006年にＮＰＯ法人化した。

　このＮＰＯでは、シニア向けパソコン教室や小学校のパソコン授業支援、英会話やデジカメ、手編み講座などのサロン活動と、メンバーのスキルを活かした活動を行っている。

　その活動の一環として、2007年に「川崎シニアリポー

ター」活動を開始した。「川崎シニアリポーター」とは、シニア向けの情報を同世代のリポーターが取材し、記事を書き、市民に情報提供する役目を担う人たちのこと。「地域の活動を知り、地域で楽しんで暮らすシニアの先輩として、地域に参画する楽しさを伝えるメッセンジャー」の役目を期待されている。出来上がった記事は、川崎シニア応援サイトの「おすすめイベント＆リポート」コーナーに掲載される。

　シニアリポーターの活動を考案したのは、川崎市の総合企画局自治政策部だ。川崎市では2005年から「子ども記者事業」を始めていた。子供たちに市の仕組みや事業を知ってもらうために、取材から記事執筆までを担当してもらい、それを「かわさきキッズタイムス」というWebサイトに掲載するという活動だ。

ステップ1　きっかけ

　この活動のシニア版が「川崎シニアリポーター」である。市はシニア独自の視点で地元のシニアの活動をレポートすれば、社会参加をためらっている同じシニア世代の人々に活動のきっかけを与えることになるのではないかと考えた。

ステップ2　募集

　活動に当たっては、まず、KCP内でリポーターを募った。さらに、市政だよりに募集を掲載し、市民全体に呼びかけた。それに応募してきたメンバーや市民を対象に合計3回の養成講座を実施し、全講座を履修した人に「かわさきシニアリポーター」として活躍してもらうことにしたのである。

　応募してきたメンバーの動機を見ると「**定年後に備えて何かしておきたい**」「**リポーターというカタカナの響きに魅かれた**」「**地域に入るきっかけになりそうだ**」「**苦手な文章を書く勉強ができると思った**」など様々。共通

しているのは「**定年後の人生を充実させたい**」という思いである。

| ステップ3 講座 | 講座では、専門の講師が情報収集の方法、アポの取り方や趣旨説明などの取材交渉、実際の取材手法、撮影のコツ、記事作成時の視点設定、記事の書き方、サイトへのアップまでをトータルに指南。さらに取材の実習まで行った。本格的な講習内容だ。 |

| ステップ4 活動 | 現在、リポーターは約30名。編集会議は、月2回のペースで開催される。メンバーは編集会議までに、担当する地域の情報収集を行う。開催予定のイベントや取材に値する団体の活動など、ネタになりそうなものはなんでも掻き集めてくる。もちろん、川崎市からの情報も加えられる。 |

会議ではそれらを検討し、取材の可否を相談。取材可能なものを一覧にまとめ、誰が担当するかを決める。担当は必ず複数で行う。基本的に担当者が取材依頼と実際の取材を行い、記事を執筆する。しかし、原稿はそのまま掲載されるわけではない。チーム内で文章表現や事実確認などを行ったのち、取材先確認を経て、編集委員（持ちまわりで全員が担当）と委員長が重ねてチェックを行った上でアップロードされる。プロ顔負けのなかなか厳しいプロセスである。

しかも、当然ながら、いくつもの案件が並行して進行している。リーダーの滝澤利一さんの話では、遅くとも取材の1か月後くらいには掲載できるような進行スケジュールで進めているとのことだった。

記事は、レポートと写真で構成される。末尾に「シニアリポーターの感想」というコーナーがあり、個人的な意見や感想はそこに書く。そこを読めば、リポーターの

驚きや感動などもリアルに伝わってくる。読者は客観的な記事よりも、むしろ、このような部分に興味を持つのではないだろうか。

ステップ5 波及効果

なにより効果があったのは、リポーター自身の変化である。メンバーは活動を続けているうちに、"市民メッセンジャー"としての役割の重要性を認識し、やりがいを感じるようになっていった。

また、取材がきっかけで、興味を持った別の活動に参加するようになった人もいる。専業主婦だけでは終わりたくない、何かしていたいという思いを、リポーター活動に込める人もいる。メンバーは口々に「**この活動をするまで、川崎のことをよく知らなかった**」「**知れば知るほど、川崎は奥深い**」「**こんなに生き生き活躍している人たちがいることに驚いている**」「**仕事では出会えなかった人たちとの出会いがあった**」など、自分自身への効果を語っていた。

シニアリポーターのメリットは、多数の活動や団体を俯瞰してみることができることだ。最初から関心のあるグループに所属して活動するのもいいが、それではほかのグループを知る機会がない。シニアリポーターを経験することで、多くのグループの活動を知り、自分自身に合った活動を選ぶことができる。そうして選んだ活動なら、長続きもするだろう。

今後の課題は活動資金だ。KCPのメイン事業は「かわさきシニア応援サイト」の運営。市からの運営委託費を財源としており、シニアリポーター独自の予算があるわけではない。交通費やコピー代などはNPOが負担しているが、メンバーに払う原稿料は満足いくものとはなっていない。それが心苦しいとリーダーは語っている。

筆者の目

　自治体主導で始まった活動であっても、いずれひとり立ちするために、長く継続していくために、財源を確保していくことは重要だ。メンバーはそのことも理解しつつ、今後の活動計画を立てていこうとしている。自治体はボランティア活動と位置づけ、収益を期待していないかもしれないが、ただ記事を書いてサイトに掲載するだけで、メンバーは満足するだろうか。
　シニアリポーターは、やり方によってはコミュニティビジネスに成長できる要素を含んでいる。そのためには、メンバーと自治体が一緒になって、知恵を絞って取り組んでいくことが求められている。

プラス＠ 都心に住むわが町出身者を応援隊に！

「尾道サポーターの会」

　広島県尾道市には首都圏に心強い応援団がいる。それは「尾道サポーターの会」。首都圏に住む尾道出身者や尾道にゆかりのある人たちが集まり結成した。首都圏で開催される尾道関連のイベントなどを会員に定期的に知らせ、盛り上げ役も担っている。中心となって活動しているのはリタイア世代だ。

　会員数は約150名。講演会や交流会の開催、会員に「尾道の好きな風景」「おすすめの食べ物」「尾道を一言で表現すると？」などのアンケートを行ったりして、故郷への思いを共有する。

　実は、民間の任意団体であるこの会の事務所やスタッフの費用は尾道市が負担している。それが実現したのは、尾道の企業などが首都圏で活動する際の拠点、観光で上京した市民の案内、同窓会の打ち合わせや尾道の学生の就職活動の宿の手配などに使える場所などを提供するという提案を行ったからだ。尾道市は、市民レベルの積極的な意志をくみ取ると同時に、首都圏に助っ人となる人材と人脈を確保することは大きなメリットになると考えたのだろう。

　最近は県だけでなく、市や町単位でふるさと応援団が結成され、ゆかりのある著名人やタレントを特命大使に任命することが盛んになってきた。しかし、故郷を離れて住むシニア世代は年をとるにつれて、懐かしむ気持ちが強くなる。こうした一般の人に参加してもらうことも効果的ではないだろうか。

♣5 経験と知恵を活かす場を自らつくる

　まだまだやる気も能力もある自分たちの力を使わないのは損ではないか。しかし、使う気がないなら、自分たちで、そういう場を作ってしまおうという元気な人たちもいる。人生経験を積んだ分だけ、能力は多彩でアイデアも豊富だ。そこに行動力が伴えば、鬼に金棒である。

シニアと仕事のマッチングシステム「シニア大樂」

マッチングシステム

NPO法人　シニア大樂（だいがく）

東京都千代田区外神田
2-1-11　松住ビル2F
☎　03-3251-3955

〈分　野〉
生涯学習
仕事登録
派　遣

http://www.senior-daigaku.jp/

　NPO法人「シニア大樂」。大樂は「だいがく」と読む。リタイア世代の多彩な能力をもう一度社会に還元しよう、何より自分たちが楽しもうと考えた人たちが中心となって設立した。今では600名を超える会員を抱え、

様々な能力を持ったシニア講師の派遣を行っている。

ステップ1
きっかけ

　「シニア大樂」は、2003年に大手広告代理店に勤務し、マーケティングを知り尽くした藤井敬三さん（69歳）など、10名ほどの仲間で立ち上げた。きっかけは、定年後のある日、仲間とこんな話題で盛り上がったことだった。

VOICE

「まもなく団塊世代が定年を迎える。日本の成長や消費を引っ張ってきたこの世代は、定年になってもおとなしくしているはずがない。これからの日本はシニアの力を無視することはできない。今後シニアが活躍する場が多くなるだろう。ならば、いち早くその場を作っておこう！」

ステップ2
準備

　では、何ができるのか。シニア世代は様々な経験を持っている。その経験を聞きたい人、利用したい人は大勢いるのではないか。であれば、講師を派遣する活動はどうだろう。たとえば、人事を担当してきた人ならば、企業の採用担当や研修担当者に向けた話ができる。金融関係の人ならば定年後の年金についての話ができる。それぞれの得意分野を持ち寄れば、多彩な講座が組めるはずだ。

　しかし、実際に講師ができるような人はいるのだろうか。その心配は杞憂に終わった。恐る恐る始めたところ、登録希望者が続々と連絡してきた。さらに、シニア講師派遣というユニークな活動が新聞社の目に留まり、記事になったこともあって、その直後から希望者が殺到した。設立2年目には450名を数えていた。

　ホームページの講師リストには、「江戸に学ぶ養生の極意」「飛行機のおもしろい話」「おいしく食べて、楽しく動こう」「私の英語格闘史」「沖縄戦争体験を語る」

「発明・アイデアで、第二の人生は生涯現役」などなど、所属する講師が得意とする講演タイトルが並ぶ。

講師は、元フライトアテンダント、保健所栄養士、海外赴任を経験したビジネスマン、自称評論家など多彩な顔ぶれ。すでに活躍しているプロもいる。

藤井さん自身も、「**話をしたい人や自分の経験を活かしたい人がこんなにたくさんいるんだ！**」と驚いた。しかも、登録に当たって記入した登録フォームや小論文を見ると、素晴らしい経験や話題を持っている人が多い。

ステップ3 宣伝

粒ぞろいの講師が揃ったところで、仕事確保のための活動を始めた。講師のプロフィール付きリストを作成し、全国の公民館などの公共施設やライオンズクラブ、企業などへ送ったのだ。公開講座や社内研修などの担当者は、常に「**誰かいい話をしてくれる人がいないか**」と悩んでいる。だから、これが当たった。次第に問い合わせが寄せられるようになった。

ステップ4 開校

講師登録したい人は、まず講師登録申込書と「私が話したいこと」「私の自己ＰＲ」のいずれかを小論文にして事務局に送ることから始まる。事務局では内容を検討のうえ、問題がなければ登録承認と登録番号を知らせる。場合によっては面接を経てから承認したり、登録を見送る場合もあるという。登録手数料として毎年2000円が必要だ。

今までに数百件の講師派遣を行ったが、大きなクレームはない。むしろ、担当者から感謝の言葉や礼状をもらうことも。公民館などの担当者は横のネットワークもあるようで、後日別のところから「**あの方をお願いします**」とリクエストが来たりする。そんな人気講師も誕生した。

人気の理由は、講師料にもある。公的機関や企業の担当者にとっては、講演料も悩みのタネ。予算には限りがあるから、そうそう高名な講師にばかり頼むわけにはいかない。比較的低料金で、きちんとした話をしてくれる講師は喉から手が出るほど欲しい。

「シニア大樂」では、「**話はプロ並み、料金はアマチュア並み**」と藤井さんが言うように、講師料も依頼側の希望に合わせて柔軟に対応する。シニア講師は講師料よりも、自分の話を聞いてくれる人がいることに意味を感じることもあるから、交渉次第だ。

活動は、講師派遣だけではない。山歩きが得意な人がインストラクターとなって活動している「山楽ビレッジ」、藤井さんが中心となっている「ユーモアスピーチの会」、アイデア商品の開発方法を楽しむ「みんなで考えよう暮らしのアイデア」、落語やマジック、音楽、大道芸などエンターテイメント系の得意技を持っている人たちが所属する「演多亭」などの活動も生まれた。「演多亭」は、主にお年寄りや福祉施設などを訪問し、得意の芸を披露して喜ばれている。

そのほか、毎月お題を設定し、川柳を募集する「ユーモア川柳」のコーナーもある。「しにあ・せん」として掲載にふさわしいものを選び、ホームページに掲載する。現代川柳の第一人者が講師という勉強会も毎月開催している。

さて、最初から人気講師になれるような人はまれだ。うまく話せるようになるための訓練として、毎月１回「講師のための講習会」を開催している。講習会では、最初に人気講師が15分程度の話をし、その後、参加者全員が３分間スピーチを行う。３分で話がうまくまとめら

ステップ５
クオリティーの維持

れるようになれば、1時間の話にも強弱がつけられるようになるとか。会員の研鑽と交流の場になっている。

組織の拡大に伴い、会員は全国に散らばるようになってきた。そこで、関西支部が生まれた。ＮＰＯ法人「シニア大楽関西」として、独自の活動を行っている。

ＮＰＯ法人としての会費は年額1人6000円。ただし、登録料イコール会費ではない。主な収入は講師登録料で、毎年の登録手数料、各種勉強会の参加費、そして講師謝礼のうち10％を納めてもらう派遣料である。紹介料は取っていない。

楽しく活動することがモットーの「シニア大樂」だが、ＮＰＯ法人だから、必要な経費と活動資金は稼がなければ活動は続かないのだ。

○○○○○筆者の目○○○○○

「シニア大樂」の素晴らしいところは、営業活動をしっかり行っていることだ。こうした活動の場合、登録してはみたものの、その後はウンともスンともないことが多い。藤井さんたちは、Webサイトに全講師の紹介を掲載し、講師のプロフィール付きリストを作成して、学校や各種団体、行政機関、中小企業などに売り込んでいる。

一方で、登録者へのコンスタントな情報提供やコミュニケーションも欠かさない。この両面の取り組みがなければ、成功しなかっただろう。リタイア後に現役時代の知識やノウハウが活かされた（この場合はマーケティングの知識）いい例である。

築地の魅力を正しく伝える「築地魚河岸ツアーガイド」

地場企業との連携

NPO法人 ゴールデンアカデミー（築地魚河岸ガイド）

東京都港区港南2-15-1
品川インターシティA棟
日本サード・パーティ㈱
内
☎ 03-5461-0926

http://npoga.org/

〈分野〉
観　光
文化・芸術
生涯学習

　世界一の魚市場・築地市場……。場外市場は一般の買物客でも賑わうが、専門業者を対象とした場内市場となると、素人には勝手が違う。昨今は観光化してしまい、外国人などルールを守らない人たちが入り込んできて、仕事の邪魔をするため、大きな問題になった。しかし、**「一度は活気あふれる雰囲気を体験してみたい」**という要望は多い。それならば、専門のガイドを養成し、ルールに則って安全な見学ツアーを提供しようというのが「築地魚河岸ガイドツアー」である。

　取り組んでいるのは、「NPO法人ゴールデンアカデミー」。メンバーは企業の社長や役員などの経験者が多く、現役時代に活躍した多様な分野でのキャリアを活かして、地域社会や産業社会の活性化に寄与することを目

的として設立された。コンサルティング、ベンチャー支援、各種セミナーの開催などビジネス関連の活動に加えて、最近は「ゴルフボランティア」を展開している。

これは、ゴルフ場やゴルフ練習場などの大会運営支援、コース整備の手伝いをすれば、その整備にかかわったコースなどでプレーできるというボランティアポイント制度。いかにも、現役時代にゴルフに勤しんだメンバーが多い会らしい企画だ。

もうひとつのユニークな活動が今回紹介する「築地プロジェクト」である。日本の豊かな魚文化の情報を築地から世界に発信するための活動と位置付け、築地を訪れる観光客や買い物客に情報提供を行うとともに、築地ガイドを養成する講座を無料で開催している。

現役時代、築地関係者と商店街活性化にかかわってきたメンバーがいたこともあって、築地市場の活性化に役立ちたいと企画した。ガイド養成講座は、今までに外国人も含め100名以上が受講。その多くがガイドとして活動している。

築地の場内市場は、一般客の立入を禁止しているわけではないから、入ろうと思えば入れる。しかし、実際には飲食店や小売店と卸や仲卸が丁々発止と一分一秒を争う取引をしているところ。大きなお金が動く真剣勝負の場だ。だから、不特定多数の部外者が頻繁に訪れると、本来の市場機能が損なわれ、業務妨害にもなりかねない。ぶらぶらと個人が観光気分で買物するのは、やはり遠慮すべき場所なのだろう。

また、場内を縦横に貫通する通路では、小型運搬車の「ターレ」が速いスピードで走り回っているから、歩き慣れない素人がよそ見をしていると危険でもある。場内

を歩くなら事情のよく分かった引率者が必要だ。

　それまでも市場では、旅行代理店の個別のツアーに協力したり、仲卸業者が外国人観光客をセリに案内したりということは行われていた。東京都も人気の高い築地市場を外国人の見学コースとして積極的に案内していた。そんな状況から、築地をきちんと案内できる人材がいれば、築地ツアーがビジネスとして成り立つのではないかと考えたのだ。

　また、魚市場は2012年に豊洲へ移転するという案もあり、築地が寂れてしまうのではないかと不安を持っている人は大勢いる。そんな人たちを勇気づけたいという思いもあった。もちろん、会員の活躍する場づくりにつながる。

　基本コースは、次の4種類である。

●早朝セリ見学コース：4時45分に集合し、朝一番のセリと場内・場外を見学し、築地で朝食を楽しむ。参加費は1人1万円。
●エキサイティング！場内・場外見学コース：セリ直後の場内が最も賑わう7時から9時に場内外を見学し、朝食を味わう。参加費1人8000円。
●場内・場外見学コース：9時からお昼頃までの時間帯で見学をして、ランチタイムまで過ごす。参加費1人6500円。
●特別コース：時間、コース、食事を自由に設定できる。参加費1人1万5000円から。

　講座ではまず、手づくりテキストによる築地市場の成り立ちの座学を2回開催。次に、ガイドに付いて現場見学を2〜3回。その後は、1人で場内を歩く「自習」を何度か繰り返した後、仲間の先頭に立ってガイドの実習をする。場内の地理をすっかり把握、安全に気を遣いつ

つ要所要所の説明もできる余裕が生まれたら、本格的なツアーガイドとしてデビューということになる。

現在、ガイドとして認定された人は30名ほど。英語通訳案内士という国家資格を持ったメンバーも10名ほどいるため、外国からのＶＩＰへの対応も可能だ。

メンバーは、「**正直、採算を取るのは厳しいし、ガイドの収入も決して多くはありません。でも、メンバーも参加者も築地が好きだから続いているんでしょうね**」と話す。なにしろ、セリ見学となれば午前4時、5時は当たり前。好きでなければできないのだ。

「**一般のお客さんを相手にしていない卸や仲卸に協力してもらうには、築地ツアーの信頼を高め、認知度を上げていくことが大事です**」と言うのは事務局長の土屋さん。魚にまつわる日本の食文化の理解を深める料理教室などをセットにしたツアーも企画したいと考えている。

○○○○○筆者の目○○○○○

大企業の社長だった人も、リタイアすればただの人。しかし、現役時代の経験やノウハウはそう簡単に消えることはない。自分たちもその知恵を何かに活かしたいと思っている。地域の活性化や社会に貢献できる具体的な活動があれば、現役時代の地位や立場にこだわらず、ノウハウは惜しみなく、提供してくれることもあるのだ。

日本経済を支えてきた見識や分析力を捨ててしまうのは、あまりに惜しい。人材が命の社会では"使えるものは親でも使え"の精神が必要だ。

❻ 定年後は家族と共に働く

　定年後のパートナーは何といっても配偶者だ。特に、夫にとって新しいことを始めるときに、妻の協力を得ることは活動の成否にもかかわる。夫婦二人三脚で地域での事業や活動の幅を大きく広げた夫婦を紹介する。

夫婦でふるさとに地ビール醸造所とパン工房

地域再生・自分再生

麦雑穀工房マイクロブルワリー

埼玉県小川町大塚1151-1
☎ 0493-72-5673

〈分野〉
農業
産業振興
夫婦起業

http://www.craft-beer.net/zkm.html

　東京近郊の山里の町で、地ビールと野生の酵母パンを製造販売するのは馬場勇さん（64歳）と妻の和江さん（59歳）。勇さんは10年余りを残して大学助教授の職を辞し、念願の"百姓暮らし"を実現させた。それにしても、セカンドステージを地ビール醸造に賭けた理由とはいったいなんだったのだろうか。

第3章　特色ある市民活動

　馬場さんはもともと田舎育ち。子育てが一段落した後は、おいしい水ときれいな空気、豊かな自然環境を求め、勤務先に近い埼玉県小川町に転居した。ふるさと回帰である。そして、転居してすぐに畑を借りて耕し始めた。自家用に野菜でも作ってみようと思ったからだ。畑が増えると、小麦と雑穀も栽培するようになった。

ステップ1　きっかけ

　大学で教えながら、半分は道楽で始めた農作業だが、こだわりは人一倍ある。例えば、こんなことがあった。農薬はもとより、化成肥料も使わず、できる限り自然の力だけで作物を育てるのが馬場さんのやり方だ。そうして収穫した小麦を製粉所に持っていった。ところが、製粉所の機械の縁には、それ以前に製粉した他の農家の小麦がへばりついている。これでは、農薬や化学肥料を使って育てた小麦と混ざってしまう。

　ならば、自分で製粉してみよう。馬場さんは電動の小さな石臼を用意した。製粉用の篩(ふるい)はシルクスクリーンと電動工具を利用し自作した。しかし、その方法では2～3時間かけても、せいぜい両手で山盛り程度の小麦粉しかできない。つくづく農業の大変さを思い知った。

　なんとかこの作業をしないで、収穫した麦や雑穀を活用する手だてはないものか。考えているうちに、馬場さんの頭に浮かんだものがあった。シルクスクリーンを買ったとき、ついでに面白がって求めたホームブルワーキットだ。缶詰のモルトエキスを湯に溶かし、ホップを加え、麦芽酵母を入れて醗酵させるとビールができる。試してみたら、まあまあのビールができた。

　考えてみれば、モルトエキスの原料は麦。ビールの場合、うどんやパンと違って、ビール造りに粉砕は必要ない。ならば、自分で栽培した麦でビールを造ればいいで

191

はないかと思いついた。

　一方、大学での仕事にも転機が来ていた。組織運営の煩わしさや研究テーマへの悩み。そこにいろいろな事情が重なり、行き詰まりを感じた馬場さんは大学を辞めて、かねてから思い描いていた"百姓"の道へ本格的に踏み込もうと決めた。

　もちろん、奥さんは反対した。大学の同僚や友人も**「教師は兼業がしやすい仕事。なにも辞めることはないのでは…」**と止めた。しかし、馬場さんの決心は揺るがなかった。麦と雑穀で醸す地ビールがビジネスとして成り立てば、地域に新しい産業が生まれるのではないか。

　しかし、問題は今どき地ビールが商売になるのかということだ。1994年の規制緩和でビールの年間最低醸造量が大幅に引き下げられたときは、全国の中小メーカーが地ビール業に参入し、ちょっとしたブームになった。だが今ではそれも下火になり、生き残っている醸造会社は多くない。

　馬場さんもよく分かっていた。手間賃どころか、投資した資金も回収できないかもしれない。それでもやるのであれば、投資額を最低限におさえるために、すべて自分でやるしかない。

ステップ2
人脈作り

　自分でやるといっても、馬場さんにはほとんど知識も情報もない。そこで取った方法は、地ビール業界に詳しい専門家に相談することだった。相談した全員が**「やめておけ」**と口を揃えて反対した。

　しかし、中に一人だけ、**「なぜ儲からないと分かっていることをやってみたいのか」**と興味を示してくれた人がいた。馬場さんは**「原料から工房の建設、役所への申請に至るまで、何から何まで自給するのが夢。これを軌

道に乗せることを通じて、地域の麦作農業の復活に貢献したい」と伝えた。

　すると、それは面白いという反応が返ってきた。そのコンサルタントは、地域再生の専門家だった。事業にはなりそうもないから、自分はボランティアでサポートするという。そして、各分野の専門家にボランティアを呼び掛けて、その力を結集して立ち上げようという提案までしてくれた。

ステップ3 仲間集め

　そのアドバイスをもとに、ボランティアを求めるメーリングリストを作ってみると、メンバーが続々と集まった。多くは自宅で楽しんでいるホームブルワリーや地ビールのファン。設計や法律の専門家、プロの醸造経験者、酒類販売の経験者などが、週末ばかりか平日にも手弁当で、工房施設の建設など力仕事も手伝ってくれた。機材の調達も同じだった。醸造プラントは北米の中古市場で調達した。新品を購入した場合の10分の1で済んだ。

ステップ4 開業準備

　問題は、醸造免許だ。当時、発泡酒免許は、年間最低醸造量6キロリットル以上の生産を証明しないと下りない。さらに、造った後の販売をどうするか。しかし、ここでもサポートしてくれる人が現れた。

　年間生産15キロリットルのほとんどを地元の酒問屋が引き取ってくれることになったのだ。その問屋は、常々、地ビールが欲しいと思っていた。地域にある3軒の造り酒屋に地ビール製造の話を持ちかけたことがあったが、商売にならないと断られていた。そんな状況だったから、馬場さんが相談に行くと、話はすぐにまとまった。

ステップ5 開業

　2004年4月、念願の「麦雑穀工房マイクロブルワ

リー」がオープンした。その後、パンの製造と販売も始め、それは奥さんの担当となった。

　大学助教授の職を辞しての起業に、奥さんは一貫して反対していた。ところが、慣れない手つきで不器用にパンを焼く夫の姿に、つい「**あなたにパンは任せられない**」と自分の仕事にしてしまった。

　前の晩の10時に酵母エキスと小麦粉をこねて中種をつくり、朝は5時から中種をこねて仕込む。奥さんは今ではやって良かったと思っている。自分のパンを喜んで買いに来るお客さんがいることがなにより嬉しい。「**ずっと専業主婦でしたから、そういう経験ができることはありがたいですね**」。昼どきともなればひっきりなしに客が訪れる。馬場さんの造ったコクがあってフルーティーな地ビールと、奥さんのパンは不思議なほどよく合っている。

○○○○筆者の目○○○○

　単なる起業ではなく、地域の麦作農業の復活に貢献したいという馬場さんの思いは、コミュニティビジネスの原点である。ブームが沈静化するのは、大掛かりな設備投資をしたメーカーには痛手かもしれないが、馬場さんのようなマイクロビジネスにはあまり関係がない。かえって売上至上主義に陥ることなく、自分なりに納得いく仕事ができるというものだ。

定年後の農業移住を実現した「たんぽぽ堂」の夫婦

都会から地方へ

たんぽぽ堂

長野県小県郡青木村
大字田沢1617
☎ 0268-49-0008

〈分野〉
農業
観光
国際交流
夫婦起業

http://www.tanpopodo.com/

　長野県青木村にある「たんぽぽ堂」は、吉田良一さん（72歳）と敦子さん（67歳）夫妻が定年後に開いたファーマーズ・ロッジだ。満を持して、定年後の田舎暮らしを実現した２人の生活をのぞいてみたい。

ステップ１　きっかけ

　吉田さん夫妻が田舎暮らしを考えるようになったのは、大手飲料メーカーに勤務していた良一さんが50歳になったころから。あと10年で60歳の定年を迎えるが、寿命はその後20年もある。定年後に子会社などに移り、65歳くらいまで勤める人はいる。しかし、どう頑張っても、それ以上はいられない。

　それなら、体力が残っている60歳できっぱりと辞めて、空気のきれいな田舎で農業でもしながら、のんびりと暮らしたほうがいいのではないか。しかも、良一さんには喘息という持病があった。

ステップ２　就農準備

　当時の住まいは横浜。都会暮らしのサラリーマンだっ

た良一さんと専業主婦の敦子さんには、農業の知識は全くない。そこで、夏休みを利用し、2人揃って就農準備校である八ヶ岳中央農業実践大学校の講習に参加した。さらに、横浜で農業実習の募集があると聞けば、出かけていった。着々と準備を進めていた。

　肝心の場所はどうしようか。家と土地探しも始めた。空気がきれいで、山があって、水があって、農業ができる場所という条件で、全国各地を探し回った。そして、秋のある日、青木村と運命的な出会いをする。訪れた2人の目に飛び込んできたのは圧倒的な紅葉の山だった。目の前には清流もある。もうここしかないと思った。

　しかし、農地の購入にはいろいろな規制がある。しかも、農業だけではやっていけないということも分かった。そこで、ファーマーズ・ロッジというスタイルをとることにした。農業民宿である。山を含めた2000坪の敷地と農家を1000万円ほどで手に入れ、念願の田舎で農業という計画が実現した。

ステップ3 就農

　1998年、吉田夫妻は青木村に移り住み、ファーマーズ・ロッジ「たんぽぽ堂」をオープンする。山の斜面に広がる畑と農家を改装したロッジ。きままに農作業をして、たまには宿泊客の相手をする。最初はそのつもりだった。

　ところが、友人の一言でその気になったヤギの飼育が2人の生活を変えてしまった。ヤギの世話は、水を変えて、えさをやって、小屋を掃除し、搾乳してと、朝から晩まで手間がかかる。ヤギが繁殖期を迎え、子ヤギが生まれれば、その飼育もある。

　ヤギを飼うようになってからは、食事をとるのも忘れるほどだった。これでは、ロッジのお客さんに対応でき

第3章　特色ある市民活動

ない。そこで、ヤギは良一さん、ロッジは敦子さんと分担することにした。

ステップ4
事業拡大

生活はハードになったが、ヤギからもらう恵みは計り知れないと良一さんは言う。2人はヤギのミルクを加工してチーズやヨーグルトをつくり、販売することを思いついた。しかし、それまでは良一さんも敦子さんもヤギのチーズ作りなどしたことがない。教えてくれるところもない。農業と同じゼロからのスタートだった。

まず、牛乳からのチーズ作りを学んだ。しっかりチーズづくりの基礎を覚えてから、ヤギのチーズ作りに取り掛かった。試行錯誤の連続だったが、お客さんに出してみると評判がいい。それではと販売してみたら、全国から注文が来るようになった。

さらには、ヤギのチーズ作りを学びたいという研修生まで来るようになった。国内だけでなく、アフリカからも来たし、日系ブラジル人も学んでいった。良一さんは**「モーリタニアでは、日本に行ったら青木村のたんぽぽ堂へ行けって言われているらしい」**と笑う。

ヤギとチーズは、2人の農業ビジネスに大きな広がりをもたらしただけでなく、国際交流まで運んできた。なにより、横浜にいたときには、想像もできなかった生活を送れるのが楽しいと言う。

たんぽぽ堂の魅力は、豊かな自然とヤギの恵だけではない。地場の農産物を豊富に使った敦子さんの料理もお客さんにとってはお目当てのひとつだ。自家製の生チーズを使った前菜、道で摘んできたヤブカンゾウのおひたし、ヤギ肉のロースト、茹でたてのじゃがいもと天ぷらにしたモロッコインゲンなどの山の幸が並ぶ。

「ご近所にはヤギの堆肥をあげるんです。そうする

と、その堆肥で育てた野菜をくださる。物々交換で安全な有機野菜が食べられるんです」と敦子さん。ヤギを中心にした循環型農業こそ、吉田さん夫婦が目指す農業の形のようだ。

◯◯◯◯◯筆者の目◯◯◯◯◯

田舎暮らしをしたいのだが実現しないという人の理由の大半は妻の反対だ。吉田さんの場合は、むしろ、奥さんが積極的に後押しをして実現したように見える。定年後の移住・定住は夫婦単位なのに、なぜか妻の影響力は忘れられている。女性への魅力あるアプローチが不足している。「将を射んとせば、まず馬を射よ」である。

第3章 特色ある市民活動

プラス 定年退職後に移住、地域活性化に取り組む

廃校で「美瑛の学び舎」設立

　北海道の代表的な美観で知られる美瑛町。ここに「美瑛の学び舎」というセミナーハウスがある。運営するのは田中勝さん。現役時代は首都圏の証券会社に勤務していたが、定年退職後の2006年に美瑛町に移住し、廃校を利用した地域活性化に取り組んでいる。

　設立の目的は、「旅と学びと出会いの場を提供」すること。リタイア後の団塊世代は温泉・グルメといった従来型の観光だけでなく、学びを主体とした旅を好むだろうと考えて始めた。今まで、フィールドウェア（農作業着）ファッションショーが話題となった「俵真布交流フェスティバル」、雪の上にカラーで絵を描く「雪上絵フェスティバル」、「クラブ・インベストライフ・セミナー in Biei」などのイベントを開催してきた。

　しかし、次第に農業の重要性や活性化の必要性に目覚めるようになり、経済財政や国民生活、農業、観光、環境などの白書類の勉強会、旭川大学地域研究所と共催の農業経営研修会などを開催するようになった。2010年2月には、特定非営利活動法人「美瑛越冬野菜研究会」を設立している。

　田中さんは美瑛町どころか北海道の出身でもない。それなのに北海道に移住したいと考えていたというが、それはなぜなのか。美瑛町との出会いのきっかけは何か。いずれ取材させていただきたいと考えている。

「美瑛の学び舎」のWebサイト・
http://www.biei-manabiya.com/

199

7 ボランティア精神が成し遂げること

　ボランティアは奉仕だと思われている。しかし、長続きしている人は、人のためにしてあげるということよりも、自分がしたいことを自然体でやっているように見える。だから、介護だの福祉だのと難しいことと思わずに、やりたいことをやればいいのではないだろうか。本人が楽しんでいれば、周りにもそれは必ず伝わる。

　また、定年後の活動には境目がない。趣味で楽しんでいたら、ボランティアになったり、ボランティアだと思っていたら、仕事になったり。自由に行き来して楽しんでいる人にチャンスは多くやってくるようだ。

クラシック演奏会を学校に出前する「子どもに音楽を」

経歴・人脈を活かす

NPO法人「子どもに音楽を」

神奈川県横浜市青葉区
藤が丘1-2-9
☎ 045-971-0050

〈分野〉
文化・芸術
教育
福祉

http://www.kodomoniongakuwo.sakura.ne.jp/

子供に一流の音楽家の演奏を聴かせたいと、生のクラシック演奏会を小学校に出前する活動を始めたグループがある。ＮＰＯ法人「子どもに音楽を」だ。理事長は徳永扶美子さん（60歳）。

徳永さんは自身も音楽を学び、音大でピアノを教えていた。徳永さんの夫・徳永兼一郎さんはＮＨＫ交響楽団の首席チェロ奏者だった。夫は扶美子さんをどこにでも連れて行った。

しかし、兼一郎さんは絶頂期にがんを発病する。それでも演奏はやめなかった。徳永さんは、夫を支えるため、音楽学校の教師を辞めて看病したが、兼一郎さんは2000年に55歳の若さで亡くなった。

ステップ1
きっかけ

しばらくは何も手につかなかった徳永さんだが、友人が紹介してくれたコンサートを手伝う仕事を始めた。そのうち、コンサートの観客の年齢層が高くなっていることが気になりだした。ただでさえ、「難しい」「マナーやルールがあって、堅苦しそう」などととらえられがちなクラシックコンサート。今や、観客はコアな中高年のものになりかかっている。

あるとき、頼まれて、老人ホームで演奏会を開催した。入居者の中に音楽が好きな人たちがいて、「**小学校の音楽の先生に連れられて、昔は演奏会によく行ったものです。最初は分からなかったけど、だんだん素晴らしいものだと思うようになって、今でも聞いています**」と言う。徳永さんは、これだと思った。

小さいうちに本物を聞いていれば、音楽はちゃんと大人になるまで、その人の心に根付く。だから、子供たちにこそ、いい音楽、一流の音楽を聴かせたい。そういう思いが少しずつ高まっていった。

ステップ2 企画

徳永さんは友人たちに、「**巨額な寄附を集め、一部のクラシック愛好家だけが楽しむようなコンサートはあっても、子供たちに一流の演奏家の生演奏を聞いてもらう演奏会はない。なぜ、資金の提供者はそれに気が付かないか**」と訴えた。友人は、「**それなら、やりたいことを企画書にまとめてみてはどうか**」とアドバイスをくれた。

考えに考えて作った企画書を、徳永さんは友人に渡した。それを見た友人は、「**活動の資金を出してもいいが、あなた個人に出すことはできない。法人なら貸すことができる**」と言った。

何か策がないかと調べたところ、NPO（非営利特定法人）という方法があることを知った。しかし、設立のためには何をしたらいいのか、手続きもよく分からない。

ステップ3 NPO設立

悩んでいた徳永さんに、思いがけなくも自転車のロードレーサー仲間から救いの手が差し伸べられた。自転車仲間と交流を深め、定期的に走りを楽しんでいた徳永さんは、その集まりのときにNPOについての話をした。その中に弁護士がいて、書類を書いてくれるという。設立に必要な発起人や理事も、自転車の仲間たちが引き受けてくれた。

こうして、2006年7月、NPO法人「子どもに音楽を」が設立された。個人会員は年会費5000円、賛助会員は1万円。当初の活動資金も約100万円の寄附を集めることができた。

ステップ4 仲間集め

ここまできたら、後には引けない。まず、この活動に賛同するアーティストを集めなければならない。しかし、この難問はなんなくクリアすることができた。徳永

さん自身が一流のプロ演奏家をよく知っていたからだ。夫であり、NHK交響楽団首席チェロ奏者だった兼一郎さんが、どこにでも徳永さんを同行していたことが助けになったのだ。天の夫に感謝した。

　こうして、兼一郎さんの弟で、N響のコンサートマスターを務める徳永二男さん（ヴァイオリン）など、日本が誇るそうそうたるメンバーが集まった。現在、その数は30人近い。

　この活動には、もうひとつの意味があった。日本では、大きな劇場でのコンサート以外に、演奏家が日常的に演奏をする場が少ない。アーティストは、聴衆に育てられる部分がある。その機会が得られない演奏家に、多くの聴衆と接する場を提供し、成長の手助けとなることもできるのではないかと考えた。

ステップ5
宣伝

　実際に学校に話をしようというところまで来て、思いがけない難題にぶち当たった。せっかく一流のアーティストが出向いて演奏をするというのに、肝心の学校の反応があまりよくないのだ。「**世界有数のアーティストが学校に来て、ほんのわずかな経費で演奏してくれるというのに、どうして？**」と、徳永さんは最初、腑に落ちなかった。

　いろいろな働きかけを通じて理由が分かってきた。ひとつは、学校では年間のスケジュールや指導内容があらかじめキッチリ決められていて、イレギュラーな対応には応じにくいということ。ふたつ目は、徳永さんがいくらアーティストの実績を紹介しても、日ごろクラシックに親しんでいない現場の先生方にはその価値が分からないということ。「**クラシックに関する一般の人の反応はこうなのだ！**」と、徳永さんはショックを受けた。

ステップ6
事業開始

しかし、全く違うところから道は拓けた。教育委員会の組織である目黒区芸術文化振興財団に、以前、元目黒区の小学校校長を務めた人がいた。その人は、在職中に世界的なピアニストであるマルタ・アルゲリッチとヴァイオリニストのイヴリ・ギトリスを招き、体育館で子供たちに生演奏を聞かせるという取り組みを実現した人だった。

この高名なアーティストたちは、海外で徳永さんのNPOと同様のプロジェクトを行っており、日本でも子供たちに音楽を聴いてもらいたいという意向を示した。ところが、その呼びかけにすぐに手を挙げる学校はなかった。理由は徳永さんたちの場合と同じだ。

そんな時、「**ぜひ、うちに来てください！**」と手を挙げたのが、この校長だった。そして2000年の11月、目黒区立東山小学校の生徒たちは"一流の中の一流"の音に耳を傾けることになった。それだけではなく、この小学校に合奏団があるのを知ったアルゲリッチは「**次は一緒に演奏しましょう**」と提案し、2002年と2003年には本当に合奏が実現したのだ。

この経験から、財団では演奏家を学校に派遣する事業を行いたいと考えていた。そのとき、徳永さんの活動が始まったのだ。こうして、目黒区の小学校でコンサートが実現した。

学校での演奏会も数を重ねると、思いがけないことが起こる。ヴァイオリンなどは持参するが、ピアノは運搬の費用がかかるので、学校にあるものを使用する。事前に調律をお願いしていても、ピアノの状態が悪い場合もある。通常、プロの演奏家にはそういう状態はありえない。

そのピアノを見たピアニストは、さすがに「**私にこれを弾きなさいというの**」と躊躇した。しかし、意を決したように、次の瞬間にはきっぱりとピアノに向かって演奏を始め、みごとなまでに完璧な演奏を披露した。子供たちも「**いつもの学校のピアノじゃないみたいな音がした**」と驚いた。これがプロフェッショナルなのだ。

　演奏家や徳永さんには、こんな子供たちの感想が宝物である。徳永さんは「**素晴らしい演奏を聴いて、1人でも2人でもその感動を忘れない子が出てくれれば、10年、20年先に観客が1人増える、そう信じてやっています**」と語る。

　活動は特定の地域だけに固執していない。依頼があれば、全国どんな学校にも出向く。学校の負担も演奏家たちの交通費だけだ。そして、演奏会には必ず徳永さんが立ち会う。それは、コンサートで何か問題が起こったとしたら、次のコンサートで同じことが起きないようにするためだ。

○○○○○筆者の目○○○○○

　仕事に重要なもののひとつが人脈であるように、仕事以外の活動でも人脈が重要だ。団塊シニア世代は、長く生きてきた分だけ、人脈という部分の貯金も多いはず。それを活用しない手はない。世界中のどんな人とでも、6人を介せばつながると言われている。シニア世代の人脈という宝物の発掘にも力をいれたいところだ。

"庶民の生きた証"を集めた「個人史図書館」

庶民の目線

宮城個人史図書館

宮城県仙台市太白区
桜木町23-7
☎ 022-229-3115

〈分野〉
文化・芸術
記録・保存

http://www.d6.dion.ne.jp/~k_seto1/mphl/

　自分の人生や仕事を本にして残しておきたい…。そんな思いは誰にでもある。そこで、自費出版という新しいビジネスが生まれ、ブームとなった。おびただしい数の個人史・自分史が世に出たはずだ。では、それらの本は、その後、どうなるのだろうか。その個人史を収集・所蔵するために、私財を投じて、個人史図書館を設立したのが「せとかつえ」さんだ。

　せとさんが設立し、管理・運営する図書館の名前は「宮城個人史図書館」。原則として、宮城県で生まれたり、育ったり、仕事をしたりと、何かしら宮城県にゆかりのある人の本を収集している。

　図書館がある場所は青葉城に近い八木山丘陵の住宅街。ガラス越しに差し込む太陽の光を浴びながら本を読んでいると、うっかり居眠りでもしそうなほど居心地の

いい空間だ。それもそのはずで、元は２階建て民家。１階の３つほどある部屋に天井まで書棚をこしらえて、図書館に改装した。

オープンしたのは2006年７月。「私の本も置いて」という人からの寄贈本で少しずつ増えているが、まだ収納は可能。「**7000冊くらいまでは大丈夫です。ただし、床さえ抜けなければですが**」と、せとさんは笑う。

以前、80歳くらいの女性が、亡くなったおじいさんの本がここに収められているからと、親戚一同を引き連れて来たことがあった。テレビで取り上げられたとき、書棚におじいさんの名前が見えたのだという。

公共図書館は、自費出版物まで受け入れる余裕はない。また、個人史のほとんどは少部数だから、親戚や知人に寄贈してしまうと、それっきり死蔵・散逸しやすい。この家族のように、親族でさえ初めて目にするということもあるのだ。

せとさんは、「**個人史の中には庶民の文化として貴重な記録が埋もれています。これは日本の民族史にとっても、大切な財産となるでしょう**」と言う。ただ、それよりも何よりも、ここにたどり着いた本を手に取って、思いを込めて書いている人の姿を想像すると、「**よく書きましたね**」とほめてあげたくなるのだ。

パンフレットの「県民の生きざまライブラリー」というキャッチフレーズには、そういうせとさんの思いが込められているのだろう。

▼
背景

せとさんの本業は、出版物の編集だ。「けやきの街」という会社を経営し、本造り30年のキャリアがある。そもそもの始まりは31歳のときに、『けやきの街』という仙台のタウン誌を創刊したこと。作家になりたいと思っ

ていたせとさんは、仙台放送主催の編集講座を受講した。その卒業制作として、タウン誌を創ることを思いついた。

そして、編集講座卒業後の５月にはもう創刊号を出していた。『けやきの街』は仙台におけるタウン誌の先駆けとなった。そのとき、せとさんはすでに結婚して子供もいたが、広告取りから原稿依頼・執筆、書店への搬送まで、幼い子供を背負いながら、すべて１人でこなした。タウン誌の創刊といい、図書館の創設といい、そのバイタリティは敬服に値する。

やがて、仙台のタウン誌先駆者として、様々な意見を求められるようになり、いくつかの審議委員にも名を連ねた。そんな活動が認められ、参議院議員選挙に野党系候補として担ぎ出されたこともあるほどだ。

選挙という狂騒を経験したせとさんは、やはり自分の仕事は自費出版本の編集制作だと、一層、仕事に力を注ぐようになった。そして、自らも、その貴重な体験を『立候補…女性素人候補が見た舞台裏』（双葉社）という著書にまとめた。これは、せとさん自身の個人史のようなものだろう。

せとさんは、企業の広報誌や定期刊行物の委託編集のほか、聞き書きによる個人史も数多く手がけてきた。そんな仕事の中で資料として集めた本が仕事場には収納できないほど、あふれるようになっていた。しかし、用のなくなった本だからといって、捨てる気にはなれない。これは、本好きなら共通する思いだろう。

▼
きっかけ

それなら、きちんと保管して公開すれば、これから自分史を書きたい人や庶民史の研究家などの役に立つのではないだろうか。そう考えたのが個人史図書館オープ

第3章　特色ある市民活動

のきっかけだった。

　設立趣旨には、こんな言葉が掲載されている。「**個人史が必要になるのは、出版からずっと後のことで、『昔、親父が何か本を作っていたなあ』と話題になるころ**。しかし、すでに本は見当たらなかったり、書棚でホコリをかぶっているのが関の山。本当はこんなにもったいないことはないのです。人間が何十年か生きた証としての出版物には、次世代が生き抜くための知恵と成功への鍵が隠されているというのに…」。

　「**全国に個人史図書館ができたら、その県の特色が出るかもしれませんね**」。せとさんは「**全国の同じような思いを持つ人たちと協力して、個人史図書館のネットワークを作りたい**」と願っている。

　宮城個人史図書館を利用する人は、あらかじめ電話で申し込む必要がある。また、東北の冬は寒いので、暖房が行き届かない12月から3月までは休館だ。そのオープンを、今か今かと待っている人たちも多いのである。

○○○○**筆者の目**○○○○

　本業が出版関係だからといって、私財を投じて、家を丸ごと借りて、図書館にすることは誰にでもできることではない。こうした文化的かつ貴重な活動にこそ、自治体は支援を行うべきではないだろうか。支援とは資金のことだけではない。図書館司書を派遣して分類に協力するとか、この活動をもっと市民に知らせる方法をとるとか、いくらでもすることはある。それこそ私財を投じて、個人史を自費出版する市民は大いに喜ぶことだろう。

プラスα　シニアがシニアを支援する資格

自分のため、仲間のため、将来のため

　たくさんある資格の中には、地味で目立たないけれど、セカンドライフやシニアライフを支援するための資格もある。このような資格の受講者や取得者は、ほとんどが50歳以上のシニア世代。資格取得は自分のためであり、同年代の生き方や活動を支援するためでもある。また、自分たちが大きな影響を及ぼさざるを得ない日本社会の現在と将来に関心を持つ人たちでもある。代表的なシニア関連資格をピックアップしてみた。詳細問合せは、主催者へ。

●シニアライフアドバイザー（ＳＬＡ）：財団法人「シニアルネサンス財団」が認定。以前は札幌、仙台、東京、名古屋、大阪、福岡など9か所で講座を開催していたが、現在では通信講座に一本化された。資格取得者は地域ごとに支部を作って活動している。

●シニアライフコーディネーター：ＳＬＡ支部の中でも熱心に活動しているのがＮＰＯ法人「関東シニアライフアドバイザー協会」。この支部が独自に認定を始めたのがシニアライフコーディネーターだ。毎年1回、3か月にわたって講座を開催している。

●健康・生きがいづくりアドバイザー：財団法人「健康・生きがい開発財団」が養成。全国63か所に地域組織があり、多くの資格取得者がいる。ホームページでは、第一線で活躍しているアドバイザーとその活動分野が検索できる。

●セカンドライフ・アドバイザー：ＮＰＯアクティブ・シニア・クラブが認定。東京の世田谷区や杉並区で開催している。

　いずれも仕事や収入を保証するものではなく、取得後は自分なりのテーマを設定し、活動していくことが大事。また、資格認定団体は、受講料や認定料が目的の資格商法まがいの活動になってしまわないようにアフターフォローが必要である。

第４章

自治体と団塊世代の今後

日本は、「課題先進国」といわれる。世界のどの国も経験していないような問題に真っ先に直面し、それを解決していかなければならない。高齢化対策はまさにその課題中の課題である。団塊世代への対応も高齢化対策のひとつとして考えられるのが普通だ。
　しかし、それでいいのだろうか。"現役ではない、かといって、介護が必要な高齢者でもない"という新たな年齢ゾーンが生まれたと理解したほうがいいと思う。長寿の時代なのだから、発想を変えるべきなのだ。そして、団塊世代は新たなゾーンの最初の住人となる。この分類は、次の世代にも受け継がれるだろう。
　新しいゾーンだということに気付かず、60歳以上の人を一からげにして高齢者と分類し、従来の高齢化対策をあてはめようとするから、苦労する。納まりきらないから、展望も描けないのだ。
　新たな年齢ゾーンの人たちを、リタイア後も地域などで社会参加する人材という意味で「定年兼業生活者」と呼んではどうだろうか。現役世代とは異なった方法で日本の社会を支えていく力を持った人ととらえるのだ。
　そのためにも、彼らを活かす施策がなければならない。だが、それも今までのように、行政・自治体だけが必死で考えることではない。当事者の知恵や経験を取り入れながら、進めていけばいいと思う。
　団塊世代が今後のまちおこし、地域活性化、産業振興、ＰＲに果たす役割は大きい。新たな発想の下で、具体的施策を積み上げていくことが求められている。そして、その経験や実績を次の時代に引き継いでいくことこそ、高齢化という課題解決の望ましい姿だ。

❤1 団塊世代を積極的に"活用"せよ

　この本を書いているときに、いろいろな人から「活用する」という言葉は使わないほうがいいというアドバイスをもらった。私は知らなかったのだが、今、行政や自治体の担当者の間には、そういう認識が広がっているのだろうか。なぜだろう。「活用する」という言葉に上から目線のイメージがあって、いかにもお役所的だということか。あるいは、何か苦情があったとでもいうのだろうか。

　私は「活用する」を使って悪いことはないと思う。逆に、団塊世代は、自治体が自分たちをどうとらえているのかを教えてほしいと思っているのではないかという気がする。

　以前、ある自治体の講座を受け持ったときに、参加者から「**これだけ団塊世代を集めていながら、どのような方針で何をしようとしているのか、自治体からの説明がない。そういう機会を作ってほしい**」という発言があった。私は自治体の人間ではないので、担当者に伝えると対応したものの、その気持ちは分かるような気がした。

　自治体は、団塊世代のために各種講座やセミナーなどを開催し、様々な情報を提供してくれるが、それは単に暇つぶしの場を与えているのではないはず。この講座がどういう位置付けで開催され、自分たちはどんなことを期待され、どうかかわっていけばいいのか。それが見えないままに、講座を受けるのはむなしいという鋭い指摘だったのだ。

　自治体は、リタイア世代に対してまず、「**地域にはこんなにたくさんの可能性がありますよ、どうぞ、好きなことに自由に参加してください**」というアプローチをとる。自主性を重んじる姿勢を示したいということなのだろう。だが、今まで地域に関心がなく、情報をほとんど持っていない人には、これはかなり難しい。

一方で、「**手伝ってほしいと言ってくれれば、何でもやりますよ**」という人はたくさんいる。地域に不慣れな団塊世代にしてみれば、"あなた方をこのように活用したいと考えている"とはっきり言ってもらったほうが分かりやすいのだ。それなら、やってみようじゃないか、そう思う人は多いはずだ。

今まで自治体が取った団塊世代へのアプローチは、遠慮がちだった。全員が60歳を超えた今は、もう直球で勝負をしてもいい時期だ。それをしない限り、どちらにとっても手ごたえがなく、結果の出ないプログラムで終わってしまいかねない。「活用する」は、むしろ効果的な直球として使えるのではないか。

ただ、自治体も団塊世代に向けて、直球が投げられずにいるのかもしれない。団塊世代はどんな人たちで、どのような活用策があるのか、実は、よく分からない。団塊世代が定年後の未知の世界で戸惑っている一方で、同じように、自治体も前例のない取り組みに試行錯誤しているといったところだろうか。

しかし、地域全体を俯瞰できるのはやはり自治体しかいない。自治体の守備範囲を再チェックし、不足している分野を把握し、人材となる市民を見つけて方向を示し、具体的な情報を伝達して、活動の場に送り出す。これも、必要なやり方だといえる。「お好きなように」だけではなく、「こんなこともあります」「こちらにも、どうぞ」というアドバイスも求められているのだ。

非常に分かりやすい方法で、ひとつのあり方を示しているのが、第2章（94頁）で紹介した「すぎなみ地域大学」だ。地域社会に役立つ資格を創設し、講座を開催して、認定後はその資格で活動できる機会を提供している。たとえ、それらの資格に興味がない人でも、それを見れば、地域にはそういう役割や可能性もあるのだと理解する。方向性を示すことができるのだ。

住民と自治体がお互いに遠慮し、探り合っているような関係ではなく、現実に起きている状況を確認し合い、向かう方向を定めるこ

とからしか、本当の意味での市民の地域参加や協働事業は始まらない。団塊世代も、そういう歯ごたえのある地域貢献を望んでいるだろう。

　ところで、"活用"よりも団塊世代が抵抗を感じる言葉に、高齢者、老人、シルバーがある。だから、老人クラブ、シルバー人材センターには足が向かないのかもしれない。まず、名称からなんとかしないといけないと思うのは私だけだろうか。

プラス

町長の呼びかけで約140人の町民が集合！
「鳥取県智頭町百人委員会」

　鳥取県智頭町（ちづちょう）は、岡山県に接する人口約8,000人強の山あいの町。高齢化と過疎の問題を抱えており、活力ある地域づくりを進めていくためには、住民の声を町政に反映していくことが必要と判断。2009年秋に町長の呼びかけで「百人委員会」を設置した。応募資格は、高校生を除く満18歳以上の町民または町内事業所への勤務者で、任期は毎年3月31日までの1年間。

　初回、実際に応募した町民は約150人と関心の高さをうかがわせた。応募者は希望により、行財政改革、商工・観光部、生活環境、福祉、農林業、教育・文化の6つの部会に分かれて、議論を繰り広げる。各委員会で討議・策定された企画・予算案は、町長をはじめ、担当部署への公開ヒアリングにかけられる。

　初年度、注目されたのは行財政改革部会。詳細なデータを提示して、町議会議員や役場職員の人件費カットを提案した。ただ、この提案をした町民は、3月末で任期切れとなる。この案がすんなり通るとは思えないが、町民が自治体に直接自分たちの意思を表示する機会があったことは評価される。このような試みでは、町民から厳しい意見が出た場合、どのように対処したかに関心が集まる。智頭町の今後も注目だ。

「智頭町百人委員会」のWebサイト
http://cms.sanin.jp/p/chizu/kikaku/hyakunin/

2 情報は的確に届いているか

「内容は自信があったのに、思ったほど人が集まらなかった。ちょっとテーマ設定が難しかったかなあ」。講座やセミナーの開催時に、そんな声がときどき聞こえてくる。確かに、テーマ設定が問題な場合もあるが、もっと大きな問題は、対象者にその情報がきちんと届いたかどうかだ。コミュニケーション手段が多様化している今、住民に情報を届ける方法が、従来のやり方を踏襲したままでいいかどうか、検討してみる必要がある。

◆変化する広報

　ほとんどの自治体は、広報紙や情報誌を発行している。ＮＰＯや市民グループ、関連団体なども含めて、行政にかかわる情報の伝達や告知に広報紙は欠かせない。しかし、本当に読まれているのだろうか。

　これは団塊世代に限らないが、仕事で忙しいときは、地域にあまり関心が向かないから、広報紙に目を通す機会は少ない。つまり、団塊世代に向けて発信した情報も期待ほどには読まれなかった可能性がある。

　とはいえ、リタイアした後は地元への関心も高まるから、今後は効果があるかもしれない。ただし、どのように掲載するかも重要だ。単に掲載されているだけではダメで、読者にとって、行動を起こす引き金となるような内容でなければならない。

　多くの住民向け広報紙や情報誌では、巻頭や特集以外の記事はほとんどが箇条書きになってしまっている。イベント告知は、テーマ、日時、会場、数行の内容紹介程度で、個々の詳しい内容は、「お問合わせください」方式だ。これだけで、講座やイベントに人

が集まるのは奇跡に近いと思う。

　箇条書き的な情報が多いのは、知らせたい情報はたくさんあるのに、スペースが限られているからだろう。しかも、情報はもれなく平等に扱わなければならない。これでは、<mark>何でも書いてあるが、知りたいことは何も書いてないのと同じ。</mark>出すことに意義があるようなものだ。

　昔は、家族の中に子供から大人、高齢者まで、様々な世代がいた。だから、ひとつの家族にまとめて情報を送り込めば、各世代に伝わった。しかし、核家族化が進んだ今では、夫婦と子供世帯、片親世帯、高齢夫婦だけの世帯、独り暮らしと細分化している。そうなると、従来型の広報紙では伝えられないことも増えるだろう。紙媒体は難しい時代に来ており、工夫が必要だ。

　広報紙を読んでもらうために、新しい取り組みを始めたのは東京都足立区だ。足立区は、月2回のペースで広報紙を発行しているが、調査したところ、あまり読まれていないことが分かった。そこで、バスに職員が手作りした広報紙の広告を出すことにした。市民の反応は上々だそうだ。

　情報伝達の手段としては、クチコミ効果というのもある。ある講習に参加者が集まらなくて困っていたとき、一人の住民が仲間に声をかけて集めてくれたことがあった。「もっと早く言ってくれれば、もっとたくさん集めたのに」と言われた。

　良いことも悪いことも、多くは人の口を通じて伝わる。同じ内容でも不特定多数を相手にしているものよりは、知っている人が直接自分に向けて発信した情報に関心を寄せるのが人間だ。

　その点、日本には昔から回覧板という素晴らしいクチコミ手段がある。今でも、地域住民への講座開催などのお知らせを地域の回覧板に載せて伝えている公民館がある。担当者はコンスタントに受講者が集まると話していた。対象となる人の年齢や規模にもよるだろうが、原点に返るのもひとつの方法である。

また、第3章で紹介した「かわさきシニアリポーター」のように、住民自身が他の住民へ情報を発信する方法もある。世田谷区の中高年世代向けの情報誌『GAYAGAYA ≧50s（がやがや）』は、公募で選ばれた50歳代から70歳代の区民スタッフが作っている。これらもクチコミ的な効果を狙った取り組みだ。

◆ネットによるクチコミ
　地域のクチコミ力、伝達力。それは住民のコミュニケーション能力そのものである。大地震や大災害などでは、住民同士のコミュニケーションが最大の力を発揮する。クチコミは、マーケットでも効果的な宣伝手段として研究されており、メールマガジンやブログ、SNS、ツイッターなどは、IT分野のクチコミ手段そのものだ。ネットを活用して一人ひとりの住民に、直接情報が届く方法がもっと検討されてもいいのではないだろうか。市民自身が映像ニュースを作って、自治体サイトやユーチューブにアップするという方法も考えられる。
　大阪府箕面市では、「撮れたて箕面ブログ」を開設し、職員が写真付きの記事をアップしている。自治体にしてはソフトな内容で上出来。市民も参加できるような方法にしたら、もっとよくなる。リタイア世代の力を使わない手はない。
　また、長野県上伊那郡辰野町は「ニッポンのおへそ辰野.jp」というブログを2010年に開設した。埋もれていた町の観光資源や宝などを探して発信していくという。
　宮崎県や高知県などの知事がツイッターでつぶやくのはよく知られているが、北海道陸別町のイベント告知と集客、鳥取県米子市のキャラクター「ネギ太」によるふるさと納税のPRなど、具体例が生まれている。
　最近は、マスコミに向けてニュースリリースを配信する自治体が多くなった。マスコミに取り上げてもらうことは、外部へのPRに

なるだけでなく、住民意識が高まるという内部効果も高い。
　私は、会社員時代のつながりで広報関係の仕事もしており、ニュースレターやニュースリリースを作り、配信する仕事のお手伝いをすることがある。ニュースリリースは、以前は紙にプリントしたものを郵便やＦＡＸで送るのが一般的だったが、今では電子メールを使ったネット配信が増えてきた。
　ネット配信は、記者のメールアドレスを把握している配信会社が、発信者に代わって、ニュースリリースを届ける仕組み。記者個人に直接届くので効果が高いといわれている。必ずしも読んでもらえるとは限らないのだが。今後はこちらが主流になるだろう。
　ニュースリリースのネット配信会社は、すでにいくつもある。例えば、「共同通信ＰＲワイヤー」では、富山県、静岡県、福岡県北九州市、佐賀県唐津市、栃木県日光市などの自治体が定期的にニュースリリースを配信している。もちろん、配信会社を使わずに、県や市の記者クラブなどを使って、ニュースリリースを配布する方法は、以前から多くの自治体で行っている方法だ。いずれにせよ、マスメディアを上手に使って、内外への効果的な情報提供を図ることは大切なことだ。

❸ リタイア世代にとっての協働事業

　住民に社会参加の意識を高めてもらいながら、行政サービスの質を向上させたいと、多くの自治体がＮＰＯなどとの協働事業に力を入れている。一方で、定年後にＮＰＯなどでコミュニティビジネスを立ち上げ、それを自治体との協働事業に発展させて、地域活性化の一翼を担いたいと思う人も増えるだろう。第３章では、その例として、「シニアＳＯＨＯ普及サロン・三鷹」や埼玉県の「深谷シネマ」などを紹介した。

　しかし、一般市民にとっては、協働事業はよく分からない点が多い。==協働事業では、自治体は何を担当するのだろうか、自分たちの自主性は発揮できるのか、民間のやり方が通用するのか、利益は事業担当者が確保していいのか。なにより、その仕事を協働にしなければならない理由は何なのか。==

　「シニアＳＯＨＯ普及サロン・三鷹」の前理事長・堀池喜一郎さんは、盛んに**「行政の下請けにはならない」**と話していた。そういう側面を感じながら活動に従事していたのだという思いが私の頭から去らなかった。

　協働事業が盛んになる一方で、最近は協働事業を減らす自治体も出てきている。理由はなんだろうか。ここでは協働事業を整理して、団塊シニアが取り組む可能性につなげてみたいと思う。

　『日経グローカル』（日本経済新聞社発行）の2009年４月20日号に、「ＮＰＯと行政の協働に壁」という特集が掲載されていた。これは、日経が独自に都道府県、政令指定都市、県庁所在都市の97自治体を調査して分析した報告書だ。

　それによれば、長崎市や堺市、熊本市などで大幅に協働事業の件数が伸びている一方で、大阪府や岐阜県、福岡県など大きく減って

いる自治体もある。千葉県柏市では、応募はあったものの、2009年度の採択数はゼロだったそうだ。減った理由として、次のような項目が挙げられていた。

【主に自治体に起因する理由】
・財政状況の悪化を補うためのコスト削減対策という思惑が先行
・その思惑が強いため、市民の熱意をくみ取れない
・安心して任せられるのかというＮＰＯへの不信感
・委託金や補助金がＮＰＯのコストに合わない
・利益や必要経費など民間の考え方への理解不足

【主にＮＰＯ側に起因する理由】
・不十分なスタッフ体制やマネジメント能力の不足
・不安定な財政基盤と責任能力の弱さ
・発案者の取り組む活動を自治体が補助する依存型の発想
・自治体の実情がよく分かっていない
・下請けとして使われるだけではないかという自治体への不信感

　両者に共通するのは、協働事業への理解不足や不信感だ。お互いへの期待が大きい割には、それを確認する機会やコミュニケーションがないままに自治体は募集し、ＮＰＯは応募している。しかも、成功事例がまだあまりないので、メリットが十分に理解されているとは言い難い。どちらももう一度、協働事業の原点に立ち返って考えてみる必要がある。
　足立区は提案を提出した団体と、その提案を管轄する部署の担当者とが会って、応募の前に意見交換する場を設けている。提案者の意図を聴き、その意図を確かめ、さらに練った案を出してもらって選考委員会にかける。質の高い提案をしてもらうためだ。

神奈川県は「県提案型協働事業」方式だ。まず、県が地域の課題と認識している事項を提示する。例えば、「既存建築物のバリアフリー化整備ガイドライン作成普及事業」は、保健福祉局地域保健福祉課と県土整備局建築指導課が共同で提示した大テーマ。教育局子ども教育支援課が提示した大テーマは、「アート子どもの時間」だ。この基本方針に基づいて、さらに具体的な計画を策定したＮＰＯなどが応募する。

　この方式であれば、ピンとくる提案がないというリスクは避けられ、より的を射た提案も見つけやすくなるだろう。ＮＰＯにしても、行政の方針が分からないままに、やみくもに提案をして落選するという無駄が省ける。

　協働事業といえば、一般にはこうした公募で生まれた事業を指すようだが、すでに地域市民が手掛けている有望な活動を支援して、事業としてともに育てていく方法もある。第３章の「深谷シネマ」や「よろずや余之助」などがそうだ。

　すでにある芽を育てていくという観点からすれば、うまくいかない理由として挙げられていた「ＮＰＯの発案者の取り組む活動を自治体が補助する依存型の発想にとどまる」という指摘は、少し厳しいような気もする。発案者の取り組む活動がいいものであれば協働事業への道を探ったほうが、一から始めるよりも近道なのではないか。発案者がすでに取り組んでいる事業だからといって採択されないのでは、提案事業は先細りになるばかり。協働事業に取り組むには、自治体にも広い視野と懐の深さ、リスクを取る覚悟が必要だろう。

◆**指定管理者制度の課題**

　指定管理者制度も協働事業のひとつだ。公的な施設の管理運営を民間事業者に委託する制度で、民間企業、公益団体、ＮＰＯなど、幅広い業態の応募がある。だからだろうか、『日経グローカル』の

記事では、調査した１万2625件の施設のうち、ＮＰＯ法人が受託しているのはわずか２％の268件ということだった。
　指定管理者制度の対象となる公的施設といえば、いまのところ、公民館や市民センターなど、住民が集まる施設が最も多い。それなら、利用する住民自身が管理したほうがうまくいくだろう。これからはもっとＮＰＯへの委託が増えてほしい。
　少し余談になるが、以前、ある市民センターで会合をしたとき、椅子が足りないので事務局に借りに行ったところ、すごい剣幕で断られたことがあった。消防法があるので、定員以上の椅子は使えないということだった。しかたなく、交代で座りながら、会議を続けた。まさか、市民センターで椅子取りゲームをすることになるとは思ってもいなかった。
　約束の10分前にならないと絶対にカギは渡さないという施設もある。規則とはいえ、こうした融通の利かなさと対応のまずさはお役所仕事の典型だ。民間に託すならば、サービス精神を身につけた事業者にしてもらいたいものだ。
　話を戻す。公民館や市民センターの指定管理業者になぜＮＰＯが少ないかというと、ＮＰＯは最初から十分なスタッフや、マネジメント体制を持っているところが少ないからだ。だからこそ、比較的取り組みやすい公民館や市民センターなどの運営を受託して、成長のきっかけにしたいと思っているのだが、すでに体制の整っている会社や公益団体などにはかなわない。
　また、指定管理者制度はコスト削減という目的が強い。自治体は、今まで役所がやってきたことを民間に事業委託するのだから、サービス向上だけでなく、経費の節約につながらなければ意味がないと考える。すると、決め手はやはり費用ということに傾きがちだ。
　自治体のコスト削減を重視する考え方には、矛盾しているところもある。ギリギリの経費で委託し、利益が出しにくいような事業が

第4章　自治体と団塊世代の今後

多いのに、財政基盤がぜい弱なNPOに任せるのは不安だという。適性な財源を整える余裕がほしい。

　しかし、活動する市民が最も気にする点は、下請けとしてしか見てもらえないのではないかということだ。行政との協働には、2種類のパターンがある。ひとつは下請け的な受託事業。下請けは、行政がやっていた仕事を単に引き継いでこなすだけで、新しいものが生まれる余地はあまりない。

　もうひとつはパートナーシップ事業。こちらは行政がやれないことを、スキルやビジネス手法を持っているNPOが担当し、自分たちの力を活かしながら進めることができる。問題意識を持って取り組んでいる市民で構成するNPOにとっては、パートナーシップ事業でなければ魅力がないのだ。

　いずれにせよ、ただ単に運営していれば決まったお金が入ってくるような活動は進歩しない。そもそも協働事業は、ボランティア的な発想から生まれるもの。地域に不足していて、しかし、絶対に必要だと思うものを事業化できないかと考えることから始まるのだ。問題意識とビジョンを持った人たちがいないことには、協働事業は成り立たない。

　長続きする協働事業は、自分たちの経験や手法を駆使して、稼ぐ場を作ることのできるものだ。特に、ビジネス経験のある団塊シニア世代はそれを求める。第1章で紹介したアメリカの全米退職者協会（AARP）のように、ダイナミックな事業をNPOとともに創り上げていく自治体が、そろそろ日本に出てもいいのではないだろうか。

❤4 社会福祉協議会とNPO

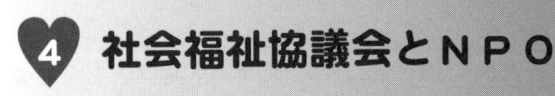

　地域社会で活動する民間組織といえば、NPOという理解が進んでいるが、もうひとつ忘れてはいけないものに「社会福祉協議会（社協）」がある。例えば、地域活動に関心を持ったリタイア団塊世代が、地元のボランティア組織や福祉関係の活動を調べていたとする。すると、地域にはすでに「社会福祉協議会（社協）」という、主に社会福祉活動を行っている大きな組織があることに気がつくだろう。

　それが社会福祉法に基づいて作られ、都道府県ごと、市町村ごとに設置されており、1951年の開始から約60年もの歴史があると知って驚くに違いない。しかし、社協に関係する皆さんからお叱りを受けるのを覚悟でいえば、名前は聞いたことがあるが、具体的に何をしている組織かを理解している人は少ないような気がする。

　ところが、Webサイトを見ただけでも、社協は各地で実に多種多様な活動を行っていることが分かる。訪問介護や配食サービス、高齢者や障害者・子育て中の親子のためのサロンの開設、ボランティア活動や活動先の紹介をするボランティアセンターの運営、小中高校における福祉教育の支援、高齢者の社会参加支援、何でも相談室……。

　第2章で紹介した武蔵野市の「おとうさん、お帰りなさいパーティー」も武蔵野市民社会福祉協議会が運営している。さらに、低所得者や高齢者、障害者の生活を支える「生活福祉資金貸付制度」業務も担当しているという。

　これはすごい！と思うと同時に、疑問も湧いてくる。これから自治体がNPOとの協働事業に力を入れていくとしたら、社協が行っている活動分野とはどのような住み分けが必要で、どのような連携

や協力が可能になるのだろうか。

　行政の皆さんには釈迦に説法だろうが、社協は民間組織といっても、行政の関連団体である。会長は自治体関係者が就任することが多く、財源も自治体からの補助金や寄附から成り立っている。一方、ＮＰＯは民間組織であり、利益を上げ、財政的にも自立した運営が求められる。両者は同じではないが、自治体がＮＰＯとの協働事業を進めるとしたら、財源の出所は同じだ。だから、「**社会福祉協議会とＮＰＯは何が違うのですか**」と聞く人がいるのだ。

　活動内容も重複する可能性がある。すでに社協が行っている活動をＮＰＯが収益を得られる事業として取り組み始めるかもしれないし、自治体との協働事業に新たな発想で提案することもあるだろう。

　ＮＰＯ法ができてから10年少々。まだ自立している組織は少ないが、数はすでに全国で４万に迫る。自治体との協働事業も進んでいる。地域における市民活動がスムーズに進展するためにも、社協とＮＰＯとの関連性を住民が分かるように整理して、住民に理解を促す必要があるのではないだろうか。

　社協という組織に関しても、もっと住民に目的や活動内容を知らせ、一般の認知度を高めて、さらに利用してもらえるような取り組みをすべきだろう。また、その組織には、地域活性化を担う団塊世代などの新たな人材も投入すべきだ。社会は大きく変化している。社協もＮＰＯも、そして自治体も、時代の変化に対応していかなければならない。

◆**中間支援組織としてのＮＰＯ**

　ところで、10年を過ぎたＮＰＯの活動にもある種の傾向が見えつつある。それは中間支援組織として活動するＮＰＯが増えたことだ。中間支援組織とは、ＮＰＯの支援を行うＮＰＯのことである。

　ＮＰＯが活動できる分野は17と定められている。内閣府調査によ

れば、2009年9月現在、最も多い活動分野は「保健・医療又は福祉の増進を図る活動」で2万2181法人、次いで、「社会教育の推進を図る活動」が1万7711法人となっている。3番目に僅差で続くのが「前各号に掲げる活動を行う団体の運営又は活動に関する連絡、助言又は援助の活動」の1万7618法人である（図表1）。

複数の分野の活動を行っている法人が多いので、ＮＰＯ支援だけに特化しているわけではないのだが、それにしても、なぜ、これほど中間支援組織が増えたのだろうか。ひとつは、順調に成長したＮ

図表1　特定非営利活動法人の活動分野（複数回答）

（2009年9月30日現在）

号数	活動の種類	法人数	割合(%)
第1号	保健・医療又は福祉の増進を図る活動	22,181	57.8
第2号	社会教育の推進を図る活動	17,711	46.1
第3号	まちづくりの推進を図る活動	15,734	41.0
第4号	学術、文化、芸術又はスポーツの振興を図る活動	12,666	33.0
第5号	環境の保全を図る活動	11,014	28.7
第6号	災害救援活動	2,436	6.3
第7号	地域安全活動	3,827	10.0
第8号	人権の擁護又は平和の推進を図る活動	6,045	15.7
第9号	国際協力の活動	7,503	19.5
第10号	男女共同参画社会の形成の促進を図る活動	3,194	8.3
第11号	子どもの健全育成を図る活動	15,689	40.9
第12号	情報化社会の発展を図る活動	3,390	8.8
第13号	科学技術の振興を図る活動	1,880	4.9
第14号	経済活動の活性化を図る活動	5,296	13.8
第15号	職業能力の開発又は雇用機会の拡充を支援する活動	7,312	19.0
第16号	消費者の保護を図る活動	2,184	5.7
第17号	前各号に掲げる活動を行う団体の運営又は活動に関する連絡、助言又は援助の活動	17,618	45.9

＊活動は重複しており、割合の合計は100％とならない。

ＰＯが他のＮＰＯからアドバイスを求められたり、ノウハウを教えたりしているうちに、それが活動分野になったということが考えられる。

また、行政が個々のＮＰＯを直接支援するのではなく、間に中間支援組織のＮＰＯを立てて、そこに必要な支援事業を委託する方法も行われている。第２章（126頁）で紹介した厚生労働省の「コミュニティ・ジョブ支援事業」がそうだ。厚生労働省からの委託費が中間支援組織の運営費であり、収益となる。行政が個々のＮＰＯを相手に支援するのは難しいので、ＮＰＯをターミナルとして利用するのだ。

中間支援組織の中には、そうした市民活動やＮＰＯ設立に関する行政からの委託金を主な収益手段として活動しているものも多い。ＮＰＯからの提案で始まる事業ではないが、これも行政との協働事業である。

ただ、委託金を当てにして始めるＮＰＯがあるとしたら、それは本末転倒だ。また、活動が期待どおりにいかず、資金の多くが経費などに使われるなどということがあれば、協働事業の意味がない。

団塊シニア世代が取り組む活動は、行政の委託金を当てにした中間支援組織的なものではなく、現実にある地域の課題に取り組む問題解決型であってほしい。中間支援組織になるのは、それがうまくいったとき、さらに次のステップを目指す場合でいいのではないだろうか。

5 シニアにもほしいインキュベーション施設

　第2章では様々な自治体のインキュベーション施設を取り上げたが、多くはいわゆる起業家を対象としたものだ。そんななか、東京都三鷹市の三鷹産業プラザには、コミュニティビジネス（ＣＢ）に関する活動を始めた人やこれから始めようとしている人が気軽に利用できる「コミュニティビジネスサロン」がある。定年後の活動を模索するシニア世代の利用者も盛んに利用していると聞いた。

　このように、ＮＰＯ設立などで社会参加を果たしたいと希望している団塊シニアに、必要な情報を入手したり、仲間と交流できる場所、いわゆるシニア版インキュベーション施設を提供することも有意義ではないだろうか。

　実は、2007年問題が話題になっていたころ、民間にはそのような施設がいくつかオープンした。さきがけは横浜の馬車道にあったリタイア世代向けの「私の書斎」だ。イベントの開催も可能なカフェスペースと個人ブースで構成された小ぎれいなオフィスで、料金も個人が利用しやすい設定になっていた。利用者には、いったん自分の人生の棚卸をしたい人、これから始めるひとりビジネスのプランを練りたい人、小説を書くのに自宅とは違う場所が欲しかった人などがいた。

　もうひとつ、大手不動産会社は数年後に建て替えの予定がある東京・日比谷のビルの一角に、まもなく定年となる同年代の社員を責任者にして、団塊シニア世代の会員制サロンを作った。都心の一等地とは思えないほどの低料金で、サロンスペースや応接室などを自由に使えた。ＦＡＸやコピー、コーヒーなどの飲み物も有料で利用できた。便利に使っていた人は多い。

　しかし、残念ながら、これらの施設はもうない。「私の書斎」が

なくなった理由は、団塊世代の退職にはまだ時間があって、思ったほどの利用者を確保できなかったこと。早すぎたのだ。不動産会社のサロンのほうは、顧客サービスの一環として始めたものの、格安な料金設定に事業としての採算が合わなかったということのようだ。このサロンを利用してひとりビジネスを展開していた団塊世代の男性は、拠点がなくなって本当に困っていると話していた。

　ひとつだけ、今でも順調に運営しているシニアサロンがある。それは名古屋の「悠友知摘」だ。会員になると、ミーティングルーム、セミナールーム、パソコン、くつろぐためのサロンなどを自由に利用できる。仕事や再就職、NPOやボランティアなどの情報が掲載された掲示板、セルフ式のフリードリンクコーナーもある。ランチタイムには有料で食事の提供も始めた。会員は、自分で企画したセミナーや講座を開催することができる。何か始めたくて、うずうずしているシニアが多く集まっている。

　NPOにしろ、ひとりビジネスにしろ、仲間が集まって打ち合わせをしたり、お客さんの対応をする場所を確保しないことには、活動が始まらない。自宅だけでもできないことはないが、限界がある。何度も例に出すようだが、「シニアSOHO普及サロン・三鷹」の成功は、三鷹市のインキュベーション施設に入居したことがきっかけだった。

　では、今、団塊シニア世代はどのようにして、その問題を解決しているのだろうか。手近なところでは、喫茶店がある。住宅地の駅前にあるドトールなどに行ってみれば分かるが、昼間はシニア世代で溢れている。一人でコーヒーをすする人もいるが、多くは仲間と談笑しながら、打ち合わせに余念がない。

　定年後のシニアの利用が多いのは図書館だ。本を読むというよりは、閲覧スペースの机に陣取り、勉強に余念がない。東京の千代田区立図書館には、そんな人たちが利用しやすい「調査研究ゾーン〜セカンドオフィス〜」がある。間仕切りされたブースでは無線LA

Nを利用できるので、ノートパソコンを持ち込めばメールやネットも可能だ。シニアに限ってはいないが、シニア利用者は多い。

また、最近、民間ではレンタルオフィスというサービスができている。私が知っている団塊世代の中には、定年後、レンタルオフィスを居場所にしている人が結構いる。専用の決まった居場所を確保できる方式と、必要な時にスペースを借りる方式がある。便利に使っているようだが、個人にすると、決して安い費用ではない。持ちこたえられずに、解約する場合もある。

定年後の再就職先を求めてもがいていた団塊世代も、ようやく落ち着いて第二の人生に立ち向かうときがきた。地域社会への関心は高まる。そのような団塊シニアに、まず立ち上がり時の居場所を提供することは、地域活動を後押しすることにつながる。

場所は公民館や市民センターの一角でもいいのではないだろうか。孤立した場所よりも、同じ市民が集まって、ワイワイガヤガヤやっているところのほうがアイデアも生まれやすい。ＮＰＯがそこの指定管理者になっていれば、インキュベーション施設の運営も任せてしまえばいい。そこに集まった中から、思わぬ人材が発掘できるかもしれない。

❻ 団塊シニアを中心にしたまちおこし

　「シニアを中心にしたまちおこし」というと、シニアタウンを連想するかもしれないが、そうではない。いずれは高齢になるにしても、そうなる前に、団塊世代をネタにして、次の世代につながるまちづくりができるのではないかということだ。この世代が持つ資産や文化や趣味を生かして、今までのイメージを吹き飛ばすようなまちおこしができれば、次の世代も集まってくる。ここでは時に遊び心も交えつつ、そんな夢も探ってみよう。

可能性１　シニアの住まいから考えるまちづくり

　日本が超高齢社会に向かっていることは事実で、今から少子化対策を頑張ったところで、急には解決しない。だから、地域で高齢者が増えることをマイナス要因にばかり考えていても仕方がない。それよりも何かメリットはないかと考えるほうが、よほど賢明だ。

　確実なメリットは、年齢の高い人のほうが資産をたくさん持っているということだ。2006（平成18）年に総務省が発表した「平成16年全国消費実態調査結果」によれば、資産総額の平均は30歳未満が817万円、30歳代が1459万円、40歳代が2712万円、50歳代が4160万円、60歳代が5556万円、70歳以上が5961万円だった。70歳以上の世帯は30歳未満の世帯の7.3倍もの資産を持っていることになる（図表２）。

　ここでいう資産とは、金融資産、住宅・宅地資産、耐久消費財等資産（自動車や家電製品、家具、ゴルフ会員権など）の合計。ちなみに、この消費実態調査は５年ごとに行われていて、この後の調査は2009年に実施された。結果は、2010年７月から2011年10月まで

図表2 世帯主の年齢別家計資産（平成16年、平成11年）

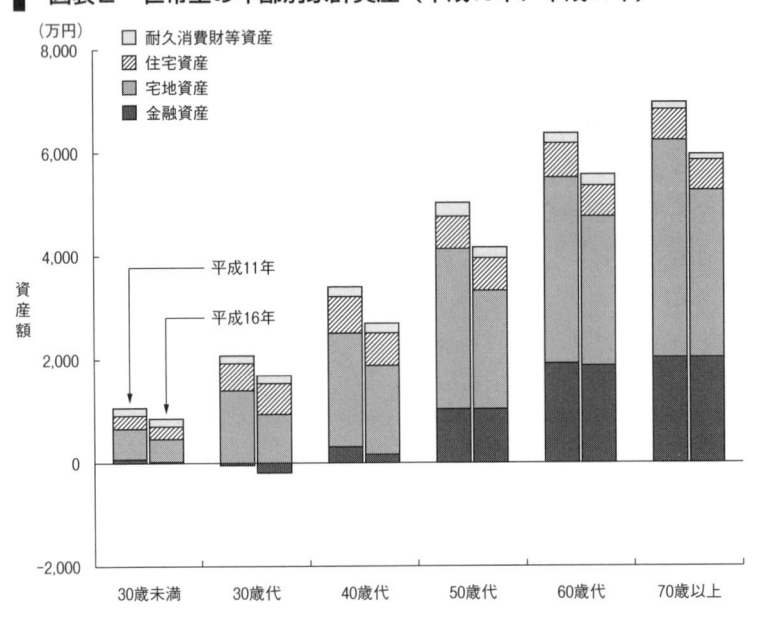

凡例：
- 耐久消費財等資産
- 住宅資産
- 宅地資産
- 金融資産

（縦軸：資産額（万円）、横軸：30歳未満、30歳代、40歳代、50歳代、60歳代、70歳以上）

[参考] 世帯主の年齢階級別1世帯当たり家計資産額（全世帯）

（万円）

	世帯主の年齢階級	資産合計	耐久消費財等資産	耐久消費財	ゴルフ会員権等	住宅・宅地資産	宅地	住宅	金融資産	年間収入
資産額（万円）	平　均	3,900	164	150	14	2,786	2,180	606	950	696
	30歳未満	817	146	144	2	679	426	253	−8	469
	30歳代	1,459	158	156	2	1,514	955	559	−212	597
	40歳代	2,712	171	164	7	2,393	1,708	685	148	777
	50歳代	4,160	186	170	16	2,955	2,325	630	1,020	878
	60歳代	5,556	173	145	28	3,499	2,877	622	1,884	624
	70歳以上	5,961	117	99	18	3,817	3,261	556	2,026	542
対前回増減率（％）	平　均	−11.1	−15.3	−10.5	−45.6	−15.5	−18.6	−2.3	6.1	−8.5
	30歳未満	−21.2	−9.8	−10.8	250.0	−16.6	−25.3	3.7	−113.4	−2.2
	30歳代	−28.6	−12.1	−10.3	−67.9	−21.3	−30.5	1.6	−1)	−7.8
	40歳代	−20.7	−13.8	−9.7	−57.9	−18.7	−24.2	−0.7	−47.0	−7.6
	50歳代	−16.7	−17.2	−10.2	−55.1	−20.6	−23.7	−6.4	−2.9	−9.2
	60歳代	−12.6	−15.2	−4.6	−46.6	−17.4	−20.3	−0.2	−1.9	−7.4
	70歳以上	−14.2	−10.2	−5.3	−30.0	−19.9	−21.7	−7.4	−1.2	−2.0

1) 平成11年は−59万円。

（出典：総務省「平成16年全国消費実態調査結果」より）

に、順次公表される。新しいデータでは、全体に資産総額がさらに目減りしていることが予想されるが、この順番がひっくり返っていることは、おそらくないだろう。

　資産の中でも、特に注目したいのは住宅・宅地資産だ。子供が独り立ちした後で広い一軒家を持てあましている夫婦は多い。所有者が亡くなった空き家も増えつつある。一方で、子育て中の世帯は資金が乏しく、狭い住宅に住むことを余儀なくされている。町の荒廃を防ぐためにも、このアンバランスを解消する必要がある。

　ひとつは、子育てが終わり、広い家が必要でなくなった夫婦が、住宅に困っている若い夫婦などにリーズナブルな賃料で貸して、自分たちは適度なサイズの便利で小ぎれいなマンションに住み替えるという方法だ。

　借りた人は広い家に住むことができ、貸した人には家賃が入ってくるので、定年後の定期収入が確保できる。そうすれば、旅行や外食などの消費も増える。地域には若い人や子供が増え、地域はにぎわいを取り戻す。また、地元の不動産業者も潤うという仕組みだ。

　実は、この方法はすでに行われている。それが有限責任中間法人「移住・住みかえ支援機構（ＪＩＴ）」が2006年4月から開始した「マイホーム借上げ制度」だ。50歳以上のシニアを主な対象としており、夫婦二人で住むには広すぎたり、使わなくなった住宅を子育て世代などに賃貸している。対象となるのは、一戸建て、タウンハウスなどの共同住宅、マンションなどの集合住宅。賃貸だけでなく売買も扱っている。

　賃貸には、「終身型」と「期間指定型」の2種類がある。

　「終身型」は、住宅に問題がない限り、貸し手が亡くなるまで終身で借上げをするもの。借り手と3年ごとの更新契約を行うので、契約期間満了の6か月前までに貸し手が解約通知を出せば、家に戻ることができる。

　「期間指定型」は、あらかじめ期間を設定するもの。例えば、子

供夫婦が利用する時期、貸し手の戻る時が決まっているなどの場合に選択できる。設定した期間の途中解約は認められない。

　この制度のいいところは、借上げ方式なので、契約中に空き家となった場合でも、最低賃料を保証してくれることだ。また、自宅を売却することなく、住み替えや老後の資金として活用でき、家は財産として子供に残すことができる。

　ただ、空き家保証があることと、次世代に安く住宅を提供するという目的のため、家賃は一般の物件より10～15％ほど低く設定される。さらに、毎月の賃料から機構運営費と建物管理費の15％が差し引かれる。

　賃貸に出すに当たっての補強工事費用やリフォーム費用は、ＪＩＴ提携ローンを利用して、家賃から返済することができ、ローンは、移住先の購入にも利用できる。

　今までは、個人の資産を公共の観点から広く活用するといった発想はなかったと思う。しかし、高齢化や少子化、グローバル化など社会の変化は著しく、それに対応するためには、今までは考えられなかった分野にも新しい発想や手法が持ち込まれるようになった。

　「マイホーム借上げ制度」を運営しているＪＩＴは、パナホームや積水ハウス、大和ハウスなどの住宅メーカー、スルガ銀行、第一生命保険などの金融機関が支援している組織。基本的には、民間企業がビジネスの観点も含めて創り上げたものだが、地域再生につながるシステムとして、行政のまちづくり施策とも無縁ではない。自治体がわが町をどう維持していくかという観点で、このような方式を考える必要があるのではないだろうか。その際は、ＮＰＯや民間企業などとの協働事業としてやればいい。

　第２章に書いたが、移住定住促進策として自治体が手掛けている「空き家バンク」は、これと似たような事業である。とっくにそれをやっていた自治体もあるということだ。

プラスα 理想の住まいはドラマ「ちゅらさんの家」
世代を超えて支え合う「コウハウジング」

　シェアハウスが若い世代で人気だという。1つの家を複数の人で共有して暮らす。各人がプライベートルームを持ち、リビング、トイレ、キッチン、バスルーム、玄関などは共同。冷蔵庫、電子レンジ、洗濯機などの家電製品を共有し、ガス、水道、電気といった光熱費もシェアする。ＵＲ賃貸住宅でも、2004年から「ハウスシェアリング制度」を導入している。高齢者の場合は、グループホームという形が普及しつつあるが、耐震性や建築基準などの規制が厳しい自治体では実現しないという問題もあるようだ。あまり難しいことをいわないで、柔軟に対応できないものか。

　ところで、最近は「コウハウジング」が話題になっている。北欧で生まれ、アメリカで発展した手法で、共同で住まい造りを行い、コミュニティを形成して暮らす。各戸は独立した住宅だが、別にコモンハウスと呼ばれる中庭やテラスなどの共有スペースがあり、住民はいつでも出入り自由だ。マンションタイプと戸建てタイプがあり、新築や改築、既存の団地をコウハウジングに造り替える場合もある。土地の取得、銀行からの借入れ、プラン作り、施工者の選定、管理などはすべて住人の参加による決定が基本だ。

　老人ホームには入りたくないが、いざというときの安心感が欲しいという高齢者が、子育てに不安を抱えている若い世代のサポートをしながら暮らすことができる。一緒に暮らす安心感と支え合いの両方がかなうのだ。日本でもＮＰＯ法人コウハウジングパートナーズが設立された。ＮＨＫドラマ「ちゅらさん」では世代を超えた人物が同じアパートで、家族のように支え合って暮らしていた。地域におけるひとつの理想的な暮らし方である。

可能性2
住民参加でユニバーサルデザインなまちづくり

　もうひとつ、まちづくりには、ユニバーサルデザインという観点も欠かせない。ユニバーサルデザインは、バリアフリーとは少し違う。バリアフリーは、主に高齢者や障害者が生活しやすくなるように、道路や建物の段差などの障害を取り除くことだ。一方、ユニバーサルデザインは、高齢者や障害者、男女、老若の違いを問わず、できるだけ多くの人が快適に暮らせる環境をつくり上げること。もちろん、そこには、住民の意思が反映されなければならない。

　高齢者に住みやすい環境は、誰もが住みやすい環境だということでもある。障害を取り除くといえば、すぐに建物や道路などのハードの改修が思い浮かぶが、すぐに変えることは難しい。しかし、この観点で地域全体を見直してみれば、より身近で取り組みやすいまちづくりの新たなポイントが見付かるのではないだろうか。

　例えば、商店街など、人が集まりやすい場所に休憩用のベンチを設置することがそうだ。休憩場所があるのは子育て世代にも嬉しいはずだし、利用しやすい商店街としてイメージもよくなる。すでにやっている自治体も多いと思うが、そこに住民参加の視点をいれることが新しいユニバーサルデザインの視点だ。

　その例として、東京都が実施している「思い出ベンチ」を挙げよう。「思い出ベンチ」は、自治体が公園などに設置するベンチにプレートを付ける権利を募集するもの。2003年から始めた企画で、場所は主に都の管理する公園、霊園、動物園など。日比谷公園、井の頭恩賜公園、谷中霊園、多摩霊園なども含まれている。これらの場所に行けば、今も実物を見ることができる。

　現在募集しているのは、上野恩賜公園、代々木公園、恩賜上野動物園、多摩動物公園、井の頭自然文化園など（2010年2月現在）。

　申し込むのは、子供が小さいころによく一緒に行った動物園と

か、結婚前にデートした場所だとか、亡くなった夫がよく散歩していたとか、その場所に思い出をとどめておきたい人たちだ。

プレートは幅15cm、高さ5.5cmと小さいが、個人名（団体名・企業名も可）やロゴ、40字以内のメッセージを刻むことができる。広告や宣伝は不可。設置代はベンチの種類によって15万円か20万円。がんばれば庶民にも手が届く金額だ。

野球場やサッカー場など、施設の命名権を企業に販売する自治体は多いが、住民に向けた企画はあまり聞かない。このような方法は、地域に住民の愛着を取り戻すきっかけにもなり、利益も得られる。ベンチに限らず、管理の必要な街路樹などにも適用できるだろう。

また地元の個人商店、コンビニやファストフードを問わず、独自の基準や市民の推薦を基にして、シニア（あるいは、市民にでもいい）に優しい店として認定するというのはどうだろうか。

今、街にはコンビニやファストフードなど、全国チェーン店があふれている。どこに行っても同じ店づくり、同じ商品だから、それがいくら増えても、街の特色にはならない。一方、個人商店は衰退の一途。まちづくりとしては大いに問題がある。

しかし、視点を変えれば、コンビニやファストフードでは、地元の人たちがアルバイトとして働いている。最近は、中高年も採用されるようになってきた。シニアに優しい店づくりは、お客さんと接するアルバイトに負う部分も大きい。であれば、地元の問題でもある。コンビニやファストフードが本当の意味で街のにぎわいとなるために、地域社会への参加という視点を理解してもらい、市民の評価をもらうことも必要だ。

地元の商店に関しても、市民目線で見れば、改めて良さも悪さも浮かび上がることだろう。ＮＰＯなどが協力して市民による評価システムができれば、街の活性化につながるのではないだろうか。

可能性3
シニアが働くまちづくり

　リタイアした団塊世代は働きたがっている。もちろん、現役時代と同じような働き方ではない。彼らが地域社会で緩やかに働ける場所を見つけることができればいいのだが、それは簡単ではない。しかし、世の中には何かしら不便なことや達成しにくい要求があるから発展するのだ。それをビジネスのネタにすれば、コミュニティビジネスに昇華することができる。

◆困っていることをビジネスに

　困っていることで、真っ先に思いつくのは介護だろうか。ほとんどの産業の有効求人倍率が1を大きく下回る中で、介護業界だけが人出不足で困っている。しかし、報酬の割には仕事がきついから、団塊シニア世代にとっても魅力的な仕事とはいえない。介護に苦手意識を持つ人も多い。

　しかし、なにも直接お世話をするだけが介護への参加ではない。もう少し幅広くとらえれば、できることは多いのではないだろうか。第3章で紹介した介護タクシーもそのひとつだ。

　必ずしも介護を必要としない元気な高齢者が何を望むか、自分なら何をしたいか、何が必要かという当事者の視点も大事だ。すでに述べたように、家事代行などの生活支援サービスへの需要が伸びる可能性がある。それは洗濯、掃除、調理に限らない。

　あるマンションに、修繕仕事の得意な人がいる。特に看板を掲げているわけではないのだが、親しい人から頼まれると、ちょっとしたことなら、すぐに直してくれるので重宝。

　そのうちクチコミで伝わり、マンション中からお声がかかるようになった。もちろん、頼むほうも無料というわけにはいかないので、材料費と謝礼くらいは包むから、今では仕事のようになっている。本人もマンション内なら安心なので、喜んで出かける。なによ

り助かっているのは住民たちだ。

　ちょっとした故障や不具合。これが案外、厄介のタネだ。大きな修理なら業者に頼める。壊れてしまえば、買い換えればいい。ところが、いちいち業者には頼めないような小さな故障や不便が日常生活にはたくさんある。高齢者夫婦や独り暮らし世帯などは、修理ができないままに放置していることもある。実は、これが怖い。高齢者の中はこういう小さな綻びから、一気に生活全般に破たんが及ぶことがあるからだ。

　先日の新聞にも、体力の衰えや病気をきっかけに日々のゴミ出しが困難になり、部屋にため込んだあげく、本人の手に負えなくなった男性の記事が掲載されていた。部屋の中に入らない限り分からないから、発見が遅れる。もしも、だれか頼める人や気づいて注意してあげる人がいれば、そうはならなかっただろう。

　家の不具合も同じこと。ドアがうまく閉まらないとか、蛍光灯がちかちかしたままの部屋にいるとか、棚が斜めになったままだとか、そうした家は案外ある。きちんとした日常生活を送れるかどうかは、認知症とも関係してくる。

　ゴミをため込んだ男性は、行政と生活弱者を支援するNPO法人「あなたの街の三河屋さん」が連携してサポートし、無事解決したという。この場合、ゴミを片付けるだけではだめで、その後の継続した生活習慣の見守りが不可欠となる。

　マンションの大工さんや「あなたの街の三河屋さん」のように、地域住民の困りごとを引き受けますという活動は、まさにコミュニティビジネスそのものである。地域には、確実に必要とする人たちがいる。男性にとってもやりがいのある仕事ではないだろうか。行政との協働ビジネスにすることも可能だろう。

　さらに、リフォームという観点はどうだろうか。リタイア後、リフォームする家庭は多い。しかし、施工会社を選ぶのはとても難しい。あやしい会社もあるし、きちんと相談に乗ってくれて、知識が

豊富で、適切なアドバイスをしてくれる会社かどうか、頼んでみないと分からない。さらに、素人だから、価格が適正かどうかの判断が難しい。信頼できて、よく知っている人にアドバイスしてもらいたいのだ。

その相談事業を行っているのが、第3章に登場したNPO法人「よろずや余之助」だ。余之助の場合は、様々な職種のエキスパートがメンバーにいるので、リフォームに限らず、保険、法律、健康などの関連事項も相談に乗る。

この方式は、多種多様な職種の経験者がいる団塊世代にぴったりの活動だといえる。自治体と連携して行えば、行政の相談業務のサポートにもつながり、安心なまちづくりに貢献できる。

◆次の世代を育む

次の世代をサポートすることも、シニア世代の重要な役割である。その例として、小中学校などで学習の支援や指導の補助を行う資格者養成を行っている大阪市や名古屋市などの例を第2章で紹介した。また、子供たちにプロの演奏を生で聴かせる活動を行っている「子どもに音楽を」というNPOもレポートした。

今、社会的に問題になっているのは待機児童の増加だ。厚生労働省の調べでは、2009年4月時点で、全国の保育所の待機児童は2万5000人あまり。2年連続で増加となった。

労働人口が減っていく日本では、女性や高齢者も働かないことには、この先、社会を維持していくことは難しい。子育て世代の女性たちが働きやすい環境づくりに協力するのは、親世代である団塊世代にとって当然だ。

自宅で3歳未満の乳幼児を預かる「保育ママ（家庭福祉員）」という制度がある。待機児童の解消策として、東京都などは予算を増やして推進しようとしているが、思いのほか、なり手がない。保育士、教員、助産師、保健師、看護師などの資格があって、保育経験

のある人に限られているからだ。また、都市部では家賃などが高く場所を確保しにくいのも増えない理由だ。最近は江東区、世田谷区、横浜市、大阪市、名古屋市などでこうした取り組みを支援する動きも生まれている。

　資格を持っていない場合は、各区市町村が実施する研修で、必要な知識を習得すれば認定するとのことだが、普通の主婦にはなかなかハードルが高い。年齢も25歳〜65歳までなので、団塊世代あたりの女性には今さらという感じもある。もっとも大事な子供を預かるのだから、条件が厳しいのは当然だが。

　しかし、子育てサポートは60代でも、70代でも、やりたい人がやれる部分でやっていいはずだ。そんな女性たちが自主的に集まるグループも生まれている。ユニークな活動をしているのは東京都品川区のNPO法人「おばちゃんち」。

　私は品川宿旧街道の商店街をうろうろ歩いていて、レトロモダン調のこの家を見つけた。実は、別のNPOの場所を探していたのだが、興味があったので、道を尋ねがてら覗かせていただいた。入ってすぐのところに、コミュニティカフェ「街猫」がある。

　ここは中野区の児童館の館長をしていた女性が、退職後に自分の家を改装して、親子が憩える場所として開放している施設だ。子育てサロンとして活動を始め、自治体の委託として一時保育「ほっぺ」を運営、地域の子育て関連のグループの支援活動も行っている。また、養成講座を開催し、保育サポーターの育成にも力を入れている。70代のサポーターも何人も誕生しているそうだ。

　代表の女性はここで育ち、たくさんのおばちゃんたちに育てられたという思いをこの活動に反映させた。彼女の周りには、おばちゃんだけでなく、10代の若者、若いママ、元気なヤングマン、おじちゃんまで集まる。

　シニア世代が生き生きと活動している地域には、子や孫の世代も関心を持つ。それが自分の未来の姿だという安心感があるからだ。

次の世代に、自らの生きる姿勢を見せることがシニア世代の役割だということだろう。

❖ 可能性4
シニアが文化を発信するまちづくり

　さて、少しははじけた話もしてみたい。団塊青年たちはジーンズや長髪、ミニスカートなどのファッションを好み、ビートルズやフォークを奏で、旅行や外食で生活を楽しみ、新しいブームやマーケットを創り出した。会社人間になってからは鳴りを潜めていたが、定年を迎えたこれからは、青春プレイバックも含めて、いよいよその文化が再び花開く時かもしれない。

◆音楽で花開くセカンドステージ

　その兆候は、音楽の分野で顕著に表れてきた。2009年、まさに団塊世代のグループ「アリス」が再結成され、全国のコンサート会場は同年代の観客で埋め尽くされた。ほかに、井上陽水、チューリップの財津和夫、かぐや姫の南こうせつや伊勢正三、オフコースの小田和正、沢田研二、ワイルドワンズ、女性では「赤い鳥」の山本潤子、高橋真梨子など団塊世代の歌手も、昔と変わりなく現役で活躍し続けている。

　この時代の若者はフォークに限らず、ロック、ジャズ、シャンソン、クラシックなど、音楽は何でも吸収した。アメリカのヒット10に関心を寄せながら、日本のポップスも歌っていた。学生時代は街のそこかしこにジャズ喫茶があったし、コンサートにもよく行った。

　このような経験をしているからか、リタイア後は、音楽を楽しむ人が結構いる。ＩＴ関係のコンサルタント企業で社長を務めた後、ジャズボーカリスト教室に通い詰め、念願のライブハウス・デビューを果たした人。60歳を過ぎてからシャンソン歌手になるとい

う夢を実現させた人。学生時代のハワイアンサークルを復活させ、家族ぐるみで演奏活動を始めた人。オヤジ・ロックバンド・コンテストへの出場を果たしたグループ。

　私が理事長を務めるNPOには、ジャズ同好会がある。最初はおとなしくライブハウス巡りなどをしていたが、そのうち、それでは飽き足りなくなり、メンバーが演奏する定例会を毎月開いている。毎回、ドラム、ギター、ピアノ、ボーカルなど、演奏したくて仕方がないメンバーが集まって大盛況だ。

　六本木には、いにしえのギター青年が集まるライブハウスがある。夜も7時過ぎたあたりから、スーツ姿のサラリーマンが三々五々集まり、なつかしのベンチャーズやグループサウンズの曲を演奏して、しばし時の流れを忘れる。

　山梨県には、生涯学習としてオーケストラ活動を楽しもうという「山響シニアオーケストラ」というグループがある。香川県にも吹奏楽団「香川シニアウインドオーケストラ」がある。

　そんな楽しみ方を知っている団塊世代がこれからたくさん地域に戻ってくるということだ。高齢者向けの施策だけを考えていたら、的外れだということは、このことからも分かるだろう。団塊世代が持つ文化力を活かしたまちおこしプランを考えてもいいのではないだろうか。

　宮城県仙台市には、市民ボランティアの手作り音楽祭「定禅寺ストリートジャズフェスティバル in SENDAI」がある。「本来音楽は野外でやるもの」という考えの元に、商店街や通りの人々に呼びかけて始まった。当日は、ケヤキ並木の定禅寺通りをはじめ、ビルの入口、商店街、公園、広場など、いたるところがステージに変わり、街じゅうに音楽が響く。

　ジャズだけでなく、ポップス、ワールドミュージック、ロックなどのバンドも出演でき、日本だけでなく、世界中から700以上の演奏家やグループが集まって、ワールドワイドなイベントとなった。

2009年で18回目を迎える。市民が主体の音楽祭でも、このようなことができるのだ。

「ヤング@ハート」というアメリカのロックンロールコーラス隊をご存じだろうか。ロックといっても、メンバーの平均年齢は80歳。マサチューセッツ州の小さな町にある高齢者向け公営住宅の住人で結成され、老人施設や学校などで演奏している。

得意とするのは、ジミ・ヘンドリックスやデヴィッド・ボウイなどのまさにロック。その歌声とパフォーマンスはとても老人のものとは思えない。今では海外でのコンサートツアーにも引っ張りだこ。まさに老人力が街の活性化に貢献している。

◆芸術、文化でも

音楽だけではない。映画やアートの分野でシニア世代が力を発揮している。事例として第3章で登場した「深谷シネマ」は、映画好きな団塊世代が始めた文化活動だ。映画のロケ地として協力し、地域のPRにも一役買っている。

高齢者が好んで集まる街といえば、巣鴨が挙げられるが、そろそろお年寄りというイメージとは違うタイプの大人が集う街も生まれていいはずだ。それには音楽やアートが重要なカギになるかもしれない。

絵画のサラリーマンコレクターから、絵画を求めたい人に解説やアドバイスを行う「アートソムリエ」と名乗る人がいる。絵画は金持ちの趣味と思われがちだが、無名の若手作家のものなら手ごろな値段で手に入る。有名画家の複製を買うくらいなら、本物と出会って、自分の目で作品を選ぶ面白さを知ってもらいたい、生活の中でアートを身近に楽しんでもらいたいと活動を始めた。

もちろん、若い画家の支援という目的もある。彼の周りには、同じ志を持つ画廊経営者や若手のアーティストが集まり、あたかも芸術村のようになっている。

新潟県十日町市と津南町で3年に1度開催される「大地の芸術祭」は、アートを媒介に、地域、ジャンル、世代の違う様々な人々の協力で成り立つ芸術祭として、国際的な注目を浴びている。世界各国から参加するアーティストは、この地域にある里山の自然を舞台に、様々な野外作品を創り出す。住民たちは観客としてだけでなく、共同運営者として作品に関わる。

　ここでは展示された作品の隣で、地元の農家が農作業をしているという構図も珍しくはない。2009年には150ほどのアーティストやグループが参加し、660もの作品が展示された。40万人近い人が訪れたという。

　愛知県豊橋市には、個人の趣味で集めたホーロー看板が地域の活性化に役立ったという人がいる。半端ではない数の収集品が話題となり、展示している自宅には全国から見学者が立ち寄るようになった。それが図鑑の出版や、図書館などでのコレクション展といった自治体が支援するイベントの開催につながった。地元の商店街は彼のアドバイスを受けて、通りをホーロー看板で飾るようになっている。人集めに悩む商店街などは参考になる方法ではないだろうか。

　人はいくつになっても、それぞれに個性があり、様々な可能性を持っている。高齢者を高齢者としかみないで、至れり尽くせりのサービスは、かえって要介護者になるのを早めるようなものだ。団塊世代はまれに見る元気な高齢者だったと後世に言われるようになれば面白い。それには、その力を大いに"活用する"ことである。

プラスα 「フットパス」による市民協働のまちづくり
町田市「みどりのゆび」と東京農大の取り組み

「フットパス」は、森林や田園地帯、古い街並みなど、地域に昔からあるありのままの風景を楽しみながら歩くことができる小径（こみち）のこと。自然環境の大切さを訴えながら、観光や地域の活性化に利用しようという取り組みだ。昔ながらの風景が残されている地域にこそ、この活動の可能性があるといえる。

2009年2月、東京都町田市、山梨県甲府市、山形県長井市、北海道黒松内町が協力して、日本フットパス協会を設立した。そもそもは1980年代に、町田市の市民グループ「みどりのゆび」（現在はNPO法人）が里山のよさを広く知ってもらおうと始めた活動だった。

「みどりのゆび」は手作りマップを配ったり、ウォーキングの会を開催したりして活動していたが、2002年に『多摩丘陵フットパス1・散策ガイドマップ』を作成した。これがヒットし、累計1万部を売り上げている。地元の特産物を掘り起こし、地元の生活を紹介することにもつながり、従来の観光に飽きた人たちを惹きつけた。

ルートやマップ作成に協力し、アドバイスをしたのは東京農業大学。その縁で、社会人向けのオープンカレッジでは「里山風景ウォッチング ―多摩丘陵フットパスを歩く―」という講座を開催している。参加者は男女を問わず中高年が多い。

「フットパス」の地元へのメリットは大きい。新しい資源を発見することができることで、住民の郷土への誇りが高まり、地域が活性化する。また、市民と行政の協働事業として、収益を得ることもできる。「フットパス」は新しい地域観光と地域振興のひとつのあり方を提案しているといえそうだ。

❼ 自治体と大学の連携

　前にも少し触れたが、地域の活性化には大学や研究機関との連携も欠かせない。第２章（96頁）で紹介したのは住民のための生涯学習分野での協力関係だ。比較的取り組みやすいので、自治体と大学の連携ではこの方式をとることが多い。さらに進めて、今まで自治体が独自に行ってきた生涯学習講座を大学に移管すれば、自治体は経費や労力の節約になり、大学は学生と授業料の確保ができる。この方法はメリットが多い。

　講座の開催だけでなく、もっと直接的な協力関係を結ぶ自治体もある。例えば、山梨県北杜市は早稲田大学と組んで、地域再生のノウハウに関する協働連携協定を結んだ。具体的には、学生などに北杜市に滞在してもらい、地域の何が再生に向けて利用できるかを調査し、提案してもらうもの。将来、若い学生たちに北杜市を「第二のふるさと」として認識してもらいたいという狙いもあるようだ。

　長野県の松本大学はＪＲ松本駅前に拠点を設け、伝統的な地場野菜の復活などに学生と住民が共同で取り組んでいる。また、北陸先端科学技術大学院大学は、山中漆器などの伝統工芸品の販売を伸ばすために、伝統工芸の組合関係者、ＮＰＯ、市民などが一緒に取り組む「石川工芸イノベーター養成ユニット」を運営している。

　『日経グローカル』は、2009年11月16日号と12月7日号で、全国大学の地域貢献度ランキングを発表した。これは、全国740の国公私立大学・大学院大学に送ったアンケートの回答を集計したもの。調査項目は、「地域貢献に関する大学の組織・制度」「学生の地域内就職やインターンシップ実績」「産学連携や行政との連携の度合い」「市民・住民グループへのサービス度」の４分類である。

　その結果、トップは熊本県立大学だった。主な活動は、学食に地

産地消の食育メニューを提供する「食育の日」を設け、食育標語コンテストを開催したこと。2位は北九州市立大学で、学生がチームを組んで企業を訪問する「僕らのハローワークプロジェクト」や、地元企業を紹介する CD-ROM の作成などを行っている。

以下、ベスト10に入ったのは、3位松本大学、4位九州工業大学と大阪府立大学、6位下関市の梅光学院大、7位室蘭工業大学、8位宇都宮大学、9位東北公益文科大学、10位長岡大学。

4位の大阪府立大は、小中高生向けの講座を多く開催していて、理学部の学生が小学校で開く「デリバリー科学実験」が人気だ。

近年、公立大学が熱心に地域貢献に取り組んでいるのは、財政難もあって、大学を設置した自治体から地域貢献度を厳しく問われる状況にあるからとのことだが、自治体が関連ある公立大学と連携を図るのは普通のことになってきた。

国立大学や私立大学も地域貢献が求められていて、大学の重要課題となりつつある。東京都品川区や三鷹市のように、地域に私立大学が複数あれば、共同での連携に持ち込むこともできるだろう。

『日経グローカル』の評価とは別に、日経ＢＰコンサルティングも2009年末に、「大学ブランド・イメージ調査」を行い、首都圏編を発表している。首都圏在住ビジネスマンや中学生以上の子供を持つ父母など約1万人以上に、インターネットを使って行ったもの。総合1位は慶応大学だが、「地域産業に貢献」では東京農工大、「地域社会・文化に貢献」では横浜市立大学が選ばれている。横浜市立大は地域貢献センターを設置し、中小企業との産学連携を支援するサテライトオフィスも設けた。

シニア世代に関する内容で目立った活動といえば、立教大学が2007年から開講した「立教セカンドステージ大学」がある。一般の学部とは違い、シニア層に「学び直し」と「再チャレンジ」を目的とした学びの場を提供しようというもの。カリキュラムは、「エイジング社会の教養科目群」「コミュニティデザインとビジネス科目

群」「セカンドステージ設計科目群」の3つがある。

「コミュニティデザインとビジネス科目群」では、NPOやNGO、ビジネス再チャレンジ、地域社会への参画などが学べる。また、「セカンドステージ設計科目群」では、老年学やセカンドステージでの健康や家族関係など、第二の人生での基本事項を学ぶ。

講師は、大学院21世紀社会デザイン研究科を主体とした教授陣で、評論家の立花隆氏も登場する。受講生は11あるゼミナールのどれかに属し、希望する研究テーマを設定し、担当の先生の指導を受けながら、研究成果をまとめ提出する。

出願資格は50歳以上。登録料は8万円、授業料は25万円。入学者の年齢は60〜64歳が51％と過半数。男性は定年をきっかけに入学した団塊世代が多い。

団塊世代へのアプローチに悩む自治体は多いが、セカンドステージ大学のカリキュラム内容は団塊シニアのためのテーマばかり。であれば、団塊受講生と自治体が共同で同じテーマに取り組んでみることも、お互いの理解を深めるためには有意義である。受講生にとっても、実践的な研究テーマとなるだろう。そういう連携の提案を自治体から行ってもいいのではないだろうか。

埼玉県は、草加市にある獨協大学や埼玉大学、立教大学などの県内5大学と協力して、県の重要課題に関する調査研究を行い、政策の提言につなげる取り組みを始めた。まずは、双方が協議し、年間で取り組むテーマを設定する。獨協大学とのテーマは「ベッドタウンにおける定年退職者（65歳〜75歳）の生きがいに係わる研究」と決まった。高松和幸教授を中心とした研究チームが定年退職者にアンケートを行い、それを土台に動向を探り、報告書にまとめる予定。私もメンバーとして参加している。

地域に関する問題を取り扱う「一般財団法人地域活性機構」という組織もある。地域再生や地域の活性化に関心を持つ法政大学、獨協大学、早稲田大学など12の大学が集まって、地域再生システムに

ついて研究する組織だ。地域活性化を担う専門的な人材の育成（教育）、地域活性化の理論と方法の学際的な探究（研究）、地域活性化に関する研究成果の地域への還元（地域貢献・政策提言）、地域活性化に関する国内外の研究ネットワークの構築（国内連携・国際交流）を目的として掲げている。

　大学や研究機関も調査・研究だけでなく、実践で活かす場を求めている。自治体が抱えるテーマを持ち込めば拒否されるどころか、歓迎されるのではないだろうか。

団塊世代の大学教授がつくった地域サロン
夫婦で実践する地域福祉

　武蔵野大学大学院教授・川村匡由(まさよし)さんは、大学で福祉関係の教鞭をとりながら、各種福祉団体の委員や会長を務めるなど、まさに福祉の専門家。象牙の塔での研究活動だけでは物足りないと、私生活では実践的な活動を行っている。

　そのひとつが非営利任意団体の「福祉デザイン研究所」の運営。2008年には、研究所内に「ぷらっと」という地域サロンを作り、奥さんと2人で運営を始めた。場所は東京都武蔵野市。中央線武蔵境駅を降りた住宅街の一角だ。自身が研究する地域福祉理論の実践の場として、地域交流や地域活性化に貢献していくことを目的としている。

　まず開始したのは、毎週土日開催のミニ講座。テーマは子育て、年金、ボランティアなど様々。参加費は1回500円。今までに親子参加の「おばあちゃんの折り紙教室」や有料老人ホームの見学会、1泊2日の山歩きなども開催している。そのうち、講座だけでなく、誰でも気軽に立ち寄って自由に過ごせるような喫茶の日もほしいという要望が寄せられ、コーヒーブレイクの時間も設けた。

　また、ミニ講座の開催予告などを掲載した月刊情報誌を作成し、ボランティアの力を借りて5000枚を近隣にポスティングしている。

　ただし、活動には問題が山積みだ。利用者の集め方、関心の高いプログラムの企画、運営や情報誌の作成に必要な地元スタッフの確保、活動資金を得るための方策。団塊世代の川村先生、まさに地域福祉活動の課題を、身をもって味わっている毎日である。

「福祉デザイン研究所」のWebサイト
http://www.geocities.jp/kawamura0515/

❽ 自治体と企業との連携

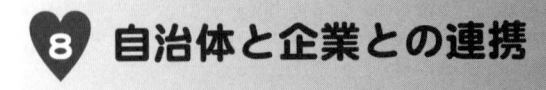

　企業と自治体の協力関係といえば、民間企業も参加できる指定管理者制度がある。しかし、企業は下請け的な色彩が強く、本当の意味での企業との連携とは言い難い。
　少し前までは、国や地方公共団体と民間事業者との共同出資で設立された第三セクターという方法が盛んだったが、思ったように進んでいない事業が多く、苦戦しているようだ。
　自治体と企業の協力はなかなか難しい。例えば、高齢者を対象にした携帯電話の講習会を計画したとすると、公平性の観点からキャリア1社だけを取り上げるわけにはいかないということで、実現しなかったりする。もったいないと思う。
　そういうことであれば、NPOを絡ませるのがいいのではないだろうか。NPOは、自治体とも企業とも連携して活動している。
　企業では今、企業の社会的責任（CSR）の観点から、社会貢献活動に熱心なところが増えた。昨今はどんな活動を、どんな方法で、どの程度行っているかということが株主にも影響を与えるようになった。会社案内やインターネットの会社概要にも、社会貢献活動の専用ページができ、詳しい説明がなされている。
　企業が取り組むテーマは環境問題、障害者・高齢者支援、学校・教育関係、科学技術・芸術文化など様々だ。必ずしも、自社の事業と関係するテーマを取り上げるわけでもない。なかには、地域おこしに取り組む企業もある。
　また、リタイアしたOBのボランティア活動を支援する企業もあって、NPOを組織して活動しているOBも多い。
　例えば、大手ITメーカーのOBが作ったNPO法人に「イー・エルダー」がある。主に、企業などから新システムの導入により不

要になった古いパソコンを寄附してもらい、整備・再生して社会福祉団体や教育機関に寄贈する活動を行っている。パソコンやシニア向けの携帯電話の講習会など、ＩＴ関係のスキルを生かした活動だ。

　ＮＰＯ法人地球緑化センターは、社会貢献活動や社員教育の一環として、自然環境への取り組みを進める企業や団体の支援を行う一方で、地域活性化を目指す自治体と連携している。企業の社員を自治体の農作業体験や里山保全活動に勧誘するなど、両者をつなぐ活動はユニークだ。

　私が理事長を務める「ＮＰＯ法人シニアわーくすRyoma21」は、テレビゲームメーカーと提携し、団塊世代を中心とした中高年世代に「プレイステーション３」と「プレイステーション・ポータブル」を使った「大人のためのテレビゲーム講座」を開催していた（残念ながら2009年３月でいったん終了した。）。この活動の特徴は、受講生と同じ年代の人たちを講師として養成して、シニアが学びやすい環境を作ったことだ。シニアインストラクターが分かるまで丁寧に教えるスタイルが好評だった。

　企業としては、シニア世代が主な顧客であるクラブツーリズムは、都心の店舗とは別に、東京・練馬区や埼玉・常盤平、神奈川・相模大野などの地域に小規模のカフェ兼旅行ショップの「クラブツーリズムカフェ」を展開している。旅行商品の販売だけでなく、趣味の集いや講座など、様々な催しも開催する。いわば、旅行をテーマにした企業版コミュニティカフェである。シニアに訴求するには地域への出店が欠かせないと判断したのだ。

　高齢社会で、企業も地域での活動の重要性に気づき始めた。今後は、企業と連携し、その力を借りたまちおこしも始まるだろう。そのとき、住民が主体になって活動するＮＰＯは仲介役として、大いに役立つだろう。

プラス

都内に広がる新聞販売店との提携

新聞、3日たまれば通報

　東京都内の自治体で、新聞販売店と連携して高齢者を見守る取り組みが始まっている。2009年4月、千代田区は新聞受けに3日分の新聞がたまっていたら、区に通報してもらうシステムを作った。連絡を受けた区は現場に出向き、安否を確認する。異変があれば、病院や警察に連絡し、介護サービスを提供する必要があれば手配する。サービスは希望者の申し込みによる登録制。今後、電気、ガス、水道などの事業者との連携も検討している。

　続いたのが、2009年12月にスタートさせた世田谷区。やはり3日間新聞がたまっていたら、27か所にある地域包括支援センターに連絡する。区内には65歳以上の高齢者が15万人以上住んでいるため、区内の87の新聞販売店と連携し、区全域をカバーした。

　2010年2月には、荒川区が区内の21の新聞販売店と連携し、異変を見つけた場合、警察や消防署に連絡する取り組みを始めた。とりあえず、区内の約6割をカバーした。

　いずれも、利用料は無料。自治体にとって地域に根付く事業者との連携は効果的だ。事業者にとっても、地域への貢献策となり、イメージアップにつながる。今後は、地元商店やコンビニ、ファストフードも含めて様々な協力関係が広がっていくのではないだろうか。

おわりに

　「はじめに」にも書いたように、私の主な仕事は、団塊シニア世代に関する調査と分析である。関連あるデータを集め、その中の興味ある内容はじっくり調べ、関係者から取材し、さらに、当事者である団塊世代の声を直に聞く。そこから生まれた私なりの考えや提案を書きものにし、講演やセミナーなどでお話をする。

　この仕事は実に面白い。まず、人に会える。時には「なるほど」とか「え〜！」とか「それは、それは……」というような話が聞ける。世の中にはいろんな人がいるものだ。私は本質的には人見知りだが、好奇心がそれに打ち勝つ。

　とはいえ、データや短期間のインタビューだけで仕事を完結させるのは危険だ。どうしても、上から目線の偏った見方になりがちだ。私は評論家でも、分析家でも、学者でもない。自分自身の問題として取り組むこと。これを自分自身のスタンスにしてきた。この本も同じスタンスで書いている。

　しかし、有り難いことに、ご縁があって取材後も何かとお付き合いをさせていただく方がいる。そうなると、仲間ができたようで本当に嬉しい。その人たちから学んだこと、仕入れた知識は多く、私の仕事はそれで成り立っているといっても過言ではない。

　また、豊かな経験を持った人たちにただ出会うだけではもったいないと、NPOを設立した。何かを始めたい人がいれば、会員に自分のプランを提示して、仲間を募りスタートする。プラットフォーム型のNPOだ。会員は50代・60代がほとんど。

　アイデアがあっても、自分ひとりで一から始めるのはとても難しい。特に、組織で働いてきたサラリーマンは自分で一から考え、仲間を集め、率先して何かを成し遂げるという経験は少ない。人生の中で一度くらいは「オイラが大将！」の経験をしてもいい。そんな能力と願望のある人はいるはずだ。

ここでは行き詰まったりした時には、仲間が知恵を出し合いサポートする。潤沢な資金があるわけではないので、できることには限りがあるが、いくつかのサークルやプロジェクトが誕生し、個性的なリーダーの下で活動している。いつも大将というわけではなく、別の活動ではそこの大将の傘下に入り活動する。この多様な体験が面白いのだ。

　地域でシニア世代に活躍してもらうにはリーダーとなる人材の発掘が必要だ。現状では活動する人は限られているので、同じ顔ぶれがあっちの活動、こっちの活動に登場している場合も多いようだ。今後は、団塊世代というまだ隠れた人材の発掘に力を入れてほしい。

　さて、団塊シニア世代へのインタビューで、いつも私がお手本にしてきたのはノンフィクション作家の加藤仁さんだ。サラリーマンや定年退職者をテーマにした作品を数多く手がけ、実際に個々の対象者に会ってインタビューし、その人の視点を重視して作品を作り上げていた。定年退職者への取材は二十数年に及んでいる。惜しくも2009年に脳腫瘍で亡くなった。1947年生まれの団塊世代である。

　一度、仕事の依頼をするために電話でお話をする機会があった。そして、いよいよお会いできるという前に、加藤さんは亡くなってしまった。とても残念でならない。ということで、私は勝手に、この本を加藤仁さんに奉げることにした。もしかして加藤さんはあの世で迷惑顔をしているかもしれないが。

　最後に、私の文章や活動を的確に見抜いて、この本の企画を持ち込んでくれた東京法令出版の福岡隆昭さんに感謝したい。私は行政・自治体で地域の団塊世代に向けて講演することが多い。そうした機会は実は貴重なものだったということに改めて気づかせてもらった。今までは団塊世代やマーケットを向いた仕事をしてきた。そこにもうひとつ、行政・自治体というヒントを与えてくれたのは福岡さんだ。これは今後私の取り組むべき重要なテーマになっていくだろう。ここにも、ひとつの縁を感じている。

2010年5月

著者プロフィール

松本　すみ子

【略歴】

1950年、宮城県仙台市出身。1975年、早稲田大学文学部東洋史学科卒業。IT業界で二十数年、広報・販促・マーケティングを担当。2000年、団塊／シニア世代の動向研究とライフスタイル提案、シニア市場コンサルティング、執筆などを事業とするアリアを設立。2002年、「おとなのオピニオンコミュニティRyoma21」を設立し、2007年、「NPO法人シニアわーくすRyoma21」とする。2004年、日経BP社の情報サイト「Nikkei BPnet」にて『松本すみ子の団塊消費動向研究所』の連載を開始。2005年、日経BP社のシニア向けサイト「セカンドステージ」のプロデューサーとして企画に携わり、『団塊世代のための定年準備講座』を連載。有限会社アリア代表取締役、「NPO法人シニアわーくすRyoma21」理事長。シニアライフアドバイザー、産業カウンセラー、キャリアコンサルタント。

【著作】

『そうだったのか！団塊マーケット　本気で取り組むビジネス戦略』（経済法令研究会、2007年、同年韓国語版出版）、『心理系の仕事を見つける本』（中経出版社、2003年）、『つまらない毎日なら、好きなことで独立しよう』（明日香出版、2001年）など。

【活動】

シニア市場参入企業へのアドバイス、ならびに、企業、自治体、研究機関、マスコミ・メディアなどでシニア世代に関する講演、執筆、コメント・アドバイスなど多数。

地域デビュー指南術〜再び輝く団塊シニア〜

平成22年7月6日　初版発行

著　者	松本　すみ子
発行者	星沢　哲也
発行所	東京法令出版株式会社

112-0002	東京都文京区小石川5丁目17番3号	03(5803)3304
534-0024	大阪市都島区東野田町1丁目17番12号	06(6355)5226
060-0009	札幌市中央区北九条西18丁目36番83号	011(640)5182
980-0012	仙台市青葉区錦町1丁目1番10号	022(216)5871
462-0053	名古屋市北区光音寺町野方1918番地	052(914)2251
730-0005	広島市中区西白島町11番9号	082(516)1230
810-0011	福岡市中央区高砂2丁目13番22号	092(533)1588
380-8688	長野市南千歳町1005番地	

〔営業〕TEL 026(224)5411　FAX 026(224)5419
〔編集〕TEL 03(5803)3304　FAX 03(5803)2624
http://www.tokyo-horei.co.jp/

Ⓒ SUMIKO MATUMOTO　Printed in Japan, 2010

本書の全部又は一部の複写、複製及び磁気又は光記録媒体への入力等は、著作権法上での例外を除き禁じられています。これらの許諾については、当社までご照会ください。

落丁本・乱丁本はお取替えいたします。

ISBN978-4-8090-4057-3